A UNIVERSIDADE DESCONHECIDA

ROBERTO BOLAÑO

A Universidade Desconhecida

Tradução
Josely Vianna Baptista

Copyright © 2007 by Herdeiros de Roberto Bolaño

Grafia atualizada segundo o Acordo Ortográfico da Língua Portuguesa de 1990, que entrou em vigor no Brasil em 2009.

Título original
La Universidad Desconocida

Capa
Raul Loureiro

Imagem de capa
Paisagem com caminho, de Rodrigo Andrade, 2019,
óleo sobre tela sobre MDF, 80 × 120 cm. Coleção particular

Preparação
Silvia Massimini Felix

Revisão
Huendel Viana
Erika Nogueira Vieira

Dados Internacionais de Catalogação na Publicação (CIP)
(Câmara Brasileira do Livro, SP, Brasil)

    Bolaño, Roberto, 1953-2003
    A Universidade Desconhecida / Roberto Bolaño ; tradução Josely
Vianna Baptista — 1ª ed. — São Paulo : Companhia das Letras, 2021.

    Título original: La Universidad Desconocida
    ISBN 978-65-5921-095-4

    1. Poesia chilena I. Título.

21-67343   CDD-C861

Índice para catálogo sistemático:
1. Poesia : Literatura chilena   C861

Cibele Maria Dias – Bibliotecária – CRB–8/9427

[2021]
Todos os direitos desta edição reservados à
EDITORA SCHWARCZ S.A.
Rua Bandeira Paulista, 702, cj. 32
04532-002 — São Paulo — SP
Telefone: (11) 3707-3500
www.companhiadasletras.com.br
www.blogdacompanhia.com.br
facebook.com/companhiadasletras
instagram.com/companhiadasletras
twitter.com/cialetras

Sumário

Nota dos herdeiros do autor, 6

A UNIVERSIDADE DESCONHECIDA *LA UNIVERSIDAD DESCONOCIDA*

PRIMEIRA PARTE
O romance-neve *La novela-nieve*, 17
Guiraut de Bornelh *Guiraut de Bornelh*, 81
Ruas de Barcelona *Calles de Barcelona*, 93
Na sala de leituras do Inferno *En la sala de lecturas del Infierno*, 139
São Roberto de Troia *San Roberto de Troya*, 169
Nada de mau vai me acontecer *Nada malo me ocurrirá*, 231
Seu coração distante *Tu lejano corazón*, 281

SEGUNDA PARTE
Três textos *Tres textos*, 305
Gente que se afasta *Gente que se aleja*, 317
Iceberg *Iceberg*, 451
Prosa do outono em Girona *Prosa del otoño en Gerona*, 461
Manifestos e posições *Manifiestos y posiciones*, 533

TERCEIRA PARTE
Poemas perdidos *Poemas perdidos*, 565
Nove poemas *Nueve poemas*, 583
Minha vida nos tubos de sobrevivência *Mi vida en los tubos
de supervivencia*, 607
Um final feliz *Un final feliz*, 793

[Notas do autor], 819
Breve história do livro — Carolina López, 821
Índice de títulos e primeiros versos, 825

Nota dos herdeiros do autor

A decisão de publicar A *Universidade Desconhecida* vem de nosso profundo respeito pelo amor que Roberto sentia por sua poesia e do fato de comprovar, ao organizarmos seus arquivos, que se trata de um volume fechado — com índice e uma nota de esclarecimento das datas e procedências de seus poemas —, que ele preparou para ser editado.

A presente edição corresponde exatamente ao manuscrito encontrado (apenas com algumas correções mínimas, retiradas de seu computador). O próprio Roberto o datou em 1993. Foram anos de trabalho e de luta, mas sobretudo de escrita.

MI CARRERA LITERÁRIA

Rechazos de Anagrama, Grijalbo, Planeta, con toda seguridad
                                        [tambíen de Alfaguara,
Mondadori. Un no de Muchnik, Seix Barral, Destino... Todas las
                                  [editoriales... Todos los lectores...
Todos los gerentes de ventas...
Bajo el puente, mientras llueve, una oportunidad de oro
                                  [para verme a mí mismo:
como una culebra en el Polo Norte, pero escribiendo.
Escribiendo poesía en el país de los imbéciles.
Escribiendo con mi hijo en las rodillas.
Escribiendo hasta que cae la noche
con un estruendo de los mil demonios.
Los demonios que han de llevarme al infierno,
pero escribiendo.

Octubre de 1990

MINHA CARREIRA LITERÁRIA

Recusas da Anagrama, Grijalbo, Planeta, com toda certeza
                              [também da Alfaguara,
Mondadori. Um não da Muchnik, Seix Barral, Destino... Todas as
                              [editoras... Todos os leitores...
Todos os gerentes de vendas...
Debaixo da ponte, enquanto chove, uma oportunidade de ouro
                              [para olhar para mim mesmo:
como uma cobra no Polo Norte, mas escrevendo.
Escrevendo poesia no país dos imbecis.
Escrevendo com meu filho nos joelhos.
Escrevendo até que a noite caia
com um estrondo de mil demônios.
Os demônios que hão de levar-me ao inferno,
mas escrevendo.

Outubro de 1990

(Poema inédito de um caderno que contém alguns dos poemas incluídos em
A Universidade Desconhecida.)

Carolina López
representando os herdeiros do autor

LA UNIVERSIDAD DESCONOCIDA
A UNIVERSIDADE DESCONHECIDA

para Lautaro Bolaño

PRIMEIRA PARTE

Combien j'aime
Ce tant bizarre Monsieur Rops
Qui n'est pas um grand prix de Rome
Mais dont le talent est haute comme une pyramide de Cheops
Baudelaire

La novela-nieve
O romance-neve

Esperas que desaparezca la angustia
Mientras llueve sobre la extraña carretera
En donde te encuentras

Lluvia: sólo espero
Que desaparezca la angustia
Estoy poniéndolo todo de mi parte

Você espera que a angústia desapareça
Enquanto chove sobre a estrada estranha
Onde se encontra

Chuva: só espero
Que a angústia desapareça
Estou fazendo tudo o que posso

Amanecer

Créeme, estoy en el centro de mi habitación
esperando que llueva. Estoy solo. No me importa
terminar o no mi poema. Espero la lluvia,
tomando café y mirando por la ventana un bello paisaje
de patios interiores, con ropas colgadas y quietas,
silenciosas ropas de mármol en la ciudad, donde no existe
el viento y a lo lejos sólo se escucha el zumbido
de una televisión en colores, observada por una familia
que también, a esta hora, toma café reunida alrededor
de una mesa: créeme: las mesas de plástico amarillo
se desdoblan hasta la línea del horizonte y más allá:
hacia los suburbios donde construyen edificios
de departamentos, y un muchacho de 16 sentado sobre
ladrillos rojos contempla el movimiento de las máquinas.
El cielo en la hora del muchacho es un enorme
tornillo hueco con el que la brisa juega. Y el muchacho
juega con ideas. Con ideas y con escenas detenidas.
La inmovilidad es una neblina transparente y dura
que sale de sus ojos.
Créeme: no es el amor el que va a venir,
sino la belleza con su estola de albas muertas.

Amanhecer

Acredite, estou no meio do meu quarto
esperando que chova. Estou sozinho. Não ligo
se vou terminar ou não meu poema. Espero a chuva,
tomando café e vendo pela janela uma bela paisagem
de pátios internos, com roupas penduradas e quietas,
silenciosas roupas de mármore na cidade, onde não existe
o vento e só se ouve ao longe o zumbido
de uma tevê em cores, observada por uma família
que também, a essa hora, toma café reunida ao redor
de uma mesa: acredite: as mesas de plástico amarelo
se desdobram até a linha do horizonte, e além:
lá nos subúrbios onde se constroem prédios
de apartamentos, e um garoto de 16 sentado sobre
tijolos vermelhos contempla o movimento das máquinas.
O céu na hora do garoto é um enorme
parafuso oco com que a brisa brinca. E o garoto
brinca com ideias. Com ideias e cenas estáticas.
A imobilidade é uma neblina transparente e dura
que sai de seus olhos.
Acredite: não é o amor que vai vir,
mas a beleza com sua estola de auroras mortas.

La novela-nieve

*Mis trabajos literarios 10 abril 1980. Obsesionado
por piernas en dormitorios donde todo es femenino
incluso yo que asesino un aire de cajas y sabuesos
momificados. No escritura en la cadencia de mis días
sin dinero, ni amor, ni miradas; sólo confidencias
dormitorios oscuros donde soy la media de seda
rodeado de canarios y hachas de luna. Sin embargo
cuando puedo hablar digo escribe cosas entretenidas
algo que interese a la gente. Pianos abstractos
en las emboscadas del silencio, mi propia mudez
que rodea a la escritura. Tal vez sólo esté ciego,
arribando a una terminal donde "mi talento"
pueda ser expresado por las trizaduras combustibles
mi propio cuello en la novela-nieve.*

O romance-neve

Meus trabalhos literários 10 abril 1980. Obcecado
por pernas em quartos onde tudo é feminino
inclusive eu que assassino um ar de ataúdes e sabujos
mumificados. Não escrita na cadência de meus dias
sem dinheiro, nem amor, nem olhares; só confidências
quartos escuros onde sou a meia de seda
rodeado de canários e lábris de lua. Mas
quando consigo falar eu digo escreva coisas divertidas
algo que interesse as pessoas. Pianos abstratos
nas emboscadas do silêncio, minha própria mudez
que rodeia a escritura. Talvez eu só esteja cego,
chegando a um terminal onde "meu talento"
possa ser expresso pelas rachaduras combustíveis
meu próprio pescoço no romance-neve.

Ésta es la pura verdad

Me he criado al lado de puritanos revolucionarios
He sido criticado ayudado empujado por héroes
de la poesía lírica
y del balancín de la muerte.
Quiero decir que mi lirismo es DIFERENTE
(ya está todo expresado pero permitidme
añadir algo más).
Nadar en los pantanos de la cursilería
es para mí como un Acapulco de mercurio
un Acapulco de sangre de pescado
una Disneylandia submarina
En donde soy en paz conmigo.

Esta é a pura verdade

Cresci ao lado de puritanos revolucionários
Fui criticado ajudado empurrado por heróis
da poesia lírica
e da gangorra da morte.
Quero dizer que meu lirismo é DIFERENTE
(tudo já foi dito, mas permita que eu
acrescente algo mais).
Nadar nos pântanos da cafonice
é para mim como uma Acapulco de mercúrio
uma Acapulco de sangue de peixe
uma Disneylândia submarina
Onde estou em paz comigo mesmo.

Raro oficio gratuito   Ir perdiendo el pelo
y los dientes   Las antiguas maneras de ser educado
Extraña complacencia   (El poeta no desea ser más
que los otros)   Ni riqueza ni fama ni tan sólo
poesía   Tal vez ésta sea la única forma
de no tener miedo   Instalarse en el miedo
como quien vive dentro de la lentitud
Fantasmas que todos poseemos   Simplemente
aguardando a alguien o algo sobre las ruinas

Estranho ofício gratuito   Ir perdendo o cabelo
e os dentes   As antigas formas de ser educado
Estranha complacência   (O poeta não quer ser mais
que os outros)   Nem riqueza nem fama nem apenas
poesia   Talvez essa seja a única forma
de não ter medo   Instalar-se no medo
como quem vive dentro da lentidão
Fantasmas que todos temos   Simplesmente
esperando alguém ou algo sobre as ruínas

El trabajo

En mis trabajos la práctica se decanta como causa y efecto
de un rombo siempre presente y en movimiento.
La mirada desesperada de un detective
frente a un crepúsculo extraordinario.
Escritura rápida trazo rápido sobre un dulce día que
llegará y no veré.
Pero no puente de ninguna manera puente ni señales
para salir de un laberinto ilusorio.
Acaso rimas invisibles y rimas acorazadas alrededor de
un juego infantil, la certeza de que ella está soñando.
Poesía que tal vez abogue por mi sombra en días venideros
cuando yo sólo sea un nombre y no el hombre que con
los bolsillos vacíos vagabundeó y trabajó en los mataderos
del viejo y del nuevo continente.
Credibilidad y no durabilidad pido para los romances
que compuse en honor de muchachas muy concretas.
Y piedad para mis años hasta arribar a los 26.

O trabalho

Em meus trabalhos a prática se decanta como causa e efeito
de um losango sempre presente e em movimento.
O olhar desesperado de um detetive
diante de um crepúsculo extraordinário.
Escrita rápida traço rápido sobre um doce dia que
vai chegar e eu não verei.
Mas ponte não de jeito nenhum nem ponte nem sinais
para sair de um labirinto ilusório.
Talvez rimas invisíveis e rimas encouraçadas ao redor de
uma brincadeira de criança, a certeza de que ela está sonhando.
Poesia que talvez advogue por minha sombra em dias vindouros
quando eu for só um homem e não o homem que com
os bolsos vazios vagabundeou e trabalhou nos matadouros
do velho e do novo continente.
Peço credibilidade, não durabilidade, para as baladas
que compus em homenagem a garotas bem concretas.
E piedade para meus anos até aportar nos 26.

A las 4 de la mañana viejas fotografías de Lisa
entre las páginas de una novela de ciencia ficción.
Mi sistema nervioso se repliega como un ángel.
Todo perdido en el reino de las palabras a las 4
de la mañana: la voz del pelirrojo arquea la piedad.
Viejas fotografías casas de aquella ciudad
donde lentamente hicimos el amor.
Casi un grabado en madera, escenas
que se sucedieron inmóviles fronda entre dunas.
Dormido sobre la mesa digo que era poeta,
un demasiado tarde, un querido despierta,
nadie ha quemado las velas de la amistad.

Às 4 da manhã velhas fotografias de Lisa
entre as páginas de um livro de ficção científica.
Meu sistema nervoso se recolhe como um anjo.
Tudo perdido no reino das palavras às 4
da manhã: a voz do ruivo arqueia a piedade.
Velhas fotografias casas daquela cidade
onde lentamente fizemos amor.
Quase uma xilogravura, cenas
que se sucederam imóveis fronde entre dunas.
Adormecido sobre a mesa digo que era poeta,
um tarde demais, um querido acorde,
ninguém queimou as velas da amizade.

Dentro de mil años no quedará nada
de cuanto se ha escrito en este siglo.
Leerán frases sueltas, huellas
de mujeres perdidas,
fragmentos de niños inmóviles,
tus ojos lentos y verdes
simplemente no existirán.
Será como la Antología griega,
aún más distante,
como una playa en invierno
para otro asombro y otra indiferencia.

Dentro de mil anos não restará nada
de tudo que se escreveu neste século.
Vão ler frases soltas, rastros
de mulheres perdidas,
fragmentos de crianças imóveis,
seus olhos lentos e verdes
simplesmente não existirão.
Será como a *Antologia grega*,
ainda mais distante,
como uma praia no inverno
para outro assombro e outra indiferença.

Escribe sobre las viudas las abandonadas,
las viejas, las inválidas, las locas.
Detrás de las Grandes Guerras y los Grandes Negocios
que conmueven al mundo están ellas.
Viviendo al día, pidiendo dinero prestado,
estudiando las pequeñas manchas rojas
de nuestras ciudades
*   de nuestros deportes*
*   de nuestras canciones.*

Escreve sobre as viúvas as abandonadas,
as velhas, as inválidas, as loucas.
Por trás das Grandes Guerras e dos Grandes Negócios
que comovem o mundo estão elas.
Vivendo no aperto, pedindo dinheiro emprestado,
estudando as pequenas manchas vermelhas
de nossas cidades
    de nossos esportes
        de nossas canções.

Las pelucas de Barcelona

Sólo deseo escribir sobre las mujeres
de las pensiones del Distrito 5º
de una manera real y amable y honesta
para que cuando mi madre me lea
diga así es en realidad
y yo entonces pueda por fin reírme
y abrir las ventanas
y dejar entrar las pelucas
los colores.

As perucas de Barcelona

Só quero escrever sobre as mulheres
das pensões do Distrito 5
de uma forma real e amável e honesta
para que quando minha mãe me ler
diga é assim que é na realidade
e eu então possa finalmente rir
e abrir as janelas
e deixar que entrem as perucas
as cores.

Mis castillos

Estos aromas son mi tienda de campaña, dije
A partir de la página 521 conoceré a mi verdadero
Amor   En el segundo volumen pensaba recuperar
el tiempo perdido   Una vaga idea de las Galias
Herejías   Apuntes de Turmeda   El mar ciñendo
suavemente a las islas   Un idioma y una renta
balear   Apenas el roce de las piernas
en la llamada postura del perro   La verga
como un inyector   Se clava con fuerza y sale
Inmóvil entre los labios   Tanto tiempo
Estos aromas, estos árboles, este montón
de sacos de dormir abandonados detrás de la casa
Esta hora en blanco y negro

Meus castelos

Estes aromas são minha tenda de campanha, falei
A partir da página 521 vou conhecer meu verdadeiro
amor   No segundo volume eu pensava em recuperar
o tempo perdido   Uma vaga ideia das Gálias
Heresias   Anotações de Turmeda   O mar cercando
suavemente as ilhas   Uma língua e um aluguel
nas Baleares   Apenas o roçar das pernas
na chamada *postura do cachorro*   A pica
como um injetor   Mete com força e sai
Imóvel entre os lábios   Tanto tempo
Estes aromas, estas árvores, este monte
de sacos de dormir abandonados atrás da casa
Esta hora em preto e branco

Poeta chino en Barcelona

Un poeta chino piensa alrededor
de una palabra sin llegar a tocarla,
sin llegar a mirarla, sin
llegar a representarla.
Detrás del poeta hay montañas
amarillas y secas barridas por
el viento,
ocasionales lluvias,
restaurantes baratos,
nubes blancas que se fragmentan.

Poeta chinês em Barcelona

Um poeta chinês pensa ao redor
de uma palavra sem chegar a tocá-la,
sem chegar a olhá-la, sem
chegar a representá-la.
Atrás do poeta há montanhas
amarelas e secas varridas pelo
vento,
chuvas ocasionais,
restaurantes baratos,
nuvens brancas que se fragmentam.

Mi poesía

Mi poesía temporada de verano 1980
sobreimposición de dos cines dos películas
sobreimpuestas quiero decir el jorobadito el poli
en planos similares quiero decir el barquito
———————〜〜〜〜〜〜〜

hasta allí la mujer que prepara dos perros
cruzados en la escalera el mar freudiano ∧∧∧∧∧
buque de vientre herido ¿picado por avispas?
¿cuchillos clavos pinchos? la voz dice baje
esa pistola dos cines que se mutilan en la niebla
el recuerdo de las rodillas de Lisa el vacío que
intentó llenar (aplausos) el lento genio jorobado

Minha poesia

Minha poesia temporada de verão 1980
superposição de dois cinemas dois filmes
superpostos quer dizer o corcundinha o policial
em planos similares quer dizer o barquinho

até ali a mulher que prepara dois cães
cruzados na escada o mar freudiano
buque de ventre ferido, picado por vespas?
facas pregos ferrões? a voz diz abaixe
essa pistola dois cinemas que se mutilam na neblina
a lembrança dos joelhos de Lisa o vazio que
tentou preencher (aplausos) o lento gênio corcunda

Pendejo Whistler

Tal vez ésta sea la hora
de sentarnos
sobre el teclado.

Miles de Post-Scriptums:
—*No sólo sentarnos, sino…*
—*Un viento de fealdad que da sed. Cervezas a la una de la mañana en un*
Frankfurt de la Avenida Pelayo.
—*Olas de la provincia de Maule, el "feísmo" en su soberanía. Y repetir:* aquel
chileno prodigioso que tantas veces habló donde no debía, babeando su
desesperada ignorancia del amor.
—*Supongo que al decir esto pienso en México.*

Babaca Whistler

Talvez esta seja a hora
de nos sentarmos
no teclado.

Milhares de post scriptums:
— Não só nos sentarmos, mas...
— Um vento de feiura que dá sede. Cervejas à uma da manhã num
Frankfurt da avenida Pelayo.
— Ondas da província de Maule, o "feísmo" em sua soberania.
E repetir: *aquele chileno prodigioso que falou tantas vezes onde não devia,
babando sua desesperada ignorância do amor.*
— Acho que ao dizer isso estou pensando no México.

Niños de Dickens

Admiras al poeta de nervios duros   ¿De acuerdo?
De acuerdo   De la misma manera que admiras
al obrero de horario salvaje y a los comerciantes
que se acuestan de madrugada contando el oro
y a las muchachas de 25 años que follan durante toda
la noche y al día siguiente dan tres o cuatro exámenes
en la universidad

Es difícil entender lo anterior   Intento decir
animales salvajes rondando por las paredes de mi casa
Búhos y niños de Dickens   Lagartos y hermafroditas
pintados por Moreau   Los soles de mis dos habitaciones
El rumor de pasos que puede solidificarse en cualquier momento
como una escultura de yeso sucio   Los ojos
borrados del santo que cabalga al encuentro
del Dragón

Crianças de Dickens

Você admira o poeta de nervos de aço   Certo?
Certo   Da mesma forma que admira
o operário de horário selvagem e os comerciantes
que se deitam de madrugada contando o ouro
e as moças de 25 anos que transam a noite
toda e no dia seguinte fazem três ou quatro provas
na universidade

É difícil entender o precedente   Tento dizer
animais selvagens rondando pelas paredes de minha casa
Corujas e crianças de Dickens   Lagartos e hermafroditas
pintados por Moreau   Os sóis de meus dois quartos
O barulho de passos que pode se consolidar a qualquer momento
como uma escultura de gesso sujo   Os olhos
apagados do santo que cavalga ao encontro
do Dragão

La navaja en el cuello y la voz
del adolescente se quiebra
dámelo todo   dámelo todo
o te corto
y la luna se hincha
entre los pelos

A navalha no pescoço e a voz
do adolescente se quebra
me dá tudo   me dá tudo
senão eu te *corto*
e a lua incha
entre os cabelos

Árboles

Me observan en silencio
mientras escribo   Y las copas
están llenas de pájaros, ratas,
culebras, gusanos
y mi cabeza
está llena de miedo
y planes
de llanuras por venir

Árvores

Me observam em silêncio
enquanto escrevo   E as copas
estão cheias de pássaros, ratos,
cobras, vermes
e minha cabeça
está cheia de medo
e de planos
de planícies por vir

No componer poemas sino oraciones

Escribir plegarias que musitarás
antes de escribir aquellos poemas
que creerás no haber escrito nunca

Não compor poemas mas orações

Escrever preces que você irá sussurrar
antes de escrever aqueles poemas
que pensará nunca ter escrito

Pregunté si aún estaba allí.
Dijo que pasara.
Está nevando nuevamente, avisé.
Sus libros desparramados.
Inútil para hacer el amor.
Desde hacía 6 meses no llevaba ninguna chica
al cuarto.
Enfático, categórico, señaló
una mosca aplastada
en el otro lado de la ventana.
Como escupir a un espejo, recordé.
Una especie de poeta.
Despreocupado y feliz.

Perguntei se ainda estava ali.
Me disse para entrar.
Está nevando de novo, avisei.
Seus livros esparramados.
Inútil para fazer amor.
Já fazia 6 meses que não levava nenhuma garota
ao quarto.
Enfático, categórico, apontou
para a mosca esmagada
do outro lado da janela.
Como cuspir num espelho, lembrei.
Uma espécie de poeta.
Despreocupado e feliz.

¿Qué haces en esta ciudad donde eres pobre y desconocido?
(La pregunta me hizo gracia)   Envejeces, paseas
por los alrededores de los museos, contemplas
a las muchachas de la ciudad que te es hostil
Oh, dije, en realidad exageras   ¿Un ejercicio de
paciencia?   Tal vez   ¿La virtud como una hélice?
Mis pasos me han puesto bajo estos acueductos   Los
mejores   Me doy por satisfecho   Una muchacha,
una escudilla de sopa en Can Riera, un saco caliente en invierno
Mientras tus versos se pudren, dijo la voz
A las doce de la noche
¿Acaso pretendes volver a tu país natal con los ojos
de Anselm Turmeda?   Cansado   Divertido
tras haber escuchado una conversación ajena
me saco los zapatos sonriendo en la oscuridad
Pero estás solo
No   Alguien, mi Explorador, vigila mis temas

O que você está fazendo nesta cidade, onde é pobre e desconhecido?
(Achei a pergunta engraçada)   Você envelhece, passeia
pelos arredores dos museus, contempla
as moças da cidade que lhe é hostil
Ah, falei, você está exagerando, realmente   Um exercício de
paciência?   Talvez   A virtude como uma hélice?
Meus passos me puseram sob esses aquedutos   Os
melhores   Me dou por satisfeito   Uma moça,
uma tigela de sopa em Can Riera, um casaco quente no inverno
Enquanto seus versos apodrecem, disse a voz
À meia-noite
Por acaso você pretende voltar para seu país natal com os olhos
de Anselm Turmeda?   Cansado   Divertido
depois de ter ouvido uma conversa alheia
tiro os sapatos sorrindo no escuro
Mas você está sozinho
Não   Alguém, meu Explorador, está de olho nos meus assuntos

Según Alain Resnais
hacia el final de su vida
Lovecraft fue vigilante nocturno
de un cine en Providence.

Pálido, sosteniendo un cigarrillo
entre los labios, con un metro
setenta y cinco de estatura
leo esto en la noche del camping
Estrella de Mar.

Segundo Alain Resnais
perto do final de sua vida
Lovecraft foi vigia noturno
de um cinema em Providence.

Pálido, segurando um cigarro
entre os lábios, com um metro
e setenta e cinco de altura
leio isso na noite do camping
Estrella de Mar.

Un soneto

Hace 16 años que Ted Berrigan publicó
sus Sonetos. Mario paseó el libro por
los leprosarios de París. Ahora Mario
está en México y The Sonnets en
un librero que fabriqué con mis propias
manos. Creo que la madera la encontré
cerca del asilo de ancianos de Montealegre
y con Lola hicimos el librero. En
el invierno del 78, en Barcelona, cuando
aún vivía con Lola! Y ya hace 16 años
que Ted Berrigan publicó su libro
y tal vez 17 o 18 que lo escribió
y yo ciertas mañanas, ciertas tardes,
perdido en un cine de barrio intento leerlo,
cuando la película se acaba y encienden la luz.

Um soneto

Faz 16 anos que Ted Berrigan publicou
seus *Sonetos*. Mario passeou com o livro
pelos leprosários de Paris. Agora Mario
está no México e *The Sonnets*
numa estante que fabriquei com minhas próprias
mãos. Acho que encontrei a madeira
perto do asilo de velhos de Montealegre
e fiz a estante junto com a Lola. No
inverno de 78, em Barcelona, quando
eu ainda vivia com a Lola! E já faz 16 anos
que Ted Berrigan publicou seu livro
e talvez 17 ou 18 que o escreveu
e em certas manhãs, certas tardes,
perdido num cinema de bairro eu tento lê-lo,
quando o filme termina e acendem a luz.

Para Efraín Huerta

Quisiera escribir cosas divertidas para ti.
De catástrofes y pequeñas tristezas
estamos hasta el cuello. Nada de imágenes,
tal vez labios, pelos, y una niña que juega
con el maletín de un médico. No sé, Efraín,
qué paisajes decir ahora que estoy pensando
en ti. No sólo tu bondad me ayudó; también
esa suerte de honradez hierática, tu sencillez
al apoyarte en la ventana de tu departamento
para contemplar, en camiseta, el crepúsculo
mexicano, mientras a tus espaldas los poetas
bebían tequila y hablaban en voz baja.

Para Efraín Huerta

Queria escrever coisas divertidas para você.
De catástrofes e pequenas tristezas
estamos até o pescoço. Nada de imagens,
talvez lábios, cabelos, e uma menina que brinca
com a maleta de um médico. Não sei, Efraín,
que paisagens dizer agora que estou pensando
em você. Não foi só sua bondade que me ajudou; foi também
essa espécie de honradez hierática, sua simplicidade
ao se apoiar na janela de seu apartamento
para contemplar, de camiseta, o crepúsculo
mexicano, enquanto a suas costas os poetas
bebiam tequila e conversavam em voz baixa.

La única imagen que guardo de T. C.

El señor Teófilo Cid no está.
La lluvia sobre esa ciudad extraña, Santiago del
Nuevo Extremo.
El señor Cid pasea por calles grises.
Pelo de rata, ojillos de rata,
En un atardecer neutro.
Abrigos, gabardinas, chaquetas rojas que la lluvia empuja
Hacia cualquier lugar.
El señor Teófilo Cid un tanto ebrio,
En su ciudad,
Huyendo bajo la lluvia.
Única realidad de estas palabras.

A única imagem que guardo de T. C.

O senhor Teófilo Cid não está.
A chuva sobre essa cidade estranha, Santiago del
Nuevo Extremo.
O senhor Cid passeia por ruas cinzentas.
Cabelo cinza-rato, olhinhos de rato,
Num entardecer neutro.
Casacos, capas de chuva, jaquetas vermelhas que a chuva impele
Para qualquer lugar.
O sr. Teófilo Cid um tanto bêbado,
Em sua cidade,
Fugindo sob a chuva.
A única realidade destas palavras.

> Quel est le mot le plus obscène que vous
> ayez entendu dans la bouche de votre mère?
>> *Enquête réalisée à la initiative*
>> *de Jean-Pierre Verheggen*

Para ser dicho en un dormitorio
donde ya nada se puede decir

Tu texto… Tu forma de evitar la rodilla
de tu hermana… Tú Hacer Revolución…
Tu rostro apagado de viajes en el cuarto oscuro…
Tu sangre que construye un mapa
sobre las sábanas silenciosas…
Tu Polo Norte final…

Quel est le mot le plus obscène que vous
ayez entendu dans la bouche de votre mère?
Enquête réalisée à la initiative
de Jean-Pierre Verheggen

Para ser dito num quarto
onde não há mais nada a dizer

Seu texto… Sua forma de evitar o joelho
de sua irmã… *Seu Fazer a Revolução*…
Seu rosto apagado de viagens no quarto escuro…
Seu sangue que constrói um mapa
sobre os lençóis silenciosos…
Seu Polo Norte final…

El monje

Fui feliz durante las cacerías.
Dormité a la sombra de un plátano.
Los sueños ordenaban ríos y castillos.
Al alba mi hermano me murmuró al oído
que tras esas colinas los dominios
permanecían con las mismas alambradas.
Homenajes —dijo. Cabalgué
hasta alcanzar a la vanguardia.
Nadie supo indicarme hacia dónde
se había marchado nuestro señor.
Intuí que el calor de los crepúsculos
era artificial. Supe que alguien
largo tiempo había dormido
sobre mis escritos.

O monge

Fui feliz durante as caçadas.
Cochilei à sombra de um plátano.
Os sonhos organizavam rios e castelos.
Ao alvorecer meu irmão murmurou em meu ouvido
que atrás dessas colinas os domínios
continuavam com as mesmas cercas de arame.
Homenagens — disse ele. Cavalguei
até alcançar a vanguarda.
Ninguém soube me indicar para onde
nosso senhor tinha ido.
Intuí que o calor dos crepúsculos
era artificial. Soube que alguém
tinha dormido por um longo tempo
sobre meus escritos.

El poeta no espera a la dama

Kürnberger. Cuando por los reinos
de Europa se paseaba la muerte.
Y en los bardos había ánimo para
renovar la lírica. Sentado
en una cámara del castillo
al que han puesto sitio nuevamente.
Y un poema de amor
de una "soberana indiferencia".
Cuando alguien, tal vez un cortesano,
grita una advertencia inaudible
al final de un pasillo de piedra
que otra vez se diluye
en la intersección de la muerte
y el poema.

O poeta não espera pela dama

Kürnberger. Quando a morte passeava
pelos reinos da Europa.
E nos bardos havia ânimo para
renovar a lírica. Sentado
numa câmara do castelo
que foi novamente sitiado.
E um poema de amor
de uma "soberana indiferença".
Quando alguém, talvez um cortesão,
grita uma advertência inaudível
no final de um corredor de pedra
que outra vez se dilui
no cruzamento da morte
e do poema.

Tersites

En primavera salían de los bosques y recibían a los hombres
Tersites   Inmaculado el mármol atraviesa descripciones
lamentos, estados totalitarios   Algo tan lejano a la risa
de los comerciantes   (Salían de sus bosques para hacer
el amor)   Con campesinos que alababan grandemente
sus cabalgaduras atadas a los árboles bajos o paciendo
en los claros   Una Grecia en blanco y negro
Y anos dilatados estrechando vergas notables   Tersites
las amazonas   Un atardecer que persiste
a las descripciones y los besos

Térsites

Na primavera saíam dos bosques e recebiam os homens
Térsites   Imaculado o mármore atravessa descrições
lamentos, estados totalitários   Algo tão distante da risada
dos comerciantes   (Saíam de seus bosques para fazer
amor)   Com camponeses que elogiavam grandemente
suas montarias amarradas às árvores baixas ou pastando
nas clareiras   Uma Grécia em branco e preto
E ânus dilatados estreitando varas notáveis   Térsites
as amazonas   Um entardecer que persiste
além das descrições e dos beijos

Textos de Joe Haldeman, J. G. Ballard, Rubén
Darío, Luis Cernuda, Jack London, R. L. Stevenson,
Jorge Teillier, André Breton, Erskine Caldwell,
Ciencia Ficción Soviética, Valle-Inclán, Hamlet,
Daniel Biga, Nazario.

Querida, no es el Paraíso.
En las calles hay batallas campales después de las diez de la noche.
Nadie viene a visitarme.
Aunque la comida que preparo aún no es del todo mala.

¿Cómo se llama esto?, pregunté.
Océano.
Una larga y lenta Universidad.

Textos de Joe Haldeman, J. G. Ballard, Rubén
Darío, Luis Cernuda, Jack London, R. L. Stevenson,
Jorge Teillier, André Breton, Erskine Caldwell,
Ficção Científica Soviética, Valle-Inclán, Hamlet,
Daniel Biga, Nazario.

Querida, não é o Paraíso.
Nas ruas há batalhas campais depois das dez da noite.
Ninguém vem me visitar.
Ainda que a comida que eu preparo não seja tão ruim assim.

Como se chama isto?, perguntei.
Oceano.
Uma longa e lenta Universidade.

He soñado labios
(¿Solitarios y abiertos? ¿Partidos por el viento?)
Labios como corazón de ornitorrinco
Se mueven entre las ramas   Nada se escucha
(¿Han quitado el sonido? ¿El sonido bajo los árboles?)
Labios húmedos que sonríen al final de mi sueño
Sobre un fondo de hojas   El empapelado
de esta pieza de hotel   Dibujo tenaz
Rumor del medievo

Sonhei com lábios
(Solitários e abertos? Rachados pelo vento?)
Lábios como coração de ornitorrinco
Se movem entre os galhos   Não se ouve nada
(Desligaram o som? O som debaixo das árvores?)
Lábios úmidos que sorriem no final do meu sonho
Sobre um fundo de folhas   O papel de parede
deste quarto de hotel   Desenho persistente
Rumor do medievo

No enfermarse nunca   Perder todas las batallas
Fumar con los ojos entornados y recitar bardos provenzales
en el solitario ir y venir de las fronteras
Esto puede ser la derrota   pero también el mar
y las tabernas   El signo que equilibra
tu inmadurez premeditada y las alegorías
Ser uno y débil y moverse

Nunca ficar doente   Perder todas as batalhas
Fumar com os olhos semicerrados e recitar bardos provençais
no vaivém solitário das fronteiras
Isso pode ser a derrota   mas também o mar
e as tabernas   O signo que equilibra
sua imaturidade premeditada e as alegorias
Ser um e frágil e se mover

Guiraut de Bornelh
Guiraut de Bornelh

Guiraut de Bornelh la lluvia
Te rascas el cuello distraídamente mientras contemplas
una tabla pintada con la Virgen y el Niño
Detrás hay árboles frondosos y más atrás aún
aparecen y desaparecen las colinas
a través de la cortina de lluvia
En un rincón de la ermita se queja un anciano
Es la hora de alejarse de estos campos
Te rascas el vientre   Mentalmente
compones un alba

Guiraut de Bornelh a chuva
Você coça o pescoço distraidamente enquanto contempla
um painel pintado com a Virgem e o Menino
Atrás deles há árvores frondosas e mais atrás ainda
aparecem e desaparecem as colinas
através da cortina de chuva
Num canto da ermida um ancião se queixa
É hora de se afastar desses campos
Você coça a barriga   E mentalmente
compõe uma alvorada

Edad Media de las cabelleras que el viento esquiva
Mientras haya viento escribirás   El viento
como matemáticas exactas   Como el ojo con la
propiedad de la uña   Mientras haya viento escribirás
tus historias para ella   Midiendo espesor longitud
velocidad   Diciéndole al oído a cualquier desconocido
que esta noche el viento sopla del Este
Un fulgor de cabalgaduras y trovadores a orillas
de la autopista   Que retienen y bordan
las otras palabras del viento

Idade Média das cabeleiras que o vento esquiva
Enquanto houver vento você escreverá   O vento
como matemática exata   Como o olho com a
propriedade da unha   Enquanto houver vento você escreverá
suas histórias para ela   Medindo espessura comprimento
velocidade   Dizendo no ouvido de qualquer desconhecido
que hoje à noite o vento sopra do Leste
Um fulgor de montarias e trovadores às margens
da autoestrada   Que seguram e bordam
as outras palavras do vento

Se ríen los trovadores en el patio de la taberna
La mula de Guiraut de Bornelh   El cantar oscuro
y el cantar claro   Cuentan que un catalán prodigioso…
La luna… Los claros labios de una niña diciendo en latín
que te ama   Todo lejos y presente
No nos publicarán libros ni incluirán muestras
de nuestro arte en sus antologías   (Plagiarán
mis versos mientras yo trabajo solo en Europa)
Sombra de viejas destrucciones   La risa de los juglares
desaparecidos   La luna en posición creciente
Un giro de 75° en la virtud
Que tus palabras te sean fieles

Riem os trovadores no pátio da taberna
A mula de Guiraut de Bornelh   O *trobar clus*
e o *trobar clar*   Contam que um catalão prodigioso…
A lua… Os lábios claros de uma menina dizendo em latim
que ama você   Tudo longe e presente
Não publicarão nossos livros nem incluirão mostras
de nossa arte em suas antologias   (Plagiarão
meus versos enquanto eu trabalho sozinho na Europa)
Sombra de velhas destruições   A risada dos jograis
desaparecidos   A lua em posição crescente
Um giro de 75° na virtude
Que suas palavras lhe sejam fiéis

No esperes nada del combate.
El combate busca la sangre.
Y se justifica con la sangre.
Detrás de las piernas de la reina
Dulcemente abiertas a la verga
Del rey, se mueven las cabañas
Quemadas, los cuerpos sin cabeza,
La noble mirada hechizada por la muerte.

Não espere nada do combate.
O combate busca o sangue.
E se justifica com o sangue.
Atrás das pernas da rainha
Docemente abertas para o pau
Do rei, movem-se as cabanas
Queimadas, os corpos sem cabeça,
O nobre olhar enfeitiçado pela morte.

Guiraut   Sentado en el patio de la taberna
Las piernas cruzadas   Has salido para digerir
contemplando el cielo   Los tejados grises
Las chimeneas humeantes de los primeros días invernales
Las niñitas rubias morenas pelirrojas   Jugando

Guiraut   Sentado no pátio da taberna
As pernas cruzadas   Você saiu para fazer a digestão
contemplando o céu   Os telhados cinza
As chaminés fumegantes dos primeiros dias de inverno
As menininhas loiras morenas ruivas   Brincando

Calles de Barcelona
Ruas de Barcelona

La pesadilla empieza por allí, en ese punto.
Más allá, arriba y abajo, todo es parte de la
pesadilla. No metas tu mano en ese jarrón. No
metas tu mano en ese florero del infierno. Allí
empieza la pesadilla y todo cuanto desde allí
hagas crecerá sobre tu espalda como una joroba.
No te acerques, no rondes ese punto equívoco.
Aunque veas florecer los labios de tu verdadero
amor, aunque veas florecer unos párpados que
quisieras olvidar o recobrar. No te acerques.
No des vueltas alrededor de ese equívoco. No
muevas los dedos. Créeme. Allí sólo crece
la pesadilla.

O pesadelo começa por aí, nesse ponto.
Adiante, em cima e embaixo, tudo é parte do
pesadelo. Não meta sua mão nesse vaso. Não
meta sua mão nessa floreira do inferno. Aí
começa o pesadelo e tudo que você fizer a partir daí
crescerá sobre suas costas como uma corcunda.
Não se aproxime, não ronde esse ponto equívoco.
Mesmo que veja florescer os lábios de seu verdadeiro
amor, mesmo que veja florescer umas pálpebras que
gostaria de esquecer ou recuperar. Não se aproxime.
Não gire ao redor desse equívoco. Não
mexa os dedos. Acredite em mim. Aí só cresce
o pesadelo.

Los floreros disimulan
La puerta del Infierno

Con cierta clase de luz
Y a determinada hora

De repente te das cuenta
Ese objeto es el terror

As floreiras dissimulam
A porta do Inferno

Com certo tipo de luz
E a determinada hora

De repente você percebe
Esse objeto é o terror

Duerme abismo mío, los reflejos dirán
que el descompromiso es total
pero tú hasta en sueños dices que todos
estamos comprometidos que todos
merecemos salvarnos

Durma, meu abismo, os reflexos dirão
que o descompromisso é total
mas você até em sonhos diz que todos
nós estamos comprometidos que todos
nós merecemos nos salvar

Una voz de mujer dice que ama
la sombra que tal vez es la tuya
Estás disfrazado de policía y contemplas
caer la nieve   ¿Pero cuándo?
No lo recuerdas   Estabas en la calle
y nevaba sobre tu uniforme de poli
Aun así la pudiste observar:
una hermosa muchacha a horcajadas
sobre una motocicleta negra
al final de la avenida

Uma voz de mulher diz que ama
a sombra que talvez seja a sua
Você está disfarçado de policial e contempla
a neve cair   Mas quando?
Não se lembra   Estava na rua
e nevava sobre seu uniforme de tira
Mesmo assim pôde observá-la:
uma moça bonita montada
numa motocicleta preta
no final da avenida

Fritz Leiber relee algunos de sus cuentos

El gato que ayer me era simpático
hoy ya habla   Supongamos
que los pensamientos negros también son
naves heliocéntricas   El anhelo
siempre escapa de las pérfidas
emboscadas pavlovianas
Hacia el núcleo de la revolución
Bebiendo un resplandor llamado whisky
Pregúntale al escritor:
¿qué va a ser de toda esta gente?
A veces soy inmensamente feliz
No importa lo que yo te diga

Fritz Leiber relê alguns de seus contos

O gato que ontem me era simpático
hoje já fala   Vamos supor
que pensamentos negros também são
naves heliocêntricas   O desejo
sempre foge das pérfidas
emboscadas pavlovianas
Rumo ao núcleo da revolução
Bebendo um resplendor chamado uísque
Pergunte ao escritor:
o que vai ser de toda essa gente?
Às vezes sou imensamente feliz
Não importa o que eu te diga

Éstos son los rostros romanos del Infierno
Prefiero vivir lejos de todo, dije
No ser cómplice   Pero esos rostros contemplan
aquello más allá de tu cuerpo   Nobles
facciones fosilizadas en el aire
Como el fin de una película antigua
Rostros sobreimpresos en el azul del cielo
Como la muerte, dije

Estes são os rostos romanos do Inferno
Prefiro viver longe de tudo, falei
Não ser cúmplice   Mas esses rostos contemplam
aquilo além de seu corpo   Nobres
feições fossilizadas no ar
Como o final de um filme antigo
Rostos superpostos no azul do céu
Como a morte, falei

Una lectura de Conrad Aiken

Tal vez no ame a nadie en particular, dijo
mientras miraba a través de los cristales
(La poesía ya no me emociona) —¿Qué?
Su amiga levantó las cejas   Mi poesía
(Caca)   Ese vacío que siento después de un
orgasmo   (Maldita sea, si sigo escribiéndolo
llegaré a sentirlo de verdad)   La verga enhiesta
mientras se desarrolla el Dolor   (Ella se vistió
aprisa: Medias de seda roja)   Un aire
jazzeado, una manera de hablar   (Improviso,
luego existo, ¿cómo se llamaba ese tipo?)
Descartes   Caca   (Qué nublado, dijo ella
mirando hacia arriba)   Si pudieras contemplar
tu propia sonrisa   Santos anónimos
Nombres carentes de significado

Uma leitura de Conrad Aiken

Talvez não ame ninguém em particular, falou
enquanto olhava através dos vidros
(A poesia não me emociona mais) — Quê?
Sua amiga ergueu as sobrancelhas   Minha poesia
(Porcaria)   Esse vazio que sinto depois de um
orgasmo   (Que se dane, se eu continuar escrevendo isso
vou acabar sentindo de verdade)   O pau ereto
enquanto a Dor se desenrola   (Ela se vestiu
apressada: Meias de seda vermelha)   Um ar
jazzeado, um jeito de falar   (Improviso,
logo existo, como se chamava esse cara?)
Descartes   Porcaria   (Que nublado, disse ela
olhando para cima)   Se você pudesse contemplar
seu próprio sorriso   Santos anônimos
Nomes sem significado

Una lectura de Howard Frankl

A lo mejor estaba borracho pero vi
que la pareja de policías atravesaba
la vitrina de la papelería y luego
la del restaurante y la del almacén
y después los ventanales de otro
restaurante y de una tienda de ropa
y de la relojería hasta desaparecer
por el horizonte completamente azul
como tragados por el océano ¿pero
cuál océano? ¿cuál horizonte?

Uma leitura de Howard Frankl

Talvez estivesse bêbado mas vi
que a dupla de policiais atravessava
a vitrine da papelaria e depois
a do restaurante e a do armazém
e depois os vitrôs de outro
restaurante e de uma loja de roupas
e da relojoaria até desaparecerem
no horizonte completamente azul
como se engolidos pelo oceano, mas
que oceano? que horizonte?

El Greco

Imagino a veces un dormitorio en penumbras
Una pequeña estufa eléctrica   Una cortina roja
que huele a naranjas viejas
Un enorme colchón en el suelo
Una muchacha de largas piernas pecosas
Boca abajo con los ojos cerrados
Un muchacho de pelo largo besando su espalda
La verga erecta acomodada entre las nalgas
que apenas se levantan   Y dilataciones
Un olor muy fuerte
Imagino también las imágenes
que florecen en su cerebro y en su nariz
El asombro en la luna del enamorado

El Greco

Às vezes imagino um quarto na penumbra
Um pequeno aquecedor elétrico   Uma cortina vermelha
com cheiro de laranjas velhas
Um colchão enorme no chão
Uma moça de longas pernas sardentas
De bruços com os olhos fechados
Um moço de cabelo comprido beijando suas costas
O pau ereto acomodado entre as nádegas
levemente levantadas   E dilatações
Um cheiro muito forte
Imagino também as imagens
que florescem em seu cérebro e em seu nariz
O assombro na lua do apaixonado

La soledad

¿Te divierte que escriba en tercera persona?
¿Te divierte que a veces diga que dentro de 100 años
estaremos completamente solos?
Nada sé de ti salvo que eres mi hermana
En los fríos departamentos junto al barrio gótico
A veces escuchando la lluvia
O besándonos
O haciendo muecas delante del espejo

A solidão

Você acha divertido que eu escreva em terceira pessoa?
Acha divertido que eu às vezes fale que daqui a 100 anos
estaremos completamente sozinhos?
Não sei nada sobre você a não ser que é minha irmã
Nos apartamentos frios junto ao bairro gótico
Às vezes ouvindo a chuva
Ou nos beijando
Ou fazendo caretas na frente do espelho

Vete al infierno, Roberto, y recuerda que ya nunca más
volverás a metérselo
Tenía un olor peculiar
Largas piernas pecosas
Cabellera caoba y bonita ropa
En realidad poco es lo que recuerdo ahora
Me amó para siempre
Me hundió

Vá pro inferno, Roberto, e lembre que você nunca mais
vai metê-lo de novo
Tinha um cheiro peculiar
Longas pernas sardentas
Cabeleira acaju e roupa bonita
Na verdade é pouco o que recordo agora
Me amou para sempre
Me afundou

No puedo caminar dices
Estoy clavado en este pueblo
Mirando pasar las nubes

Son los años de la energía
Los techos blancos se estremecen
Dices: estoy sangrando.

Las nubes cada vez más agudas
Clavadas por un instante en tu retina
Dices: ahora el fuego me asesina.

Não consigo caminhar, você diz
Estou cravado nesta cidade
Olhando as nuvens passarem

São os anos da energia
Os tetos brancos estremecem
Você diz: estou sangrando.

As nuvens cada vez mais agudas
Cravadas por um instante em sua retina
Você diz: agora o fogo me assassina.

La sangre coagulada en un vidrio horizontal.
Agradable agradable agradable
como Barcelona a mediados del 79
Asuntos trovados por Joan Airas te ocupan ahora
Pobre y libre y paranoico
El único bulto oscuro cercano a tu lecho
es la mochila
Ruego a Dios que no te enfermes

O sangue coagulado num vidro horizontal.
Agradável agradável agradável
como Barcelona em meados de 79
Assuntos versejados por Joan Airas o ocupam agora
Pobre e livre e paranoico
O único vulto escuro próximo de sua cama
é a mochila
Rogo a Deus que você não adoeça

La primavera

*La primavera abre los párpados
en un Gibraltar de partituras*

A primavera

A primavera abre as pálpebras
num Gibraltar de partituras

Escribe el sexo rojo atravesado por palmeras grises.
Similar es este eclipse a tus lentes que caen al abismo.
En la sala de lecturas del Infierno.
Con los hombres concretos y los hombres subjetivos
y los buscados por la ley.

Escreve o sexo vermelho atravessado por palmeiras cinzentas.
Este eclipse é similar aos seus óculos que caem no abismo.
Na sala de leituras do Inferno.
Com os homens concretos e os homens subjetivos
e os procurados pela lei.

Escribe lo que quieras

Nada quedará de nuestros corazones.

Peire Cardenal. Delante de tus palabras
Un cenicero blanco repleto de anillos.
Los albigenses escondidos en Barcelona.
De todas maneras canciones y vino.
Un cenicero blanco repleto de dedos.
En los cómics encontramos la libertad.

Nada quedará de nuestros corazones.
Ni de los techos de piedra que nos vieron.
Palidecer.

Escreva o que quiser

Nada restará de nossos corações.

Peire Cardenal. Diante de suas palavras
Um cinzeiro branco repleto de anéis.
Os albigenses escondidos em Barcelona.
Em todo caso, canções e vinho.
Um cinzeiro branco repleto de dedos.
Nos gibis encontramos a liberdade.

Nada restará de nossos corações.
Nem dos tetos de pedra que nos viram.
Empalidecer.

Cuando piense en gente hecha mierda diariamente
debo pensar también en la velocidad que se acumula
en las puertas de las villas,
en los barcos piratas que los niños construyen
con las hojas de sus cuadernos
de gramática.

Cuando piense en cárcel y escriba cárcel hasta la
saciedad,
no olvidarme de anotar en una esquina
manos sobre genitales,
reconocimiento,
confidencias.

Quando eu pensar na gente que se fode diariamente
devo pensar também na velocidade que se acumula
nas portas das vilas,
nos barcos piratas que as crianças constroem
com as folhas de seus cadernos
de gramática.

Quando eu pensar no cárcere e escrever cárcere até
enjoar,
não esquecer de anotar num canto
mãos sobre genitais,
reconhecimento,
confidências.

La ética

Extraño mundo amoroso: suicidios y asesinatos;
no hay dama magnética, Gaspar, sino Miedo
y la velocidad necesaria del que no quiere
sobrevivir.

A ética

Estranho mundo amoroso: suicídios e assassinatos;
não há dama magnética, Gaspar, só Medo
e a velocidade necessária de quem não quer
sobreviver.

Llegará el día en que desde la calle te llamarán:
chileno.
Y tú bajarás las escaleras de tres en tres.
Será de noche
y tus ojos por fin habrán encontrado el color
que deseaban.
Estarás preparando la comida o leyendo.
Estarás solo y bajarás de inmediato.
Un grito una palabra
que será como el viento empujándote de improviso
hacia el sueño.
Y tú bajarás las escaleras de tres en tres
Con un cuchillo en la mano.
Y la calle estará vacía.

Vai chegar o dia em que irão chamá-lo lá da rua:
chileno.
E você vai descer as escadas de três em três.
Será noite
e seus olhos finalmente terão encontrado a cor
que desejavam.
Vai estar fazendo o jantar ou lendo.
Vai estar sozinho e descerá imediatamente.
Um grito uma palavra
que será como o vento o empurrando de improviso
para o sonho.
E você descerá as escadas de três em três
Com uma faca na mão.
E a rua estará vazia.

Ángeles

Las noches que he dormido entre rostros y palabras,
Cuerpos doblegados por el viento,
Líneas que miré hechizado
En los límites de mis sueños.
Noches heladas de Europa, mi cuerpo en el ghetto
Pero soñando.

Anjos

As noites que dormi entre rostos e palavras,
Corpos vergados pelo vento,
Linhas que olhei enfeitiçado
Nos limites de meus sonhos.
Noites geladas da Europa, meu corpo no gueto
Mas sonhando.

Dársenas   Todo espíritu maligno anima
la sombra de la flor   La sombra tuya, Gaspar
Entre inyecciones, sonriéndome apenas
(Tengo 19 años, respétame)   Borraremos
el atardecer en que el chileno se pierde
por una Barcelona absoluta   La nieve
Los caballos   La soledad

Cais   Todo espírito maligno anima
a sombra da flor   Sua sombra, Gaspar
Entre injeções, mal sorrindo para mim
(Tenho 19 anos, me respeite)   Apagaremos
o entardecer em que o chileno se perde
por uma Barcelona absoluta   A neve
Os cavalos   A solidão

Calles de Barcelona

Se turba el pinche Roberto   Cierra los ojos
(Tórnanse bermejas sus mejillas)
Lee libros en la Granja Parisina de la calle Tallers
Camina por las callecitas del puerto bajo la
llovizna   (Una película muy hortera
que interpretaría Robert De Niro)   ¿Pero
por qué enrojece?   (Pinche Robert Bolaño:
besa en la boca lo patético y lo ridículo)
Abre los ojos como un oso flaco y agonizante
(¿Un oso, tú?)   Como El Resoplón de R. A. Lafferty
Se turba, camina bajo la llovizna del puerto
Se detiene frente a las carteleras cinematográficas
Lee en el bar Céntrico de la calle Ramalleras
Freud Lacan Cooper   (En serio)
No esconde sus pisadas

Ruas de Barcelona

O maldito Roberto fica atordoado   Fecha os olhos
(Suas faces ficam vermelhas)
Lê livros na Granja Parisina da rua Tallers
Caminha pelas ruelas do porto sob a
garoa   (Um filme muito brega
que Robert De Niro interpretaria)   Mas
por que fica vermelho?   (Maldito Robert Bolaño:
beija na boca o patético e o ridículo)
Abre os olhos como um urso magro e agonizante
(Um urso, você?)   Como o "Snuffles" de R. A. Lafferty
Está atordoado, caminha sob a garoa do porto
Para diante dos cartazes de cinema
Lê no bar Céntrico na rua Ramalleras
Freud Lacan Cooper   (É sério)
Não esconde suas pegadas

En la sala de lecturas del Infierno
Na sala de leituras do Inferno

la llanura

Cuesta poco ser amable.
El jorobadito hoy no ha salido de su tienda,
Ovillado se escarba los dientes con la uña
Y sus ojos se adormilan
De tanto mirar la lona verde.
Lejos una muchacha dice no gracias
Y baja la mirada,
Tal vez el jorobadito haya pensado
En una muchacha caminando
Por la vereda del pueblo
Hasta el taller o el supermercado
Y haya dicho se prepara para la soledad.
Tanta tristeza, playas y parasoles
Que se pierden.
Pero ser amable no es difícil.
Y ciertamente es preferible
A los hombres estériles los duros
Y los audaces que pierden
A la misma muchacha
Sin haberla conocido, sin haber escuchado
Lo que ella podía o no
Podía decir.

A planície

Não é difícil ser amável.
O corcundinha hoje não saiu de sua barraca,
Encolhido ele esgaravata os dentes com a unha
E seus olhos cochilam
de tanto olhar a lona verde.
Ao longe uma moça diz *não obrigada*
E olha para baixo,
Talvez o corcundinha tenha pensado
Numa moça caminhando
Na calçada da cidade
Até o ateliê ou o supermercado
E tenha dito *ela se prepara para a solidão.*
Tanta tristeza, praias e guarda-sóis
Que se perdem.
Mas ser amável não é difícil.
E certamente é preferível
Aos homens estéreis os duros
E os audazes que perdem
A mesma garota
Sem tê-la conhecido, sem ter escutado
O que ela podia ou não
Podia dizer.

Biblioteca de Poe

En el fondo de un extraño corral,
Libros o pedazos de carne.
Nervios enganchados de un esqueleto
O papel impreso.
Un florero o la puerta
De las pesadillas.

Biblioteca de Poe

No fundo de um estranho curral,
Livros ou pedaços de carne.
Nervos enganchados num esqueleto
Ou papel impresso.
Uma floreira ou a porta
Dos pesadelos.

Patricia Pons

De Chile sólo recuerdo una niña de 12 años
bailando sola en un camino de grava.

Estoy dentro de una gruta
de un metro de alto por un metro veinte
de ancho
Una gruta de ramas y matorrales
a orillas del camino.

Ella aparta las hojas y me sonríe.

Patricia Pons

Do Chile eu só lembro de uma menina de 12 anos
dançando sozinha numa estrada de cascalho.

Estou dentro de uma gruta
de um metro de altura por um metro e vinte
de largura
Uma gruta de galhos e arbustos
à beira do caminho.

Ela afasta as folhas e sorri pra mim.

Ya no hay imágenes, Gaspar, ni metáforas en la zona.
Policías, víctimas, putas armadas
con desechos militares, maricas,
árabes, vendedores de lotería,
feministas que escriben en sus habitaciones.
La desesperanza. La furia.
El atardecer.

Já não há imagens, Gaspar, nem metáforas na zona.
Policiais, vítimas, putas armadas
com refugos militares, bichas,
árabes, vendedores de loteria,
feministas que escrevem em seus quartos.
A desesperança. A fúria.
O entardecer.

En la sala de lecturas del Infierno   En el club
de aficionados a la ciencia ficción
En los patios escarchados   En los dormitorios de tránsito
En los caminos de hielo   Cuando ya todo parece más claro
Y cada instante es mejor y menos importante
Con un cigarrillo en la boca y con miedo   A veces
los ojos verdes   Y 26 años   Un servidor

Na sala de leituras do Inferno   No clube
de fãs de ficção científica
Nos pátios cobertos de geada   Nos quartos de passagem
Nos caminhos de gelo   Quando tudo parece mais claro
E cada instante é melhor e menos importante
Com um cigarro na boca e com medo   Às vezes
os olhos verdes   E 26 anos   Um seu criado

Cae fiebre como nieve
Nieve de ojos verdes

Cai febre como neve
Neve de olhos verdes

Tran-qui-lo

Cuando la aguja a fuerza de ser llamada
se transforma en flor en la oscuridad
de tu cuerpo que cierra los ojos
para poder sentir mejor el frío o la garganta
que se te ofrece como un don constante,
la pluma que te hace cosquillas, la flacura
acaecida hace un siglo que no obstante
retorna esta noche a tu París de puentes
colgantes y sonrisas capaces de reunir
los fragmentos dispersos de la ruina:
esa elegancia extrema que has rechazado
probablemente sean tus nervios, tu tristeza,
el estómago que te cruje en el centro de
toda estética quien te hace proyectar
la sonrisa perdida hace casi un siglo
y el pelo cortado al cepillo y los ojos
azules profundamente locos y buenos y
la aguja que no puede velar por nosotros.

Tran-qui-lo

Quando a agulha de tanto ser chamada
se transforma em flor na escuridão
de seu corpo que fecha os olhos
para poder sentir melhor o frio ou a garganta
que se oferece a você como uma dádiva constante,
a pena que lhe faz cócegas, a magreza
surgida há um século que não obstante
retorna esta noite a sua Paris de pontes
pênseis e sorrisos capazes de reunir
os fragmentos dispersos da ruína:
essa elegância extrema que você rejeitou
provavelmente são seus nervos, sua tristeza,
seu estômago rangendo no centro de
toda estética que faz com que você projete
o sorriso perdido há quase um século
e o cabelo cortado à escovinha e os olhos
azuis profundamente loucos e bons e
a agulha que não pode velar por nós.

La violencia es como la poesía, no se corrige.
No puedes cambiar el viaje de una navaja
ni la imagen del atardecer imperfecto para siempre.

Entre estos árboles que he inventado
y que no son árboles
estoy yo.

A violência é como a poesia, não se corrige.
Você não pode mudar a viagem de uma navalha
nem a imagem do entardecer imperfeito para sempre.

Entre estas árvores que inventei
e que não são árvores
estou eu.

La nieve cae sobre Gerona
¿Así que éstos eran los ritmos?

Los giros del dulce desamor
Como faros durante el atardecer

No hay cosa más suave más sola
La nieve cae sobre Gerona

A neve cai sobre Girona
Então eram estes os ritmos?

Os giros do doce desamor
Como faróis durante o entardecer

Não há coisa mais suave mais sozinha
A neve cai sobre Girona

Ella se saca los pantalones en la oscuridad.
Soy el gato manchado de negro.
También soy el rostro de Gaspar que fuma contemplando el humo.
Sobre las baldosas amarillas sus pantalones.
Soy la inmovilidad y el hueso.
Soy el pene mirado.
Todo soy.
El pene que ella mira.

Ela tira as calças no escuro.
Sou o gato com manchas negras.
Também sou o rosto de Gaspar que fuma contemplando a fumaça.
Sobre os ladrilhos amarelos suas calças.
Sou a imobilidade e o osso.
Sou o pênis observado.
Sou tudo.
O pênis que ela observa.

Te alejarás

Te alejarás de ese coño sangrante
que primero se ríe y después plagia
tus poemas   Tratarás de olvidar
la sombra la espalda que cocina
el bulto que ronca mientras tú
en la otra habitación escribes
Te dirás cómo ha sido posible
Ese maldito olor que sale de entre
sus piernas   Su manía de lavarse
los dientes a cada rato   Es cierto
ya nunca más te contará la misma
historia de violaciones y psicoanalistas
Ni saldrá de su relato el automóvil
paterno para estacionarse en tu
memoria   (Ese mirador excepcional
desde el que veías que el coche
siempre estuvo vacío)   No más
largas películas heladas   Sus gestos
de desolación   El miedo que apenas
pudiste tocar con las yemas de los dedos
Habrá un día feliz en que te preguntes
cómo eran sus brazos sus codos
ásperos   La luna rielando
sobre el pelo que cubre su cara
Sus labios que articulan en silencio
que todo está bien   Y todo
estará bien sin duda cuando aceptes
el orden de las tumbas   Y te alejes
de sus largas piernas pecosas y del dolor

Você se afastará

Você se afastará dessa buceta sangrante
que primeiro ri e depois plagia
seus poemas   Tentará esquecer
a sombra as costas cozinhando
o vulto que ronca enquanto você
no outro quarto escreve
Você se dirá como foi possível
Esse maldito cheiro que sai do meio
de suas pernas   Sua mania de escovar
os dentes toda hora   É verdade
que nunca mais irá lhe contar a mesma
história de violações e psicanalistas
Nem sairá de seu relato o automóvel
paterno para estacionar em sua
memória   (Esse ponto de observação excepcional
do qual você via que o carro
sempre esteve vazio)   Não mais
longos filmes gelados   Seus gestos
de desolação   O medo que você mal
pôde tocar com as pontas dos dedos
Haverá um dia feliz em que você irá se perguntar
como eram seus braços seus cotovelos
ásperos   A lua rutilando
sobre o cabelo que cobre seu rosto
Seus lábios que articulam em silêncio
que está tudo bem   E tudo
vai estar bem sem dúvida quando você aceitar
a ordem das tumbas   E se afastar
de suas longas pernas sardentas e da dor

Ahora tu cuerpo es sacudido por
pesadillas. Ya no eres
el mismo: el que amó,
que se arriesgó.
Ya no eres el mismo, aunque
tal vez mañana todo se desvanezca
como un mal sueño y empieces
de nuevo. Tal vez
mañana empieces de nuevo.
Y el sudor, el frío,
los detectives erráticos,
sean como un sueño.
No te desanimes.
Ahora tiemblas, pero tal vez
mañana todo empiece de nuevo.

Agora seu corpo é sacudido por
pesadelos. Você já não é
o mesmo: aquele que amou,
que se arriscou.
Já não é o mesmo, embora
talvez amanhã tudo se desvaneça
como um sonho ruim e você comece
de novo. Talvez
amanhã você comece de novo.
E o suor, o frio,
os detetives erráticos,
sejam como um sonho.
Não desanime.
Agora está tremendo, mas talvez
amanhã tudo comece novamente.

Para Edna Lieberman

Dice el saltimbanqui de las Ramblas:
Éste es el Desierto.

Es aquí donde las amantes judías
Dejan a sus amantes.

Y recuerdo que me amaste y odiaste
Y luego me encontré solo en el Desierto.

Dice el saltimbanqui: éste es el Desierto.
El lugar donde se hacen los poemas.

Mi país.

Para Edna Lieberman

Diz o saltimbanco das Ramblas:
Este é o Deserto.

É aqui que as amantes judias
Deixam seus amantes.

E lembro que você me amou e me odiou
E depois eu me vi sozinho no Deserto.

Diz o saltimbanco: este é o Deserto.
O lugar onde se fazem os poemas.

Meu país.

Vuelto hacia dentro, como si pretendiera
besarme a mí mismo.

Dante Gabriel Rossetti

Caca… Con mucho cuidado he trazado la "G"
de Gabriel… Con mucho 12 de la noche despierta Roberto
el sueño me dijo que te dijera adiós

Voltado para dentro, como se pretendesse
beijar a mim mesmo.

Dante Gabriel Rossetti

Droga… Tracei com o máximo cuidado o "G"
de Gabriel… Meia-noite no máximo Roberto acorda
o sonho me disse para lhe dizer adeus

San Roberto de Troya
São Roberto de Troia

Mesa de fierro

Has nacido…
A la izquierda puede verse una cocina nueva,
a la derecha una mesa de fierro; en el suelo,
entre ambas, una palangana de plástico, vacía…
Hombre con la frente pegada a la ventana…
El cielo es azul oscuro, muy intenso, con algunas
nubes en el horizonte…
Me desagradaba verla vomitar…
Escribí un poema titulado Muchacha vacía…
Nací en abril, en una ciudad gris…
Toda la gente hablaba con voz aguda, como de pito…
La proeza era vivir, pasearse por avenidas fragmentadas…
Un sueño donde la gente abría la boca
sin que se oyera ningún sonido…
Mesa de fierro, húmeda, se adivinaba recién fregada…
Con una esponja…
Pero no vi esponja alguna en aquel cuarto…
El cielo es azul oscuro y desaparece rápidamente…
Nací en un lugar horrible…
El vidrio se rompe como papel…
La muchacha dice adiós al asesino…

Mesa de ferro

Você nasceu…
Dá pra ver à esquerda uma cozinha nova,
à direita uma mesa de ferro; no chão,
entre ambas, uma bacia de plástico, vazia…
Homem com a testa colada à janela…
O céu é azul-escuro, muito intenso, com algumas
nuvens no horizonte…
Me desagradava vê-la vomitar…
Escrevi um poema intitulado "Moça vazia"…
Nasci em abril, numa cidade cinza…
Todo mundo falava com uma voz aguda, como de apito…
A proeza era viver, passear por avenidas fragmentadas…
Um sonho onde as pessoas abriam a boca
sem que se ouvisse qualquer som…
Mesa de ferro, úmida, adivinhava-se recém-lavada…
Com uma esponja…
Mas não vi nenhuma esponja naquele quarto…
O céu é azul-escuro e desaparece rapidamente…
Nasci num lugar horrível…
O vidro se parte como papel…
A moça diz adeus para o assassino…

La ventana

El paciente llega a la ciudad extranjera.
Si tuviera una mujer, *escucha que dicen a su
espalda*. Pero no hay nadie: es Barcelona y risas
de chaperos, delincuentes, camellos, niños pálidos
de los futbolines. *Me gustaría, me gustaría,
me gustaría* mucho, *dice alguien con acento
alemán*. Pero apenas lo escucha.

La muchacha que mira por la ventana
del hotel. Oh fuga de palabras, una Barcelona imaginaria,
medianoche en la calle, la gente es feliz,
el novio, las estrellas como gemas incrustadas
en un libro que el extranjero jamás terminará de leer
(al menos en este mundo), la noche, el mar,
gente feliz asomada a una ventana abierta.

Toda la tristeza de estos años
se perderá contigo.

A janela

O paciente chega à cidade estrangeira.
Se tivesse uma mulher, ouve que dizem a suas
costas. Mas não tem ninguém: é Barcelona e risadas
de michês, delinquentes, traficantes, meninos pálidos
dos pebolins. Eu gostaria, eu gostaria,
eu gostaria *muito*, diz alguém com sotaque
alemão. Mas ele mal o escuta.

A moça que olha pela janela
do hotel. Oh, fuga de palavras, uma Barcelona imaginária,
meia-noite na rua, as pessoas são felizes,
o namorado, as estrelas como pedras preciosas incrustadas
num livro que o estrangeiro nunca vai acabar de ler
(pelo menos neste mundo), a noite, o mar,
pessoas felizes despontando numa janela aberta.

Toda a tristeza desses anos
se perderá com você.

Estoy en un bar y alguien se llama Soni
El suelo está cubierto de ceniza   Como un pájaro
como un solo pájaro llegan dos ancianos
Arquíloco y Anacreonte y Simónides   Miserables
refugios del Mediterráneo   No preguntarme qué hago
aquí no recordar que he estado con una muchacha
pálida y rica   Sin embargo sólo recuerdo rubor
la palabra vergüenza después de la palabra vacío
Soni Soni!   La tendí de espaldas y restregué
mi pene sobre su cintura   El perro ladró en la calle
abajo había dos cines y después de eyacular
pensé "dos cines" y el vacío Arquíloco y Anacreonte
y Simónides ciñéndose ramas de sauce   El hombre
no busca la vida dije la tendí de espaldas y se
lo metí de un envión   Algo crujió entre las
orejas del perro   Crac!   Estamos perdidos
sólo falta que te enfermes dije   Y Soni
se separó del grupo la luz de los vidrios sucios
lo presentó como un Dios y el autor
cerró los ojos

Estou num bar e alguém se chama Soni
O chão está coberto de cinzas   Como um pássaro
como um só pássaro chegam dois anciãos
Arquíloco e Anacreonte e Simônides   Miseráveis
refúgios do Mediterrâneo   Não me perguntar o que estou fazendo
aqui não lembrar que estive com uma moça
pálida e rica   No entanto só lembro rubor
a palavra vergonha depois da palavra vazio
Soni Soni!   Deitei-a de costas e esfreguei
meu pênis sobre sua cintura   O cachorro latiu na rua
lá embaixo havia dois cinemas e depois de ejacular
pensei "dois cinemas" e o vazio Arquíloco e Anacreonte
e Simônides cingindo-se de ramos de salgueiro   O homem
não busca a vida falei deitei-a de costas e
o meti de um ímpeto   Algo rangeu entre as
orelhas do cachorro   Crac!   Estamos perdidos
só falta você ficar doente falei   E Soni
se separou do grupo à luz dos vidros sujos
apresentou-o como um Deus e o autor
fechou os olhos

De sillas, de atardeceres extra,
de pistolas que acarician
nuestros mejores amigos
está hecha la muerte

De cadeiras, de entardeceres extraordinários,
de pistolas que acariciam
nossos melhores amigos
é feita a morte

El autor escapó "no puedo mantener
tiempos verbales coherentes"
La muchacha diría Dos cines Dame dinero
Contempló el grabado del M. sentado
en habitación-sus-uñas La felicidad
estriba en no abrir la puerta
"No abrirrr" *dijo*
Se escribió a sí mismo como un dardo
en la frente del invierno

O autor fugiu *"não consigo manter*
tempos verbais coerentes"
A moça diria *Duas sessões de cinema Me dê dinheiro*
Contemplou a gravura do M. sentado
em quarto-suas-unhas A felicidade
reside em não abrir a porta
"Não abrirrr" disse
Escreveu a si mesmo como um dardo
na frente do inverno

Lola Paniagua

Contra ti he intentado irme alejarme
la clausura requería velocidad
pero finalmente eras tú la que abría la puerta.

Estabas en cualquier cosa que pudiera
caminar llorar caerse al pozo
y desde la claridad me preguntabas por mi salud.

Estoy mal Lola casi no sueño.

Lola Paniagua

Contra você tentei ir embora me afastar
o encerramento requeria velocidade
mas no fim era você que abria a porta.

Você estava em qualquer coisa que pudesse
caminhar chorar cair no poço
e da clareza perguntava por minha saúde.

Estou mal Lola quase não sonho.

Soy una cama que no hace ruidos una cama a la una
de la mañana y a las cuatro de la mañana
una cama siempre con los ojos abiertos
esperando mi fin del mundo particular.

Soy la cama negra de Malévich soy la cama paciente
que se desliza por el crepúsculo la cama renga
de los niños siempre con los ojos abiertos.

Soy una cama que se sueña piano una cama sujeta
a la poesía de los pulmones una cama voraz
comedora de cortinas y alfombras
esperando mi fin del mundo particular.

Sou uma cama que não faz barulho uma cama à uma
da manhã e às quatro da manhã
uma cama sempre com os olhos abertos
esperando meu fim do mundo particular.

Sou a cama preta de Malevich sou a cama paciente
que desliza pelo crepúsculo a cama capenga
das crianças sempre com os olhos abertos.

Sou uma cama que se sonha piano uma cama sujeita
à poesia dos pulmões uma cama voraz
comedora de cortinas e tapetes
esperando meu fim do mundo particular.

Una estatua

Sol y luna   El viento
de Alejandría entre las algas

Tu voz… como en una cinta… hace tanto tiempo
dijiste no… una dos tres veces…
imágenes lejanas del Distrito 5º… cuando
aún vivías en Barcelona…

El pasado   películas de viento y algas
la vejez lo cubre y luego se retira
tienes un blanco y negro sucios
los dientes del acomodador
otro cigarrillo
en la vereda tiembla la luna
le das la mano a un rostro que
se desvanece   imágenes nítidas
algas y viento   tus labios inmóviles

Uma estátua

Sol e lua   O vento
de Alexandria entre as algas

Sua voz… como numa fita… faz tanto tempo
você disse não… uma duas três vezes…
imagens distantes do Distrito 5… quando
você ainda morava em Barcelona…

O passado   filmes de vento e algas
a velhice o cobre e depois se retira
você tem um branco e preto sujos
os dentes do lanterninha
outro cigarro
na calçada a lua treme
você dá a mão a um rosto que
se desvanece   imagens nítidas
algas e vento   seus lábios imóveis

Las sirenas

¿Escuchas las sirenas de la noche?
Sí.
La neblina cubre el puerto.
Pero son mensajes para ti.
Las sirenas los cornos los gemidos de la niebla.
Pero yo no sé qué intentas decirme.
Tal vez es la voz de tu conciencia.
Mi conciencia pájaro enronquecido.
¿A estas horas de la noche?
¡Pero tú escribes aún!
Cosas sin importancia.
¿Papeles póstumos, lo que te permitirá ser amado?
Basta.
Amo ahora.
Abro piernas y escondo mi pájaro.
Tu pájaro enronquecido dentro de la niebla.
¿Con quién intentará comunicarse?
Es gratis.
Es canto.
Dentro de muchos años seré deseado
Como un círculo de hielo.

As sereias

Ouve as sereias da noite?
Sim.
A neblina cobre o porto.
Mas são mensagens para você.
As sereias os cornos os gemidos da névoa.
Mas não sei o que você está tentando me dizer.
Talvez seja a voz de sua consciência.
Minha consciência pássaro enrouquecido.
A essa hora da noite?
Mas você ainda está escrevendo!
Coisas sem importância.
Papéis póstumos, o que vai te fazer ser amado?
Basta.
Amo agora.
Abro pernas e escondo meu pássaro.
Seu pássaro enrouquecido dentro da névoa.
Com quem tentará se comunicar?
É grátis.
É canto.
Daqui a muitos anos serei desejado
como um círculo de gelo.

La niña roja realmente es un sonido
Escucha cercado tu doble juventud
Asiente las aspas   Reinos del futuro

A menina vermelha é na verdade um som
Escuta cercada tua dupla juventude
Assenta as cruzes   Reinos do futuro

Dos poemas para Sara

I

Bruno y la Inma en Tallers 45 después Orlando
y su mujer después yo   Antoni y su mujer y
su hijo en Av. Aragón cerca de Los Encantes
después en Sant Andreu en la calle Rubén Darío
Jaume en Horta en la calle Viento   Daniel
en Argenter   Álvaro y Mónica en Junta de
Comercio con Ramoncín y el coche   Lola en
Menorca y en Barcelona en la calle Arco del
Teatro cerca del puerto   Sara en Porvenir
Me invita hamburguesas y patatas fritas en
un bar de Tuset a medianoche   Y hablamos de
cubistas flores caniches pobreza   Paga ella
En las imágenes siguientes lloverá   ¡Guau!
Está lloviendo

II

Hoy he jugado ping-pong en el subterráneo de
Sara Gibert   En horas en que debí llorar o
meditar o tomar pastillas   Jugué ping-pong
(Y gané todos los partidos menos uno)   Después
subimos y me lavé las manos y el cuello y la
cara y las axilas   (Alumbrado por una triste
bombilla de 60 vatios)   Mientras Sara hacía té
y ponía polvorones sobre la mesa   Eran las 9
de la noche   La televisión estaba apagada
Ningún ruido llegaba de la calle

Dois poemas para Sara

I

Bruno e a Inma na Tallers 45 depois Orlando
e sua mulher depois eu   Antoni e sua mulher e
seu filho na av. Aragón perto de Los Encantes
depois em Sant Andreu na rua Rubén Darío
Jaume no Horta na rua Viento   Daniel
na Argenter   Álvaro e Mónica na Junta de
Comércio com Ramoncín e o carro   Lola em
Minorca e em Barcelona na rua Arco del
Teatro perto do porto   Sara na Porvenir
Ela me convida para um hambúrguer com fritas num
bar de Tuset à meia-noite   E falamos de
cubistas flores poodles pobreza   Ela paga
Nas imagens seguintes choverá   Uau!
Está chovendo

II

Hoje joguei pingue-pongue no porão de
Sara Gibert   Em horas em que devia chorar ou
meditar ou tomar comprimidos   Joguei pingue-pongue
(E ganhei todas as partidas, menos uma)   Depois
subimos e lavei as mãos e o pescoço e o
rosto e as axilas   (Iluminado por uma triste
lâmpada de 60 watts)   Enquanto Sara fazia chá
e punha *polvorones* sobre a mesa   Eram 9
da noite   A televisão estava desligada
Nenhum ruído chegava da rua

La esperanza

Las nubes se bifurcan. Lo oscuro
se abre, surco pálido en el cielo.
Eso que viene desde el fondo
es el sol. El interior de las nubes,
antes absoluto, brilla como un muchacho
cristalizado. Carreteras cubiertas
de ramas, hojas mojadas, huellas.
He permanecido quieto durante el temporal
y ahora la realidad se abre.
El viento arrastra grupos de nubes
en distintas direcciones.
Doy gracias al cielo por haber hecho el amor
con las mujeres que he querido.
Desde lo oscuro, surco pálido, vienen
los días como muchachos caminantes.

A esperança

As nuvens se bifurcam. O escuro
se abre, sulco pálido no céu.
Isso que vem lá do fundo
é o sol. O interior das nuvens,
antes absoluto, brilha como um rapaz
cristalizado. Estradas cobertas
de galhos, folhas molhadas, rastros.
Fiquei quieto durante o temporal
e agora a realidade se abre.
O vento arrasta grupos de nuvens
em diferentes direções.
Agradeço aos céus por ter feito amor
com as mulheres que amei.
Do escuro, sulco pálido, os dias
vêm como rapazes caminhantes.

Para Victoria Ávalos

Suerte para quienes recibieron dones oscuros
y no fortuna   Los he visto despertarse
a orillas del mar y encender un cigarrillo
como sólo pueden hacerlo quienes esperan
bromas y pequeñas caricias   Suerte
para estos proletarios nómadas
que lo dan todo con amor

Para Victoria Ávalos

Boa sorte para os que receberam dons obscuros
e não fortuna   Eu os vi despertar
à beira-mar e acender um cigarro
como só podem fazer os que esperam
gracejos e pequenas carícias   Boa sorte
para esses proletários nômades
que dão tudo com amor

Victoria Ávalos y yo

En casi todo unidos pero más que todo
en el dolor en el silencio de las vidas
perdidas que el dolor suplanta con eficacia
en las mareas que fluyen hacia nuestros
corazones fieles hacia nuestros ojos infieles
hacia los fastos que prendemos y que nadie
entiende así como nosotros dos no entendemos
las carnicerías que nos rodean tenaces
en la división y multiplicación del dolor
como si las ciudades en que vivimos fueran
una sala de hospital interminable

Victoria Ávalos e eu

Unidos em quase tudo mas sobretudo
na dor no silêncio das vidas
perdidas que a dor suplanta com eficácia
nas marés que fluem para nossos
corações fiéis para nossos olhos infiéis
para os fastos que acendemos e que ninguém
entende assim como nós dois não entendemos
as carnificinas que nos rodeiam tenazes
na divisão e multiplicação da dor
como se as cidades em que vivemos fossem
uma interminável sala de hospital

Juan del Encina

Todos los bienes del mundo
pasan presto en su memoria

Salvo la fama y la gloria

(Y el hambre y los ojos amados
que te miraron con miedo
y los automóviles detenidos
en las calles fijas de
Barcelona)

Salvo la fama y la gloria

Juan del Encina

Todos os bens do mundo
passam rapidamente em sua memória

Salvo a fama e a glória

(E a fome e os olhos amados
que olharam para você com medo
e os automóveis parados
nas ruas fixas de
Barcelona)

Salvo a fama e a glória

Entre las moscas

Poetas troyanos
Ya nada de lo que podía ser vuestro
Existe

Ni templos ni jardines
Ni poesía

Sois libres
Admirables poetas troyanos

Entre as moscas

Poetas troianos
Nada do que podia ser vosso
Existe mais

Nem templos nem jardins
Nem poesia

Sois livres
Admiráveis poetas troianos

San Roberto de Troya

Admirables troyanos   En la veteranía de la peste
y de la lepra   Sin duda vivos   En el grado cero
de la fidelidad   Admirables troyanos
que lucharon por Belleza
Recorriendo los caminos sembrados de máquinas
inservibles   Mi métrica mis intuiciones
mi soledad al cabo de la jornada
(¿Qué rimas son éstas? dije sosteniendo la espada)
Regalos que avanzan por el desierto:
ustedes mismos   Admirables ciudadanos de Troya

São Roberto de Troia

Admiráveis troianos   Na veteranice da peste
e da lepra   Sem dúvida vivos   No grau zero
da fidelidade   Admiráveis troianos
que lutaram por Beleza
Percorrendo os caminhos semeados de máquinas
imprestáveis   Minha métrica minhas intuições
minha solidão no fim da jornada
(Que rimas são estas? falei segurando a espada)
Presentes que avançam pelo deserto:
vocês mesmos   Admiráveis cidadãos de Troia

Macedonio Fernández

Cae la calesa y la cadera por el hueco de la eternidad.
Por el surco por el grito del pajarraco que es el surco.
¿Y tan despreocupado el espejo del viejo ángel?
Como una ciudad en el confín es el hueco de la bondad.

Macedonio Fernández

Caem a caleça e a garupa pelo buraco da eternidade.
Pelo sulco pelo grito do passarolo que é o sulco.
E tão despreocupado o espelho do velho anjo?
Como uma cidade no confim é o buraco da bondade.

Hay días en que a uno le es dado leer enormes poemas
"Déjate de ilusiones, Mario. Buena colcha.
Buen fuego —y no pienses en lo demás.
Con esto basta, francamente…"

"Que la puerta de mi cuarto se cierre
para siempre, y aunque se tratara de
ti que no se abra."

Mario de Sá-Carneiro
CARANGUEJOLA

"El niño duerme. Todo lo demás acabó."

Tem dias em que é dado a alguém ler poemas enormes
"Deixa-te de ilusões, Mário! Bom
edredom, bom fogo —
E não penses no resto. É já bastante,
com franqueza…"

"Que a porta do meu quarto fique para sempre fechada,
Que não se abra mesmo para ti se lá fores!"

Mário de Sá-Carneiro
"Caranguejola"

"O menino dorme. Tudo o mais acabou."

Para Rosa Lentini, que desea ser adulta y responsable

> Einstein manifiesta algo como una emoción de sorpresa y aun de gratitud ante el hecho de que cuatro palitos de igual tamaño formen un cuadrado, cuando en la mayoría de los universos que a él le es dable imaginar no existe el "cuadrado".
>
> *Alfonso Reyes*

Juguemos a la gallina ciega
cuando en la casa sólo estemos nosotros dos
y el jorobadito nos contemple desde la calle

Para Rosa Lentini, que quer ser adulta e responsável

> *Einstein manifesta uma espécie de emoção de surpresa e mesmo de gratidão diante do fato de que quatro palitos do mesmo tamanho formem um quadrado, quando na maioria dos universos que a ele é dado imaginar não existe o "quadrado".*
>
> Alfonso Reyes

Vamos brincar de cabra-cega
quando estivermos só nós dois na casa
e o corcundinha estiver nos olhando lá da rua

Hermosos instantes sin memoria
como poesías perdidas por Bertran de Born
y leyendas mesoamericanas.

Ocultos en el lecho, felices,
mientras afuera llueve.

Hermosos instantes sin cartografías
ni valerosos capitanes
que garanticen el retorno a casa.

Donde no existen muchachas ni ciudades
ni incendios.
Tan sólo tu cuerpo
cubierto con una gabardina sucia,
recostado en la playa,
leyendo.

Belos instantes sem memória
como poemas perdidos por Bertran de Born
e lendas mesoamericanas.

Ocultos no leito, felizes,
enquanto chove lá fora.

Belos instantes sem cartografias
nem capitães valentes
que garantam o retorno a casa.

Onde não existem moças nem cidades
nem incêndios.
Somente seu corpo
coberto com uma gabardina suja,
recostado na praia,
lendo.

La Chelita

Entre esencias vive Chelita
entre ideas absolutas y perfumes
delgado cuerpo de proletaria
ahora para siempre vagabunda
casi una sombra de Chile en Europa
que no alcanza la palabra artesana
ni un rumor de agua estancada
ni un sueño de amor e inocencia

La Chelita

Entre essências vive Chelita
entre ideias absolutas e perfumes
corpo magro de proletária
agora para sempre vagabunda
quase uma sombra do Chile na Europa
que a palavra artesã não alcança
nem um rumor de água estagnada
nem um sonho de amor e inocência

Plaza de la estación

Bajo el cielo gris —pero nada es permanente,
cercada o protegida por alerces desnudos
la plaza se introduce en la realidad.
Del surtidor cubierto de musgo apenas sale
un chorro de agua y un arco de hierro
en el otro extremo compone un gesto
vagamente escultórico el soporte perdido
de algo que ya no veremos. Ni la lluvia
es necesaria ni las sombras femeninas
de la mente. La plaza se recompone al alejarse,
su quietud es mérito del viajero. Aquí,
en el páramo quedan las líneas, apenas
los bocetos de su clara disposición agónica.

Praça da estação

Sob o céu cinza — mas nada é permanente,
cercada ou protegida por cedros nus
a praça se introduz na realidade.
Do repuxo coberto de musgo sai apenas
um jato de água e um arco de ferro
no outro extremo compõe um gesto
vagamente escultórico o suporte perdido
de algo que não veremos mais. Nem a chuva
é necessária nem as sombras femininas
da mente. A praça se recompõe ao se afastar,
sua quietude é mérito do viajante. Aqui,
no páramo permanecem as linhas, apenas
os esboços de sua clara disposição agônica.

Los artilleros

En este poema los artilleros están juntos.
Blancos sus rostros, las manos
entrelazando sus cuerpos o en los bolsillos.
Algunos tienen los ojos cerrados o miran el suelo.
Los otros te consideran.
Ojos que el tiempo ha vaciado. Vuelven
hacia ellos después de este intervalo.
El reencuentro sólo les devuelve
la certidumbre de su unión.

Os artilheiros

Neste poema os artilheiros estão juntos.
Brancos seus rostos, as mãos
entrelaçando seus corpos ou nos bolsos.
Alguns estão de olhos fechados ou olham para o chão.
Os outros te observam.
Olhos que o tempo esvaziou. Voltam-se
para eles depois deste intervalo.
O reencontro só lhes devolve
a certeza de sua união.

Un Tao… Un Tao… Nuestro pequeño Darío
alejándose en un tranvía
por la noche de México DF.

Con su americana violeta
en un tranvía casi vacío.
Sonríe detrás de la ventanilla.

Después el tranvía se pierde
con su traqueteo eléctrico
en medio de la noche.

Y la escena se repite una y otra vez
y él me dice sin salir de la puerta
se conoce el mundo.

Um Tao... Um Tao... Nosso pequeno Darío
se afastando num bonde
na noite da Cidade do México.

Com sua jaqueta lilás
num bonde quase vazio.
Sorri detrás da janela.

Depois o bonde se perde
com seu estridor elétrico
no meio da noite.

E a cena se repete várias vezes
e ele me diz *sem sair pela porta*
se conhece o mundo.

Aparecen a esta hora aquellos amaneceres del DF
Reincidentes   Con Carla y Ricardo y el hermoso
Luciano a quien gustaba jugar conmigo
Y los peseros que transportaron mis restos
por Avenida Revolución o por Niño Perdido
Metáforas que los ciudadanos se cuidaron
de depositar a los pies del extranjero
que colgó de la cuerda tantos meses   Y Mario
y Mara y Bruno iniciando la retirada
hacia mejores cuarteles de invierno
Y la delgada luz de las seis de la mañana

Surgem a esta hora aqueles amanheceres da Cidade do México
Reincidentes   Com Carla e Ricardo e o belo
Luciano que gostava de brincar comigo
E os micro-ônibus que transportaram meus restos
pela avenida Revolución ou pela rua do Niño Perdido
Metáforas que os cidadãos trataram
de depositar aos pés do estrangeiro
pendurado na corda tantos meses   E Mario
e Mara e Bruno começando a retirada
para melhores quartéis de inverno
E a luz fina das seis da manhã

Dos cuerpos dentro de un saco de dormir
Como si una crisálida se masturbara.
Una fría mañana de primavera cerca del mar.
Sin hacer contorsiones, acariciando según se pueda
Brazos, axilas, suaves muslos peludos.
Los de ella no tanto,
Escribirás luego con una sonrisa y solo
En un bar de la autopista
De Castelldefels.

Dois corpos dentro de um saco de dormir
Como se uma crisálida se masturbasse.
Uma fria manhã de primavera perto do mar.
Sem fazer contorções, acariciando como der
Braços, axilas, suaves coxas peludas.
As dela nem tanto,
Você escreverá depois com um sorriso, sozinho
Num bar da autoestrada
De Castelldefels.

En realidad el que tiene más miedo soy yo
aunque no lo aparente   En el atardecer
de Barcelona   Una o dos o tres botellas
de cerveza negra   La hermosa Edna tan lejos
Los faros barren tres veces la ciudad
Esta ciudad imaginaria   Una dos tres veces
dijo Edna   Indicando una hora misteriosa
para dormir   Sin más reuniones
De una vez por todas

Na verdade quem tem mais medo sou eu
embora não aparente   No entardecer
de Barcelona   Uma ou duas ou três garrafas
de cerveja preta   A bela Edna tão longe
Os faróis varrem três vezes a cidade
Esta cidade imaginária   Uma duas três vezes
disse Edna   Indicando uma hora misteriosa
para dormir   Sem mais reuniões
De uma vez por todas

No importa hacia dónde te arrastre el viento
(Sí. Pero me gustaría ver a Séneca en este lugar)
La sabiduría consiste en mantener los ojos abiertos
durante la caída   (¿Bloques sónicos
de desesperación?)   Estudiar en las estaciones
de policía   Meditar durante los fines de semana
sin dinero   (Tópicos que has de repetir, dijo
la voz en off, sin considerarte desdichado)
Ciudades supermercados fronteras
(¿Un Séneca pálido? ¿Un bistec sobre el mármol?)
De la angustia aún no hemos hablado
(Basta ya, dialéctica obscena)
Ese vigor irreversible que quemará tu memoria

Não importa para onde o vento irá levá-lo
(Sim. Mas gostaria de ver Sêneca neste lugar)
A sabedoria consiste em manter os olhos abertos
durante a queda   (Blocos sônicos
de desespero?)   Estudar nos postos
policiais   Meditar durante os fins de semana
sem dinheiro   (Tópicos que você repetirá, disse
a voz em off, sem considerá-lo um desafortunado)
Cidades supermercados fronteiras
(Um Sêneca pálido? Um bife sobre o mármore?)
Ainda não falamos da angústia
(Já basta, dialética obscena)
Esse vigor irreversível que irá queimar sua memória

Un fin de semana

Han cerrado la zona. A esta hora
sólo quedan en pie los cordones
de la policía, las parejitas sin salir
de sus habitaciones,
el dueño del bar indiferente y calvo,
la luna en la claraboya.

Sueño con un fin de semana
lleno de policías muertos y automóviles
quemándose en la playa.

Jóvenes cuerpos tímidos, así
resumiremos estos años:
jóvenes cuerpos tímidos que se arrugan,
que sonríen y estudian despatarrados
en la bañera vacía.

Um fim de semana

Fecharam a área. A esta hora
só permanecem de pé as faixas
da polícia, os casaizinhos sem sair
de seus quartos,
o dono do bar indiferente e calvo,
a lua na claraboia.

Sonho com um fim de semana
cheio de policiais mortos e automóveis
queimando na praia.

Jovens corpos tímidos, assim
resumiremos estes anos:
jovens corpos tímidos que se enrugam,
que sorriem e estudam escarrapachados
na banheira vazia.

Nada malo me ocurrirá
Nada de mau vai me acontecer

El dinero

Trabajé 16 horas en el camping y a las 8
de la mañana tenía 2200 pesetas pese a ganar
2400 no sé qué hice con las otras 200
supongo que comí y bebí cervezas y café con
leche en el bar de Pepe García dentro del
camping y llovió la noche del domingo y toda
la mañana del lunes y a las 10 fui donde
Javier Lentini y cobré 2500 pesetas por una
antología de poesía joven mexicana que
aparecerá en su revista y ya tenía más de
4000 pesetas y decidí comprar un par de
cintas vírgenes para grabar a Cecil Taylor
Azimuth Dizzy Gillespie Charlie Mingus
y comerme un buen bistec de cerdo
con tomate y cebolla y huevos fritos y escribir
este poema o esta nota que es como un pulmón
o una boca transitoria que dice que estoy
feliz porque hace mucho que no tenía
tanto dinero en los bolsillos

O dinheiro

Trabalhei 16 horas no camping e às 8
da manhã tinha 2200 pesetas apesar de ganhar
2400 não sei o que fiz com as outras 200
acho que comi e bebi cervejas e café com
leite no bar do Pepe García dentro do
camping e choveu na noite de domingo e toda
a manhã de segunda e às 10 fui atrás de
Javier Lentini e recebi 2500 pesetas por uma
antologia de poesia jovem mexicana que
vai sair em sua revista e já tinha mais de
4000 pesetas e decidi comprar um par de
fitas virgens para gravar Cecil Taylor
Azimuth Dizzie Gillespie Charlie Mingus
e comer uma boa bisteca de porco
com tomate e cebola e ovos fritos e escrever
este poema ou esta nota que é como um pulmão
ou uma boca transitória que diz que estou
feliz porque há muito tempo eu não tinha
tanto dinheiro no bolso

La calle Tallers

La muchacha se desnudó un cuarto extraño
un refrigerador extraño unas cortinas
de muy mal gusto y música popular española
(Dios mío, pensó) y llevaba medias
sujetas con ligas negras y eran las 11.30
de la noche bueno para sonreír él
no había abandonado del todo
la poesía un ligue callejero cuadros bonitos
pero mal enmarcados y puestos por simple
acumulación la muchacha dijo cuidado
métemelo despacio el rojo se sacó la boina
se marchan ayer dijo aplaudió la pura
esgrima y tu liguero dos cines

A rua Tallers

A moça se desnudou um quarto estranho
uma geladeira estranha umas cortinas
de muito mau gosto e música popular espanhola
(Meu Deus, pensou) e usava meias
presas com ligas pretas e eram 11h30
da noite bom para sorrir ele
não tinha abandonado totalmente
a poesia uma paquera das ruas quadros bonitos
mas mal emoldurados e pendurados por simples
acumulação a moça disse cuidado
enfie devagar o vermelho tirou a boina
eles vão embora amanhã falou aplaudiu a pura
esgrima e sua cinta-liga sessão dupla de cinema

Todos los comercios hoy estaban cerrados
y además sólo tenía 50 pesetas
Tres tomates y un huevo
Eso fue todo
Y softly as in a morning sunrise.
Coltrane en vivo
Y comí bien
Cigarrillos y té hubo a mi alcance.
Y paciencia en el compás
del atardecer.

Hoje todas as lojas estavam fechadas
além do mais eu só tinha 50 pesetas
Três tomates e um ovo
Isso foi tudo
E *softly as in a morning sunrise.*
Coltrane ao vivo
E comi bem
Tive cigarros e chá ao meu alcance.
E paciência no compasso
do entardecer.

París rue des Eaux   Dijo que la poesía
cada vez le gustaba más
Vimos una película holandesa
Comimos en silencio en su pequeña habitación
Quesos   Leche   Libros de Claude Pélieu
Dije que estaba cansado y ya no tenía más dinero
Es la hora de volver
Un techo rojo y total
Pero no para asustar a los niños, *murmuró*

Paris rue des Eaux   Disse que gostava
cada vez mais de poesia
Vimos um filme holandês
Comemos em silêncio em seu pequeno quarto
Queijos   Leite   Livros de Claude Pélieu
Disse que estava cansado e não tinha mais dinheiro
É hora de voltar
Um teto todo vermelho
Mas não para assustar as crianças, murmurou

Mario Santiago

¿Qué estará haciendo Mario en México?
Recuerdo una foto que me envió
desde Israel,
una simple foto de metro.
Y sus ojos miraban hacia el cielo.
En el dorso: parte de una canción
el cielo se está nublando
parece que va a llover.

Mario Santiago

O que Mario estará fazendo no México?
Lembro de uma foto que ele me mandou
de Israel,
uma simples foto de cabine.
E seus olhos olhavam para o céu.
No verso: parte de uma canção
o céu está nublando
parece que vai chover.

Una mosca empotrada en una mosca un pensamiento empotrado en un pensamiento y Mario Santiago empotrado en Mario Santiago

Qué se siente, dime qué se siente
cuando los pájaros se pierden en lo rojo
y tú estás afirmado en una pared, los pantalones
descosidos y el pelo revuelto como si acabaras
de matar a un presidente.
Qué se siente en la hora casi roja,
en la hora agit-prop, botas que se hunden
en la nieve de una avenida
donde nadie te conoce.
Lengua bífida de saber estar solo e imágenes
que el destino (tan ameno) arrastra
más allá de las colinas.
Dime qué se siente y qué color
adquieren entonces tus ojos notables.

Uma mosca embutida numa mosca um pensamento embutido num pensamento e Mario Santiago embutido em Mario Santiago

O que se sente, me diga o que se sente
quando os pássaros se perdem no vermelho
e você está apoiado numa parede, as calças
descosturadas e o cabelo revolto como se tivesse acabado
de matar um presidente.
O que se sente na hora quase vermelha,
na hora agit-prop, botas que afundam
na neve de uma avenida
onde ninguém o conhece.
Língua bífida de saber estar sozinho e imagens
que o destino (tão ameno) arrasta
para além das colinas.
Me diga o que se sente e que cor
adquirem então seus olhos notáveis.

Una escena barcelonesa

No le hago mal a nadie, *dijo*
preguntando con toda su cara
por qué se lo llevaban.
No *adónde, sino por qué*
No le hago mal a nadie

Estoy en la Invernal. Escucho
a los grajos jugar en la nieve.
Del bosque vacío vienen los camiones.

Uma cena barcelonesa

Não faço mal a ninguém, falou
perguntando com todo o seu rosto
por que o estavam levando.
Não para onde, mas por quê
Não faço mal a ninguém

Estou na Invernal. Escuto
os corvos brincando na neve.
Do bosque vazio vêm os caminhões.

Fragmentos

Detective abrumado… Ciudades extranjeras
con teatros de nombres griegos
Los muchachos mallorquines se suicidaron
en el balcón a las cuatro de la mañana
Las chicas se asomaron al oír el primer disparo
Dionisios Apolo Venus Hércules…
Con variedad   El amanecer
sobre los edificios alineados
Un tipo que escucha las noticias dentro del coche
Y la lluvia repiquetea sobre la carrocería
Orfeo…

Fragmentos

Detetive apreensivo... Cidades estrangeiras
com teatros de nomes gregos
Os rapazes maiorquinos se suicidaram
na sacada às quatro da manhã
As garotas apareceram ao ouvir o primeiro disparo
Dionísio Apolo Vênus Hércules...
Com variedade   O amanhecer
sobre os edifícios alinhados
Um sujeito que escuta as notícias dentro do carro
E a chuva tamborila sobre a carroceria
Orfeu...

Bisturí-hostia

Arco de mendicidad. El detective pensó
que estaba entrando en un paisaje
de gestos suntuosos. Calles de Barcelona,
mil veces pateadas, con la verga ardiendo
y el pelo cortado al rape.
Te lo presento: el arco de la mendicidad.
Capas de gestos fríos
como si el aire se abatiera rebanado
sobre un cuerpo que deseamos
intermitentemente.

Bisturi-hóstia

Arco de mendicância. O detetive pensou
que estava entrando numa paisagem
de gestos suntuosos. Ruas de Barcelona
mil vezes pisadas, com o pau ardendo
e o cabelo cortado rente.
Apresento-o a você: o arco da mendicância.
Camadas de gestos frios
como se o ar se abatesse fatiado
sobre um corpo que desejamos
intermitentemente.

Las persianas dejan pasar, apenas, dos rayos de luna.
Como en una vieja película española,
No hay nadie en la habitación,
Los ceniceros están limpios, la cama sin deshacer,
el ropero cerrado y lleno de abrigos, chaquetas, pantalones.
Pero no hay nadie.
Sólo dos rayos de luna.
Como en una vieja película española.

As persianas deixam passar, apenas, dois raios de luar.
Como num velho filme espanhol.
Não há ninguém no quarto,
Os cinzeiros estão limpos, a cama ainda arrumada,
o guarda-roupa fechado e cheio de casacos, jaquetas, calças.
Mas não há ninguém.
Só dois raios de luar.
Como num velho filme espanhol.

Todo me lo tengo merecido, patrón, no prenda la luz.
Automóviles silenciosos de una ciudad extranjera.
No tengo idea dónde estoy, qué lugar es éste,
la última imagen de la realidad, al menos que yo me acuerde,
era una muchacha cerrando las cortinas metálicas
de un bazar.
¿Qué sucedió con esa muchacha?
Lo ignoro, sólo recuerdo que era pelirroja
y que me miró unos instantes
y luego echó a caminar calle abajo
hacia el centro de este pueblo miserable.

Eu mereço tudo isso, patrão, não acenda a luz.
Automóveis silenciosos de uma cidade estrangeira.
Não tenho ideia de onde estou, que lugar é este,
a última imagem da realidade, pelo menos que eu me lembre,
era uma moça fechando as cortinas metálicas
de um bazar.
Que aconteceu com essa moça?
Não sei, só lembro que era ruiva
e que me olhou por uns instantes
e depois saiu caminhando rua abaixo
em direção ao centro desta cidade miserável.

Nuevas urbanizaciones. Pesadilla

Ciudades nuevas con parques y juegos infantiles
y Grandes Supermercados…
En zonas abiertas, en viejos pantanos, en haciendas
abandonadas…
Con guarderías y farmacias y tiendas
y pequeños restaurantes…
Y muchachas de 15 años caminando con los ojos cerrados…
Alguien responde por todo esto,
debe haber un vigilante en alguna parte,
un panel de mandos…
Muchachas y muchachos conversando en las azoteas…
Voces delgadas que llegan en sordina…
Como escuchar a alguien que habla en la carretera
sin salir de su vehículo…
Un poco adormilado tal vez…
Y es demasiado tarde para salir indemne
de la pesadilla…

Novas urbanizações. Pesadelo

Cidades novas com parques e playgrounds
e Grandes Supermercados...
Em áreas abertas, em velhos pântanos, em fazendas
abandonadas...
Com creches e farmácias e lojas
e pequenos restaurantes...
E garotas de 15 anos caminhando com os olhos fechados...
Alguém responde por tudo isso,
deve haver um vigia em algum lugar,
um painel de comando...
Moças e moços conversando nos terraços...
Vozes finas que chegam em surdina...
Como escutar alguém que fala na estrada
sem sair de seu veículo...
Um pouco sonolento talvez...
E é tarde demais para eu sair ileso
do pesadelo...

La curva

El pandillero de 20 años, charnego, el cortaplumas en
el pescuezo del chileno, 25 años, único turista de esa hora.
El cortaplumas es blanco como las ventanas de esa hora
en que no hay dinero y las imágenes de ambos se entrecruzan
por unos segundos. La letra de una canción, un café
con leche, una inyección, unos pantalones de pana que huelen
a mierda, la nariz de una mujer, el bronceado del verano,
las manos reales de alguien que descorre una cortina.
La comunión. Da un paso atrás y mira el rostro
de su agresor (podría igualmente decirse: su lazarillo).
Oleadas de palabras quebradas no aciertan a moverse de su
vientre, una especie de premura por desvestir al hombre
más joven que tiene delante y la pelea ganada. Entre
los arcos de la plaza Martorell en Barcelona, da un paso atrás
como si el juego nunca hubiera finalizado, mapas de hace
15 años, el deseo que sólo se manifiesta en una semisonrisa
y traza una pirámide, un búfalo, una suerte de estrellas
el brazo negro del joven, pero no brilla su cortaplumas
porque en la mente del chileno ya es llave.

A curva

O larápio de 20 anos, *charnego*,* o canivete
no pescoço do chileno, 25 anos, único turista a essa hora.
O canivete é branco como as janelas dessa hora
em que não há dinheiro e as imagens de ambos se entrecruzam
por alguns segundos. A letra de uma canção, um café
com leite, uma injeção, umas calças de veludo com cheiro
de merda, o nariz de uma mulher, o bronzeado do verão,
as mãos reais de alguém que abre uma cortina.
A comunhão. Dá um passo para trás e olha o rosto
de seu agressor (também poderia dizer: seu cão-guia).
Ondas de palavras quebradas não conseguem se mover de seu
ventre, uma espécie de pressa para desvestir o homem
mais jovem que tem a sua frente e a briga ganha. Entre
os arcos da praça Martorell em Barcelona, dá um passo para trás
como se o jogo nunca tivesse acabado, mapas de
15 anos atrás, o desejo que só se manifesta num meio-sorriso
e traça uma pirâmide, um búfalo, uma espécie de estrelas
o braço negro do jovem, mas seu canivete não brilha
porque na mente do chileno agora é chave.

---

* Na Catalunha, imigrante procedente de uma região espanhola de fala não catalã. (N. T.)

Es de noche y estoy en la zona alta
de Barcelona y ya he bebido
más de tres cafés con leche
en compañía de gente que no
conozco y bajo una luna que a veces
me parece tan miserable y otras
tan sola y tal vez no sea
ni una cosa ni la otra y yo
no haya bebido café sino coñac y coñac
y coñac en un restaurante de vidrio
en la zona alta y la gente que
creí acompañar en realidad
no existe o son rostros entrevistos
en la mesa vecina a la mía
en donde estoy solo y borracho
gastando mi dinero en uno de los límites
de la universidad desconocida.

É noite e estou na zona alta
de Barcelona e já bebi
mais de três cafés com leite
na companhia de gente que não
conheço e sob uma lua que às vezes
me parece tão miserável e outras
tão solitária e talvez não seja
nem uma coisa nem outra e eu
não tenha bebido café e sim conhaque e conhaque
e conhaque num restaurante de vidro
na zona alta e as pessoas que
eu pensava acompanhar na verdade
não existem ou são rostos entrevistos
na mesa vizinha à minha
onde estou sozinho e bêbado
gastando meu dinheiro num dos limites
da universidade desconhecida.

Buenas noches córnea buenas noches
uñas negras buenas noches muñecas
buenas noches cuello mordido buenas
noches ano buenas noches nariz roja
de frío buenas noches estómago peludo
buenas noches líneas de la mano
buenas noches rodillas buenas noches
mandalas ocultos buenas noches verga
buenas noches hombros huesudos buenas
noches ombligo perfecto buenas noches
dientes buenas noches lóbulos
buenas noches fuego oblicuo de la
cintura buenas noches nu(n)ca.

Boa noite córnea boa noite
unhas pretas boa noite pulsos
boa noite pescoço mordido boa
noite ânus boa noite nariz vermelho
de frio boa noite estômago peludo
boa noite linhas da mão
boa noite joelhos boa noite
mandalas ocultas boa noite pau
boa noite ombros ossudos boa
noite umbigo perfeito boa noite
dentes boa noite lóbulos
boa noite fogo oblíquo da
cintura boa noite nu(n)ca.

Amanece en el camping   Los inocentes
duermen   Ha terminado la Semana Santa
Ya no tengo fiebre   Los pájaros
tal vez cantan para mí   Y para los
automóviles que de vez en cuando atraviesan
la carretera   Esto es real
No me interesa decir nada más

      A la vi', a la via, jelos!

      Laissaz nos, laissaz nos

      ballar entre nos, entre nos!

Amanhece no camping   Os inocentes
dormem   Terminou a Semana Santa
Não tenho mais febre   Os pássaros
talvez cantem para mim   E para os
automóveis que de vez em quando atravessam
a estrada   Isso é real
Não me interessa dizer mais nada
        A la vi', a la via, jelos!
        Laissaz nos, laissaz nos
        ballar entre nos, entre nos!

Otro amanecer en el camping Estrella de Mar

Sólo la radio cruza el silencio
(Magníficas nubes   Magnífico aire)
Voces lejanas que compartí
contigo   Canciones
que bailamos hace mucho
cuando ninguno tenía
veinte años
y éramos menos pobres y menos serenos
que hoy
(Magníficas nubes   Magnífico aire)
Dulce estilo nuevo de la primavera
10 grados sobre cero
a las 6 a. m.

Outro amanhecer no camping Estrella de Mar

Só o rádio atravessa o silêncio
(Magníficas nuvens   Magnífico ar)
Vozes distantes que dividi
com você   Canções
que dançamos há muito tempo
quando nenhum de nós tinha
vinte anos
e éramos menos pobres e menos serenos
do que hoje
(Magníficas nuvens   Magnífico ar)
Doce estilo novo da primavera
10 graus acima de zero
às 6 a.m.

Nada malo me ocurrirá

Aquella que parpadea fronteras se llama Destino
pero yo le digo Niña Demente.
Aquella que corre veloz por las líneas de mi mano
se llama Destrucción
pero yo le digo Niña Silenciosa.
Avui i sempre,
amics.

Nada de mau vai me acontecer

Aquela que pisca fronteiras se chama Destino
mas eu a chamo de Menina Demente.
Aquela que corre veloz pelas linhas da minha mão
se chama Destruição
mas eu a chamo de Menina Silenciosa.
Avui i sempre,
amics.

es agradable poder aferrarse a algo
simple y real
como echar a alguien de menos.

Frank O'Hara

Escucho a Barney Kessel
y fumo fumo fumo y tomo té
e intento prepararme unas tostadas
con mantequilla y mermelada
pero descubro que no tengo pan y
ya son las doce y media de la noche
y lo único que hay para comer
es una botella casi llena
con caldo de pollo comprado por la
mañana y cinco huevos y un poco
de moscatel y Barney Kessel toca
la guitarra arrinconado entre la
espada y un enchufe abierto
creo que haré consomé y
después me meteré en la cama
a releer La invención de Morel
y a pensar en una muchacha rubia
hasta que me quede dormido y
me ponga a soñar.

é agradável poder se aferrar a algo
simples e real
como sentir falta de alguém
                                    Frank O'Hara

Escuto Barney Kessel
e fumo fumo fumo e tomo chá
e penso em preparar umas torradas
com manteiga e geleia
mas descubro que não tenho pão e
já é meia-noite e meia
e a única coisa que tem pra comer
é uma garrafa quase cheia
de caldo de galinha comprado de
manhã e cinco ovos e um pouco
de moscatel e Barney Kessel toca
a guitarra encurralado entre o
pino e um plug aberto
acho que vou fazer consomé e
depois vou me meter na cama
e reler A *invenção de Morel*
e pensar numa moça loira
até adormecer e
começar a sonhar.

Primavera de 1980. Para Randy Weston

El misterio del amor siempre es
el misterio del amor
y ahora son las doce del día y
estoy desayunando un vaso de té
mientras la lluvia se desliza
por los pilares blancos
del puente.

Primavera de 1980. Para Randy Weston

O mistério do amor é sempre
o mistério do amor
e agora é meio-dia e
estou tomando um copo de chá no desjejum
enquanto a chuva desliza
pelos pilares brancos
da ponte.

Para Antoni García Porta

Me han conmovido tus regalos
Son útiles y contienen vitaminas
(Sobres para mandar cartas,
papel para escribir,
la agenda del vino que Ana
envió para mí,
ocasionalmente queso,
yogurt, pan dulce,
aquellas mañanas de primavera
en que llegabas a despertarme
y yo estaba tan mal,
manzanas, naranjas,
a veces una cajetilla de
Gauloises, qué lujo, bolígrafos BIC,
buenas noticias.)
Escribo esto para
darte las gracias.

Para Antoni García Porta

Seus presentes me comoveram
São úteis e contêm vitaminas
(Envelopes para mandar cartas,
papel para escrever,
a agenda do vinho que Ana
enviou para mim,
ocasionalmente queijo,
iogurte, pão doce,
aquelas manhãs de primavera
em que você vinha me acordar
e eu estava tão mal,
maçãs, laranjas,
às vezes um maço de
Gauloises, que luxo, canetas BIC,
boas notícias.)
Escrevo isto para
lhe agradecer.

Molly

Una muchacha con libras irlandesas
y una mochila verde.
143 pesetas por una libra irlandesa,
es bastante, ¿no?
No está mal.
Y dos cervezas en una terraza
de Barcelona.
Y gaviotas.
No está mal.

Molly

Uma jovem com libras irlandesas
e uma mochila verde.
143 pesetas por uma libra irlandesa,
é bastante, não?
Nada mal.
E duas cervejas num terraço
de Barcelona.
E gaivotas.
Nada mal.

El robot

Recuerdo que Platón me lo decía
y no presté atención.
Ahora estoy en la discoteca de la muerte
y no hay nada que pueda hacer:
el espacio es una paradoja.
Aquí no puede pasar nada
y sin embargo estoy yo.
Apenas un robot
con una misión sin especificar.
Una obra de arte eterna.

O robô

Lembro que Platão me dizia isso
e não prestei atenção.
Agora estou na discoteca da morte
e não há nada que eu possa fazer:
o espaço é um paradoxo.
Nada pode acontecer aqui
e no entanto cá estou eu.
Apenas um robô
com uma missão inespecífica.
Uma obra de arte eterna.

Fría realidad ojo de mosca helada
¡cae la neblina en el camping ✪ de Mar!
¡sombras de ladrones congelados!
¡octubre de 1980!
¡MUSCI!   ¡ES HERMOSO!

Fria realidade olho de mosca gelada
cai a neblina no camping ✭ de Mar!
sombras de ladrões congelados!
outubro de 1980!
MUSCI!   É BONITO!

Tu lejano corazón
Seu coração distante

No escuches las voces de los amigos muertos, Gaspar.
No escuches las voces de los desconocidos que murieron
En veloces atardeceres de ciudades extranjeras.

Não escute as vozes dos amigos mortos, Gaspar.
Não escute as vozes dos desconhecidos que morreram
Em velozes entardeceres de cidades estrangeiras.

Colinas sombreadas más allá de tus sueños.
Los castillos que sueña el vagabundo.
Morir al final de un día cualquiera.
Imposible escapar de la violencia.
Imposible pensar en otra cosa.
Flacos señores alaban poesía y armas.
Castillos y pájaros de otra imaginación.
Lo que aún no tiene forma me protegerá.

Colinas sombreadas além de seus sonhos.
Os castelos que o vagabundo sonha.
Morrer no fim de um dia qualquer.
Impossível escapar da violência.
Impossível pensar em outra coisa.
Senhores magros louvam poesia e armas.
Castelos e pássaros de outra imaginação.
O que ainda não tem forma me protegerá.

La muerte es un automóvil
con dos o tres amigos lejanos

A morte é um automóvel
com dois ou três amigos distantes

En el Distrito 5º con los sudacas:
¿Aún lees a los juglares?   Sí
Quiero decir: trato de soñar
castillos y mercados   Cosas de ese tipo
para después volver a mi piso y dormir
No hay nada malo en eso
Vida desaparecida hace mucho
En los bares del Distrito 5º
gente silenciosa con las manos en
los bolsillos   Y los relámpagos

No Distrito 5 com os cucarachas:
Você ainda lê os trovadores?   Sim
Quer dizer: tento sonhar com
castelos e mercados   Coisas do gênero
para depois voltar ao meu apartamento e dormir
Não há mal nenhum nisso
Vida há muito desaparecida
Nos bares do Distrito 5
gente silenciosa com as mãos
nos bolsos   E os relâmpagos

Nadie te manda cartas ahora   Debajo del faro
en el atardecer   Los labios partidos por el viento
Hacia el Este hacen la revolución   Un gato
duerme entre tus brazos
A veces eres inmensamente feliz

Ninguém manda cartas pra você agora   Sob o farol
ao entardecer   Os lábios rachados pelo vento
No Leste fazem a Revolução   Um gato
dorme entre seus braços
Às vezes você é imensamente feliz

Tu lejano corazón

No me siento seguro
En ninguna parte.
La aventura no termina.
Tus ojos brillan en todos los rincones.
No me siento seguro
En las palabras
Ni en el dinero
Ni en los espejos.
La aventura no termina jamás
Y tus ojos me buscan.

Seu distante coração

Não me sinto seguro
Em nenhum lugar.
A aventura não termina.
Seus olhos brilham em todos os cantos.
Não me sinto seguro
Nas palavras
Nem no dinheiro
Nem nos espelhos.
A aventura nunca termina
E seus olhos me procuram.

El que pierda una vez a su amada, siempre volverá a perderla. Aquel en cuyas proximidades ocurrió alguna vez un asesinato, siempre debería estar preparado para un nuevo asesinato.

Hans Henny Jahnn

Dije que jamás te olvidaría.
Ahora estoy en La Fronda nuevamente
y el viento y los álamos y el
pasto que crece y
las flores entre la hierba
sólo recuerdan a un muchacho
que hablaba con Nadie.

Aquele que perde uma vez sua amada,
sempre voltará a perdê-la. Aquele em
cujas proximidades um dia ocorreu um
assassinato, deveria estar sempre preparado
para um novo assassinato.

Hans Henny Jahnn

Falei que nunca ia te esquecer.
Agora estou em La Fronda novamente
e o vento e os álamos e o
pasto que cresce e
as flores entre a relva
só lembram um rapaz
que falava com Ninguém.

Ahora paseas solitario por los muelles
de Barcelona.
Fumas un cigarrillo negro y por
un momento crees que sería bueno
que lloviese.
Dinero no te conceden los dioses
mas sí caprichos extraños.
Mira hacia arriba:
está lloviendo.

Agora você passeia solitário pelos molhes
de Barcelona.
Fuma um cigarro forte e por
um momento pensa que seria bom
que chovesse.
Dinheiro os deuses não lhe concedem
mas caprichos estranhos sim.
Olhe para cima:
está chovendo.

Entre Friedrich von Hausen
el minnesinger
y don Juanito el supermacho
de Nazario.
En una Barcelona llena de sudacas
con pelas sin pelas legales
e ilegales intentando
escribir.

(Querido Alfred Bester, por lo menos
he encontrado uno de los pabellones
de la Universidad Desconocida!)

Entre Friedrich von Hausen
o minnesinger
e dom Juanito o supermacho
de Nazario.
Numa Barcelona cheia de latinos
com grana sem grana legais
e ilegais tentando
escrever.

(Caro Alfred Bester, pelo menos
encontrei uma das alas
da Universidade Desconhecida!)

Tardes de Barcelona

En el centro del texto
está la lepra.

Estoy bien. Escribo
mucho. Te
quiero mucho.

Tardes de Barcelona

No centro do texto
está a lepra.

Estou bem. Escrevo
muito. Te
amo muito.

SEGUNDA PARTE

Tres textos
Três textos

Nel, majo

Le dije que podíamos quedarnos allí, al menos mientras recobrábamos el aliento... No había sonidos a nuestras espaldas calma chicha para cubrirnos las cabezas con sombreros y recostarnos contra una pared... Delante se extendía el bosque y de cuando en cuando escuchábamos voces adolescentes... Pistas de tenis, restaurantes de amplias terrazas, hoteles familiares... Le dije que nadie nos perseguía... Era un tipo pequeño, mucho más bajo que yo, y a veces se quedaba horas sin hablar... No sé cómo lo conocieron ustedes, para mí aún es un misterio... Las palabras tomaban el curso normal hasta la mitad del trayecto... Y ahí se paraban, en un punto equidistante entre la cabeza del interlocutor y el oyente... Le dije quedémonos aquí... Al menos durante un tiempo... Creo que él siempre asentía pero uno no podía tomárselo al pie de la letra... Voces adolescentes detrás y adelante del bosque... Un muchacho de 15 años con un rifle de balines... El vigilante iba de vez en cuando a hablar con él... Imágenes de gente adolorida hombres vestidos de blanco recostados contra una pared las rodillas levantadas roncando bajo el sombrero... Nel, majo... La escena se llena de sonrisas: cogía sonrisas del aire y palabras como "llenar" "airear" "quemar"... Aún no me explico cómo conocí a ese individuo... Un pobre jorobado sucio con aire ligeramente acuático...

Não, meu

Eu disse pra ele que podíamos ficar ali, pelo menos até recuperar o fôlego... Não havia sons a nossas costas total calmaria pra cobrirmos as cabeças com chapéus e nos recostarmos numa parede... Diante de nós se estendia o bosque e de vez em quando escutávamos vozes adolescentes... Quadras de tênis, restaurantes com terraços amplos, hotéis familiares... Eu disse pra ele que ninguém nos perseguia... Era um cara pequeno, muito mais baixo que eu, e às vezes ficava horas sem falar... Não sei como vocês o conheceram, mas pra mim ainda é um mistério... As palavras seguiam seu curso normal até a metade do trajeto... E aí paravam, num ponto equidistante entre a cabeça do interlocutor e a do ouvinte... Eu disse pra ele vamos ficar aqui... Pelo menos por um tempo... Acho que ele sempre concordava mas a gente não podia levá-lo ao pé da letra... Vozes adolescentes atrás e na frente do bosque... Um rapaz de 15 anos com uma espingarda de chumbinho... O vigia ia falar com ele de vez em quando... Imagens de gente com dor homens vestidos de branco recostados contra a parede os joelhos levantados roncando sob o chapéu... Não, meu... A cena se enche de sorrisos: apanhava sorrisos no ar e palavras como "encher" "arejar" "queimar"... Ainda não sei como conheci esse indivíduo... Um coitado de um corcunda sujo com um ar ligeiramente aquático...

El inspector

El inspector apareció en la oscuridad... Rostro levemente sonrosado en la oficina cubierta de humo... Miré hacia el techo, había como estrellitas pintadas de color plateado... "¿Quién es la muchacha?"... Las palabras salieron de sus labios silenciosos... Una boca oscura donde brillaban dientes amarillos... "Me gustaría entender", dijo, "el rollo de la muchacha, qué coño pinta en todo este asunto"... Recuerdo que la habitación estaba silenciosa y que me costaba parpadear... Un dolor gratificante en los ojos... Y las palabras, blancas, salían de la boca del inspector como la cinta de un teletipo... Hojas blancas en donde uno podía soñar informes, informes de cavernas y sombras que encendían fuegos... El hombre rio... "Supongo que existe"... La vi en un cine, dije; trabajó en un picadero... No hay pistas que nos lleven a ella... Creo que no tiene nada que ver con el asunto del camping... La sombra apagó el fuego y se deslizó por la caverna... Sigilosa como un tigre... "No hay fotografías de ella ni gente que la haya conocido"... Policía inmóvil de cara al mar... Atardece lentamente y el viento mediterráneo mece el bosque de pinos... Contiguo al bosque un automóvil aparcado, cubierto de arena y pinaza... El poli arroja su cigarrillo al suelo... Imágenes perdidas, como poemas, donde la ciudad está vacía y el viento destroza suavemente los ventanales... Vuelan los pasaportes como hojas de periódico... Hojas viejas y amarillas... Fotos carentes de sentido... Cuestionarios y fichas de control de extranjeros... De repente la imagen encontró nuestros rostros... El poli recupera su cigarrillo del aire... Un coche cubierto de arena y cagadas de pájaros... Es extraño, la muchacha contempló su cuerpo como si supiera que jamás iba a encontrarla... Policía y poeta, en la hora en que las comisarías están vacías para siempre y los archivos se pudren en las calles cubiertas de arena... "Desvíese de la muchacha"... "Encuentre su camino"... El experto extendió un mapa sobre la mesa... Palabras fijas en el centro de la habitación... "Las frases se detienen a mitad de camino, entre la boca del inspector y tu boca"... "Parpadean rostros pistas bosques de un otoño de hace tres años"... "Observe esta línea: aquí está usted, en un lugar de Barcelona que designaremos con la

O inspetor

O inspetor apareceu no escuro... Rosto levemente rosado no escritório coberto de fumaça... Olhei para o teto, havia uma espécie de estrelinhas pintadas de prateado... "Quem é a moça?"... As palavras saíram de seus lábios silenciosos... Uma boca escura onde brilhavam dentes amarelos... "Gostaria de entender", falou, "o rolo da moça, que porra ela tem a ver com toda essa história"... Lembro que o quarto estava silencioso e que me era difícil piscar... Uma dor gratificante nos olhos... E as palavras, brancas, saíam da boca do inspetor como a fita de um teletipo... Folhas brancas onde se podia sonhar com relatos, relatos de cavernas e sombras que acendiam fogos... O homem riu... "Acho que existe"... Eu a vi no cinema, falou; trabalhou num picadeiro. Não há pistas que nos levem a ela... Acho que não tem nada a ver com a história do camping... A sombra apagou o fogo e deslizou pela caverna... Sigilosa como um tigre... "Não há fotos dela nem ninguém que a tenha conhecido"... Policial imóvel de frente para o mar... Entardece lentamente e o vento mediterrâneo balança o bosque de pinheiros... Contíguo ao bosque um carro estacionado, coberto de areia e de folhas de pinheiro... O tira joga o cigarro no chão... Imagens perdidas, como poemas, onde a cidade está vazia e o vento destroça suavemente as janelas... Os passaportes voam como folhas de jornal... Folhas velhas e amarelas... Fotos sem sentido... Questionários e fichas de controle de estrangeiros... De repente a imagem encontrou nossos rostos... O tira recupera seu cigarro no ar... Um carro coberto de areia e de cagadas de pássaros... É estranho, a moça contemplou seu corpo como se soubesse que jamais ia encontrá-la... Policial e poeta, na hora em que as delegacias estão vazias pra sempre e os arquivos apodrecem nas ruas cobertas de areia... "Desvie da moça"... "Encontre seu caminho"... O especialista estendeu um mapa sobre a mesa... Palavras fixas no centro do quarto... "As frases se detêm no meio do caminho, entre a boca do inspetor e sua boca"... "Piscam rostos quadras bosques de um outono de três anos atrás"... "Observe esta linha: você está aqui, num lugar de Barcelona que vamos indicar com a letra A, e aqui está o

letra A, y aquí está el jorobadito —maldito hijo de perra— en ese dichoso bosque de Castelldefels." "Ignoro cuántos años hay entre A y B"... "Si usted lo averigua le estaremos agradecidos"... "Espero que de esa manera todo se aclare y sepamos detrás de qué diablos andamos"... "Hay una ruta a seguir"... "Un bulto que huele a mierda, un bulto verdaderamente doloroso"... "Las palabras se concentran en un tumor de color tiza, como una gaita volante, equidistante entre el inspector y su poli preferido"... Miradas desoladas que me siguen mientras atravieso la Ciudad dormida... Un tipo de mollera dura, pensé... Aunque no fuera mala persona... Las luces barren cientos de cuerpos en la noche... En la lista figuraban demasiadas personas, sólo faltaba yo... "Ábrame", le dije al número... Un muchacho joven y bien parecido... Caminé por un largo pasillo sin cruzarme con ningún ser viviente... "Ábrame", dije mirando el suelo... El pasillo se prolongaba en una especie de infinito azul metálico... "Ábrame"... Cuarto con polis soñolientos... Me senté y alguien me ofreció un cigarrillo... No había informes... "Tome usted la única ruta, desde el punto A hasta el punto B, y evite perderse en el vacío"...

corcundinha — maldito filho de uma égua — nesse venturoso bosque de Castelldefels." "Desconheço quantos anos há entre A e B"... "Se puder averiguar, ficaremos agradecidos"... "Espero que dessa forma tudo se esclareça e saibamos atrás de que diabos nós andamos"... "Há um caminho a seguir"... "Um caroço com cheiro de merda, um caroço realmente doloroso"... "As palavras se concentram num tumor cor de giz, como uma corcova voadora, equidistante entre o inspetor e seu policial preferido"... Olhares desolados que me seguem enquanto atravesso a cidade adormecida... Um sujeito cabeça-dura, pensei... Ainda que não seja má pessoa... As luzes varrem centenas de corpos na noite... Muita gente aparecia na lista, só faltava eu... "Abra pra mim", falei para o guardinha... Um rapaz jovem e de boa aparência... Caminhei por um corredor comprido sem cruzar com nenhum ser vivo... "Abra pra mim", falei olhando para o chão... O corredor se prolongava numa espécie de infinito azul-metálico... "Abra pra mim"... Quarto com policiais sonolentos... Sentei-me e alguém me ofereceu um cigarro... Não havia relatórios... "Pegue a única estrada, do ponto A até o ponto B, e evite se perder no vazio"...

El testigo

Le dije que podíamos quedarnos allí, al menos mientras recobrábamos el aliento... No había sonidos a nuestras espaldas calma chicha para cubrirnos las cabezas con sombreros de paja y recostarnos contra una pared... El bosque nos devolvió el sentido de la gracia; escuchábamos voces de adolescentes donde terminaban las arboledas... Eran niños... Ocupaban las pistas de tenis de la mañana a la noche y algunos apenas sabían jugar... En la terraza paseaban hombres con trajebaños y vasos vacíos... Nosotros descansábamos... Montamos la tienda en un claro, a medio camino de las pistas de tenis y del camping... A veces él desaparecía... Nunca le pregunté qué demonios hacía supongo que iba al bar del camping... A decir verdad era tan insociable como yo así que si tuviera que arriesgar una respuesta acerca de los motivos que lo llevaban al camping no sabría qué decir... Tal vez curiosidad... Yo prefería merodear por las pistas... Voces de niñas tocadas por el sol voces que salían de casamatas de hormigón en donde se duchaban... En realidad me pasaba horas y horas mirando a través del ramaje... Las pistas de tierra, las dos hileras de asientos, una más elevada que la otra, las escaleras verdes que conducían a la terraza y al bar... Un bar exclusivo... En ocasiones encontramos gente en el bosque pero nunca se fijaron en nosotros... Nos tapábamos el rostro con sombreros y el chirrido de los grillos nos adormecía... La tienda estaba en un claro... Allí guardábamos nuestras pertenencias: harapos revistas latas... Las latas las metía el jorobadito... Ahora sé por qué motivo... Yo quería largarme y se lo dije... Le dije que me iría al sur y que si quería podía venir conmigo... El bosque era pequeño y sin embargo él lo veía como algo impenetrable... A la semana de estar allí dije que me iba... Tengo parientes en el sur además no me gustan los catalanes... Por las tardes me quedaba inmóvil junto a la cerca del club de tenis... A veces lloraba supongo que estaba llegando al límite... Sí, hacía mucho calor... No recuerdo qué año fue pero la gente que encontramos en el bosque no parecía asustada cuando nos veía... Obreros de vacaciones... En cierta ocasión vi a un tipo que lloraba en los linderos... En la parte

A testemunha

Falei pra ele que podíamos ficar ali, pelo menos até recobrarmos o fôlego... Não havia sons a nossas costas calmaria pra cobrirmos nossas cabeças com chapéus de palha e nos recostarmos numa parede... O bosque nos devolveu o sentido da graça; escutávamos vozes de adolescentes onde terminavam os arvoredos... Eram crianças... Ocupavam as quadras de tênis da manhã até a noite e algumas mal sabiam jogar... No terraço passeavam homens com calções de banho e copos vazios... Nós descansávamos... Montamos a barraca numa clareira, a meio caminho das quadras de tênis e do camping... Às vezes ele desaparecia... Nunca lhe perguntei que diabos ele fazia imagino que ia ao bar do camping... Pra falar a verdade ele era tão antissocial como eu então se tivesse que arriscar uma resposta acerca dos motivos que o levavam ao camping eu não saberia o que dizer... Talvez curiosidade... Eu preferia zanzar pelas quadras... Vozes de meninas tocadas pelo sol vozes que saíam de casamatas de concreto onde tomavam banho... Na verdade eu passava horas e horas olhando através da ramagem... As quadras de terra, as duas fileiras de assentos, uma mais elevada que a outra, as escadas verdes que levavam ao terraço e ao bar... Um bar exclusivo... Vez por outra encontramos pessoas no bosque, mas nunca prestaram atenção em nós... Cobríamos o rosto com chapéus e o chiar dos grilos nos fazia adormecer... A barraca estava numa clareira... Guardávamos nossos pertences lá: trapos revistas latas... Quem punha as latas lá era o corcundinha... Agora sei por que motivo... Eu queria ir embora e lhe disse isso... Disse que iria para o sul e que se quisesse podia vir comigo... O bosque era pequeno mas ele o via como algo impenetrável... Depois de uma semana lá disse a ele que estava indo embora... Tenho parentes no sul e além disso não gosto dos catalães... Durante as tardes eu ficava imóvel junto da cerca do clube de tênis... Às vezes chorava acho que estava quase no limite... Sim, fazia muito calor... Não lembro em que ano foi mas as pessoas que encontramos no bosque não pareciam assustadas quando nos viam... Operários em férias... Certa vez vi um sujeito chorando na divisa. Na parte

quemada del bosque... Un tipo joven bien vestido que seguramente sabía hablar con educación... No me dejé ver... En general era cauteloso todo el tiempo... Le dije ya está bien ahora vámonos y él dijo "Nel, majo"... Una mañana me fui sin despertarlo ni dejarle una nota de despedida... Olvidé algunas cosas un abrelatas no recuerdo qué más... De alguna manera sabía que tenía que irme y que él no podía hacerlo... Sentí el hueco y preferí largarme... El jorobadito sólo dijo "Nel, majo"... Recuerdo el dolor de las pistas de tenis... Los atardeceres calurosos en medio del bosque en blanco y negro... El hombre se aleja... Nuestro único testigo no quiere testigos...

queimada do bosque… Um sujeito jovem bem-vestido que certamente sabia falar com educação… Não me deixei ver… em geral era cauteloso o tempo todo… Disse-lhe está tudo bem agora vamos e ele disse "Não, meu"… Certa manhã fui embora sem acordá-lo e sem deixar um bilhete de despedida… Esqueci algumas coisas um abridor de latas e não lembro o que mais… Eu sabia, de alguma forma, que tinha de ir embora e que ele não poderia fazer isso… Senti um vazio e preferi me mandar… O corcundinha só disse "Não, meu"… Lembro a dor das quadras de tênis… Os entardeceres calorentos no meio do bosque em branco e preto… O homem se afasta… Nossa única testemunha não quer testemunhas…

Gente que se aleja
Gente que se afasta

Cuando considero la corta duración de mi vida, absorbida en la eternidad precedente y siguiente —*memoria hospitis unius diei praetereuntis*—, el pequeño espacio que ocupo e incluso que veo, abismado en la infinita inmensidad de los espacios que ignoro y que me ignoran, me espanto y me asombro de verme aquí y no allí, porque no existe ninguna razón de estar aquí y no allí, ahora y no en otro tiempo. ¿Quién me ha puesto aquí? ¿Por orden y voluntad de quién este lugar y este tiempo han sido destinados a mí?

Pascal

Quando considero a breve duração de minha vida, absorvida pela eternidade precedente e seguinte — memoria hospitis unius diei praetereuntis —, *o pequeno espaço que ocupo e que chego a ver, abismado na infinita imensidão dos espaços que ignoro e que me ignoram, me espanto e me assombro de me ver aqui e não ali, porque não existe nenhuma razão para estar aqui e não ali, agora e não em outro tempo. Quem me pôs aqui? Por ordem e vontade de quem este lugar e este tempo me foram destinados?*

Pascal

Fachada

> La vida concluye en el momento en que
> se la fotografía. Es casi un símbolo de
> Hollywood. Tara no tenía habitaciones
> en su interior. Era sólo una fachada.
>
> *David O. Selznick*

El muchacho se acerca a la casa. Vereda de alerces. La Fronda. Collar de lágrimas. El amor es una mezcla de sentimentalismo y sexo (Burroughs). La mansión sólo es fachada y la desmantelan para instalarla en Atlanta. 1959. Todo está viejo. No es un fenómeno de ahora. Todo cagado desde hace mucho tiempo. Y los españoles imitan tu modo de hablar sudamericano. Una vereda de palmeras. Todo lento y asmático. Biólogos aburridos contemplan la lluvia desde los ventanales. No sirve cantar con sentimiento. Querida mía, quienquiera que seas, dondequiera que estés: ya no hay nada que hacer, las cartas se han jugado y he visto mi dibujo, ya no es necesario el gesto que nunca llegó. "Era sólo uma fachada." El muchacho camina hacia la casa.

Fachada

> A *vida termina no momento em que é fotografada. É quase um símbolo de Hollywood. Tara não tinha cômodos em seu interior. Era só uma fachada.*
>
> David O. Selznick

O rapaz se aproxima da casa. Alameda de alerces. A Fronde. Colar de lágrimas. O amor é um misto de sentimentalismo e sexo (Burroughs). A mansão é só uma fachada e a desmantelaram para instalá-la em Atlanta. 1959. Está tudo velho. Não é um fenômeno de agora. Tudo detonado já faz muito tempo. E os espanhóis imitam seu jeito de falar sul-americano. Uma alameda de palmeiras. Tudo lento e asmático. Das janelas, biólogos entediados contemplam a chuva. Não adianta *cantar com sentimento*. Minha querida, seja você quem for, onde quer que você esteja: não há mais o que fazer, as cartas foram lançadas e vi meu desenho, já não é necessário o gesto que nunca chegou. "Era só uma fachada." O rapaz caminha em direção à casa.

La totalidad del viento

Carreteras gemelas tendidas sobre el atardecer cuando todo parece indicar que la memoria las ambiciones la delicadeza kaputt como el automóvil alquilado de un turista que penetra sin saberlo en zonas de guerra y ya no vuelve más al menos no en automóvil hombre que corre a través de carreteras tendidas sobre una zona que su mente se niega a aceptar como límite punto de convergencia dragón transparente y las noticias dicen que Sophie Podolski kaputt en Bélgica la niña del Montfauçon Research Center y los labios dicen "veo camareros de temporada caminando por una playa desierta a las 8 de la noche gestos lentos grupo barrido por el viento cargado de arena"… "una niña de 11 muy gorda iluminó por un instante la piscina pública"… "¿y a ti también te persigue Colan Yar?"… "¿una pradera negra incrustada en la autopista?"… El tipo está sentado en una de las terrazas del ghetto. Escribe postales pues su respiración le impide hacer poemas como él quisiera. Quiero decir: poemas gratuitos, sin ningún valor añadido. Sus ojos retienen una visión de cuerpos desnudos que se mueven con lentitud fuera del mar. Después sólo resta el vacío. "Camareros de temporada caminando por la playa"… "La luz del atardecer descompone nuestra percepción del viento"… "La totalidad del viento"…

A totalidade do vento

Estradas gêmeas estendidas sobre o entardecer quando tudo parece indicar que a memória as ambições a delicadeza kaputt como o carro alugado de um turista que entra sem saber em zonas de guerra e não volta mais pelo menos não de carro homem que corre através de estradas estendidas sobre uma zona que sua mente se nega a aceitar como limite ponto de convergência dragão transparente e as notícias dizem que Sophie Podolski kaputt na Bélgica a menina do Montfauçon Research Center e os lábios dizem "vejo garçons de temporada caminhando por uma praia deserta às 8 da noite gestos lentos grupo varrido pelo vento carregado de areia"... "uma menina de 11 muito gorda iluminou por um instante a piscina pública"... "Colan Yar também persegue você?"... "uma pradaria negra incrustada na autopista?"... O sujeito está sentado num dos terraços do gueto. Escreve cartões-postais pois sua respiração o impede de fazer poemas como ele gostaria. Quer dizer: poemas gratuitos, sem nenhum valor agregado. Seus olhos retêm uma visão de corpos nus que se movem com lentidão fora do mar. Depois só resta o vazio. "Garçons de temporada caminhando pela praia"... "A luz do entardecer decompõe nossa percepção do vento"... "A totalidade do vento"...

Cuadros verdes, rojos y blancos

Ahora él se sube a una marea, la marea es blanca. Ha tomado un tren en dirección contraria a la que deseaba. Sólo él ocupa el compartimento, las cortinas están descorridas y el atardecer se pega en el vidrio sucio. El verde oscuro, el amarillo intenso y un rojo desvaído se abren sobre el cuero negro de los asientos. Hemos creado un espacio silencioso para que él de alguna manera trabaje. Enciende un cigarrillo. La cajita de los fósforos es sepia. Sobre la cubierta está dibujado un hexágono compuesto de doce fósforos. El título es: jugar con fósforos, y, como indica un 2 en el ángulo superior izquierdo, éste es el segundo juego de la colección. (El juego número 2 se llama "La increíble fuga de triángulos".) Ahora su atención se detiene en un objeto pálido, al cabo de un rato advierte que es un cuadrado que empieza a fragmentarse. Lo que antes reconoció como pantalla se transforma en marea blanca, palabras blancas, vidrios que finalizan su transparencia en una albura ciega y permanente. De improviso un grito concentra su atención. El breve sonido le parece como un color tragado por una fisura. ¿Pero qué color? La frase "el tren se detuvo en un pueblo del norte" no le deja ver un movimiento de sombras que se desarrolla en el asiento de enfrente. Se cubre el rostro con los dedos lo suficientemente separados como para atisbar cualquier objeto que se le aproxime. Busca cigarrillos en los bolsillos de la chaqueta. Cuando exhala la primera bocanada piensa que la fidelidad se mueve con la misma rigidez que el tren. Una nube de humo opalino cubre su rostro. Piensa que la palabra "rostro" crea sus propios ojos azules. Alguien grita. Observa sus pies fijos en el suelo. La palabra "zapatos" jamás levitará. Suspira, vuelve el rostro hacia la ventana, el campo parece envuelto por una luz más oscura. Como la luz de mi cabeza, piensa. El tren se desliza junto a un bosque. En algunas zonas se puede ver la huella de incendios recientes. A él no le extraña no ver a ninguna persona a orillas del bosque. El jorobadito vive allí, siguiendo un sendero para bicicletas, un kilómetro más adentro. Le dije que prefería no escuchar más. Aquí puedes encontrar conejos y ratas que parecen ardillas. El bosque está delimitado limpiamente por la carretera y la línea de ferrocarril. En

Quadrados verdes, vermelhos e brancos

Agora ele sobe numa maré, a maré é branca. Pegou um trem na direção contrária à que desejava. Só ele ocupa o compartimento, as cortinas estão abertas e o entardecer cola no vidro sujo. O verde-escuro, o amarelo intenso e um vermelho desbotado se abrem sobre o couro preto dos assentos. Criamos um espaço silencioso para que ele, de algum modo, trabalhe. Acende um cigarro. A caixinha de fósforos é sépia. Sobre a tampa há o desenho de um hexágono composto de doze fósforos. O título é: brincar com fósforos, e, como indica um 2 no ângulo superior esquerdo, este é o segundo jogo da coleção. (O jogo número 2 se chama "A incrível fuga de triângulos".) Agora sua atenção se detém num objeto pálido, um momento depois percebe que é um quadrado que começa a se fragmentar. O que ele antes reconheceu como tela se transforma em maré branca, palavras brancas, vidros que finalizam sua transparência numa alvura cega e permanente. De repente, um grito concentra sua atenção. O breve som lhe parece uma cor engolida por uma fenda. Mas que cor? A frase "o trem se deteve numa cidade do Norte" não deixa que ele veja um movimento de sombras que se desenrola no assento da frente. Cobre o rosto com os dedos, separados o suficiente para espiar qualquer objeto que se aproxime. Procura cigarros no bolso da jaqueta. Quando solta a primeira baforada, pensa que a fidelidade se move com a mesma rigidez que o trem. Uma nuvem de fumaça opalina cobre seu rosto. Pensa que a palavra "rosto" cria seus próprios olhos azuis. Alguém grita. Observa seus pés fixos no solo. A palavra "sapatos" jamais levitará. Suspira, vira o rosto para a janela, o campo parece envolto por uma luz mais escura. Como a luz da minha cabeça, pensa. O trem desliza junto a um bosque. Em algumas áreas se pode ver a marca de incêndios recentes. Ele não estranha não ver nenhuma pessoa às margens do bosque. O corcundinha vive ali, seguindo uma trilha para bicicletas, um quilômetro adentro. Disse-lhe que preferia não ouvir mais. Aqui você pode encontrar coelhos e ratos que parecem esquilos. O bosque está claramente delimitado pela estrada e pela linha do trem. No setor contíguo há alguns

el sector contiguo hay algunos campos de labranza y próximo a la ciudad un río contaminado en cuyas riberas pueden verse huertos de gitanos y cementerios de coches. La carretera corre junto al mar. El jorobadito abre una lata de conservas apoyando la mitad de su espalda contra un pino pequeño y podrido. Alguien gritó en el otro extremo del vagón, posiblemente una mujer, se dijo mientras apagaba el cigarrillo con la suela del zapato. La camisa es de cuadros verdes, rojos y blancos, de manga larga y hecha de algodón. En la mano izquierda del jorobadito hay una lata de sardinas con salsa de tomate. Está comiendo. Sus ojos escudriñan el follaje. Escucha pasar el tren.

campos de lavoura e perto da cidade, um rio contaminado em cujas margens se podem ver hortas de ciganos e cemitérios de automóveis. A estrada corre junto ao mar. O corcundinha abre uma lata de conservas apoiando metade das costas num pinheiro pequeno e apodrecido. Alguém gritou no outro extremo do vagão, possivelmente uma mulher, disse para si, enquanto apagava o cigarro com a sola do sapato. A camisa é de quadrados verdes, vermelhos e brancos, de manga comprida e feita de algodão. Na mão esquerda do corcundinha há uma lata de sardinhas com molho de tomate. Ele está comendo. Seus olhos esquadrinham a folhagem. Escuta o trem passar.

Soy mi propio hechizo

Se pasean los fantasmas de Plaza Real por las escaleras de mi casa. Tapado hasta las cejas, inmóvil en la cama, transpirando y repitiendo mentalmente palabras que no quieren decir nada los siento revolverse, encender y apagar las luces, subir de manera interminable hacia la azotea. Yo soy la luna. Pero antes fui el pandillero y tuve al árabe en mi mira y apreté el gatillo en el minuto menos propicio. Calles estrechas en el interior del Distrito V, sin posibilidades de salir o de cambiar el destino que volaba sobre mis pelos grasientos como una chilaba mágica. Palabras que se alejan unas de otras. Juegos urbanos concebidos desde tiempos inmemoriales… "Frankfurt"… "Una muchacha rubia en la ventana más grande de la pensión"… "Ya no puedo hacer nada"… Soy mi propio hechizo. Mis manos palpan un mural en donde alguien, 20 centímetros más alto que yo, permanece en la sombra, con las manos en los bolsillos de la chaqueta, preparando la muerte y su ulterior transparencia. El lenguaje de los otros es ininteligible para mí y para mi hora. "Cansado después de tanto"… "Una muchacha rubia bajó las escaleras"… "Me llamo Roberto Bolaño"… "Abrí los brazos"…

Sou meu próprio feitiço

Os fantasmas da Plaza Real passeiam pelas escadas de minha casa. Coberto até a sobrancelha, imóvel na cama, transpirando e repetindo mentalmente palavras que não querem dizer nada eu os sinto agitar-se, acender e apagar as luzes, subir de maneira interminável até o terraço. Eu sou a lua. Mas antes fui o bandido e tive o árabe em minha mira e apertei o gatilho no momento menos propício. Ruas estreitas no interior do Distrito V, sem possibilidade de sair ou de mudar o destino que voava sobre meus cabelos engordurados como um cafetã mágico. Palavras que se afastam umas das outras. Jogos urbanos concebidos desde tempos imemoriais… "Frankfurt"… "Uma garota loira na maior janela da pensão"… "Já não posso fazer nada"… Sou meu próprio feitiço. Minhas mãos apalpam um mural onde alguém, 20 centímetros mais alto que eu, permanece na sombra, com as mãos nos bolsos da jaqueta, preparando a morte e sua ulterior transparência. A linguagem dos outros é ininteligível para mim e para minha hora. "Cansado depois de tanto"… "Uma garota loira desceu as escadas"… "Meu nome é Roberto Bolaño"… "Abri os braços"…

Azul

El camping La Comuna de Calabria según nota sensacionalista aparecida en PEN. Hostigados por la gente del pueblo. En el interior los campistas se paseaban desnudos. Seis chicos muertos en las cercanías. "Eran campistas"... "Bueno, del pueblo no son"... Meses antes recibieron una visita de la Brigada Antiterrorista. "Se desmadraban, follaban en todas partes, quiero decir: follaban en grupo y en donde se les venía en gana"... "Al principio guardaron las distancias, sólo lo hacían dentro del camping, pero este año armaron orgías en la playa y en los alrededores del pueblo"... La policía interroga a los campesinos: "Yo no lo hice", dice uno, "si hubieran prendido fuego al camping podrían echarme la culpa, más de una vez lo pensé, pero no tengo corazón para balear a seis muchachos"... Tal vez fue la mafia. Tal vez se suicidaron. Tal vez ha sido un sueño. El viento entre las rocas. El Mediterráneo. Azul.

Azul

O camping "La Comuna" da Calábria segundo nota sensacionalista que apareceu no *PEN*. Fustigados pela gente da cidade. No interior os campistas passeavam nus. Seis garotos mortos nas proximidades. "Eram campistas"... "Bem, da cidade não são"... Meses antes receberam uma visita da Brigada Antiterrorista. "Estavam passando dos limites, transavam em toda parte, quer dizer: transavam em grupo e onde lhes desse na telha"... "No começo mantiveram distância, só faziam isso dentro do camping, mas este ano armaram orgias na praia e nos arredores da cidade"... A polícia interroga os camponeses: "Eu não fiz isso", diz um deles, "se tivessem botado fogo no camping poderiam jogar a culpa em mim, mais de uma vez pensei nisso, mas não tenho coragem de balear seis garotos"... Talvez tenha sido a máfia. Talvez tenham se suicidado. Talvez tenha sido um sonho. O vento entre as rochas. O Mediterrâneo. Azul.

Gente razonable y gente irrazonable

"Me sospecharon desde el principio"... *"Tipos pálidos comprendieron por un segundo lo que había detrás de ese paisaje"*... *"Un camping un bosque un club de tenis un picadero la carretera te lleva lejos si quieres ir lejos"*... *"Me sospecharon un espía pero de qué diablos"*... *"Entre gente razonable y gente irrazonable"*... *"Ese tipo que corre por allí no existe"*... *"Él es la verdadera cabeza de este asunto"*... *"Pero también soñé muchachas"*... *"Bueno, gente conocida, los mismos rostros del verano pasado"*... *"La misma gentileza"*... *"Ahora el tiempo es el borrador de todo aquello"*... *"La muchacha ideal me sospechó desde el primer momento"*... *"Un invento mío"*... *"No había espionaje ni hostias similares"*... *"Era tan claro que lo desecharon"*...

Gente sensata e gente insensata

"Suspeitaram de mim desde o começo"… "Sujeitos pálidos compreenderam por um segundo o que havia por trás dessa paisagem"… "Um camping um bosque um clube de tênis um picadeiro a estrada leva você longe, se quiser ir longe"… Desconfiaram que eu fosse um espião, mas espião de quê, porra"… "Entre gente sensata e gente insensata"… "Esse sujeito que corre por ali não existe"… "Ele é o verdadeiro cabeça desse assunto"… "Mas também sonhei com garotas"… "Bem, gente conhecida, os mesmos rostos do verão passado"… "A mesma gentileza"… "Agora o tempo apaga tudo isso"… "A garota ideal desconfiou de mim desde o primeiro momento"… "Invenção minha"… "Não havia espionagem nem golpes similares"… "Ficou tão claro que o descartaram"…

El Nilo

El infierno que vendrá... Sophie Podolski se suicidó hace varios años... Ahora tendría 27, como yo... Patrones egipcios en el cielo raso, los empleados se acercan lentamente, campos polvorientos, es el fin de abril y les pagan con heroína... He encendido la radio, una voz impersonal hace el recuento por ciudades de los detenidos en el día de hoy... "Hasta las cero horas, sin novedad"... Una muchacha que escribía dragones totalmente podrida en algún nicho de Bruselas... "Metralletas, pistolas, granadas decomisadas"... Estoy solo. Toda la mierda literaria ha ido quedando atrás. Revistas de poesía, ediciones limitadas, todo ese chiste gris quedó atrás... El tipo abrió la puerta a la primera patada y te puso la pistola debajo del mentón... Edificios abandonados de Barcelona, casi como una invitación para suicidarse en paz... El sol detrás de la cortina de polvo en el atardecer junto al Nilo... El patrón paga con heroína y los campesinos esnifan en los surcos, tirados sobre las mantas, bajo palmeras escritas... Una muchacha belga que escribía como una estrella... "Ahora tendría 27, como yo"...

O Nilo

O inferno que virá... Sophie Podolski se suicidou há vários anos... Agora teria 27, como eu... Padrões egípcios no teto, os empregados se aproximam lentamente, campos empoeirados, é final de abril e são pagos com heroína... Liguei o rádio, uma voz impessoal faz o balanço, cidade por cidade, dos detidos no dia de hoje... "Até a zero hora, sem novidade"... Uma garota que escrevia dragões totalmente apodrecida em algum nicho de Bruxelas... "Metralhadoras, pistolas, granadas confiscadas"... Estou sozinho. Toda a merda literária foi ficando para trás. Revistas de poesia, edições limitadas, toda essa piada triste foi ficando para trás... O sujeito abriu a porta no primeiro pontapé e pôs a pistola debaixo do seu queixo... Edifícios abandonados de Barcelona, quase como um convite para se suicidar em paz... O sol atrás da cortina de poeira no entardecer junto ao Nilo... O patrão paga com heroína e os camponeses cheiram nos sulcos, jogados sobre as mantas, sob palmeiras escritas... Uma garota belga que escrevia como uma estrela... "Agora teria 27, como eu"...

Los utensilios de limpieza

Alabaré estas carreteras y estos instantes. Paraguas de vagabundos abandonados en explanadas al fondo de las cuales se yerguen supermercados blancos. Es verano y los policías beben en la última mesa del bar. Junto al tocadiscos una muchacha escucha canciones de moda. Alguien camina a estas horas lejos de aquí, alejándose de aquí, dispuesto a no volver más. ¿Un muchacho desnudo sentado junto a su tienda en el interior del bosque? La muchacha entró en el baño torpemente y se puso a vomitar. Bien mirado, es poco el tiempo que nos dan para crear nuestra vida en la tierra, quiero decir: asegurar algo, casarse, esperar la muerte. Sus ojos en el espejo, como cartas desplegadas en una habitación en penumbras; el bulto que respira, hundido en la cama con ella. Los hombres hablan de rateros muertos, precios de chalets en la costa, pagas extras. Un día moriré de cáncer. Los utensilios de limpieza comienzan a levitar en su imaginación. Ella dice: podría seguir y seguir. El muchacho entró en la habitación y la cogió de los hombros. Ambos lloraron como personajes de películas diferentes proyectadas en la misma pantalla. Escena roja de cuerpos que abren el gas. La mano huesuda y hermosa hizo girar la llave. Escoge una sola de estas frases: "escapé de la tortura"… "un hotel desconocido"… "no más caminos"…

Os utensílios de limpeza

Louvarei estas estradas e estes instantes. Guarda-chuvas de vagabundos abandonados em pátios no fundo dos quais se erguem supermercados brancos. É verão e os policiais bebem na última mesa do bar. Junto ao toca--discos, uma moça escuta canções da moda. Alguém caminha a essa hora longe daqui, afastando-se daqui, disposto a não voltar mais. Um rapaz nu sentado junto a sua barraca no interior do bosque? A moça entrou no banheiro atropeladamente e começou a vomitar. Pensando bem, é pouco o tempo que nos dão para criar nossa vida na terra, quer dizer: ter alguma garantia, casar, esperar a morte. Seus olhos no espelho, como cartas espalhadas num quarto em penumbras; o vulto que respira, afundado na cama com ela. Os homens falam de ladrõezinhos mortos, preços de chalés no litoral, pagamentos extras. Um dia morrerei de câncer. Os utensílios de limpeza começam a levitar em sua imaginação. Ela diz: poderia continuar e continuar. O rapaz entrou no quarto e a segurou pelos ombros. Ambos choraram como personagens de filmes diferentes projetados na mesma tela. Cena vermelha de corpos que abrem o gás. A mão ossuda e bonita girou a chave. Escolha só uma destas frases: "escapei da tortura"... "um hotel desconhecido"... "não mais caminhos"...

Un mono

Enumerar es alabar, dijo la muchacha (18, poeta, pelo largo). En la hora de la ambulancia detenida en el callejón. El camillero aplastó la colilla con el zapato, luego avanzó como un oso. Me gustaría que apagaran las luces de las ventanas y que esos desgraciados se fueran a dormir. ¿Quién fue el primer ser humano que se asomó a una ventana? (Aplausos.) La gente está cansada, no me asombraría que un día de éstos nos recibieran a balazos. Supongo que un mono. No puedo hilar lo que digo. No puedo expresarme con coherencia ni escribir lo que pienso. Probablemente debería dejarlo todo y marcharme, ¿no lo hizo así Teresa de Ávila? (Aplausos y risas.) Un mono asomado en una ventana purulenta viendo declinar el día, como una estatua pulsátil. El camillero se acercó a donde estaba fumando el sargento; apenas se saludaron con un movimiento de hombros sin llegar a mirarse en ningún momento. A simple vista uno podía notar que no había muerto de un ataque cardiaco. Estaba bocabajo y en la espalda, sobre el suéter marrón, se apreciaban varios agujeros de bala. Le descargaron una ametralladora entera, dijo un enano que estaba en el lado izquierdo del sargento y que el enfermero no había tenido tiempo de ver. A lo lejos escucharon el murmullo de una manifestación. Será mejor que nos vayamos antes de que tapen la avenida, dijo el enano. El sargento parecía no escucharle, embebido en la contemplación de las ventanas con gente que miraba el espectáculo. Vámonos rápido. ¿Pero adónde? No hay comisarías. Enumerar es alabar y se rio la muchacha. La misma pasión, hasta el infinito. Coches detenidos entre baches y tarros de basura. Puertas que se abren y luego se cierran sin motivo aparente. Motores, faros, la ambulancia sale en marcha atrás. La hora se infla, revienta. Supongo que fue un mono en la copa de un bendito árbol.

Um macaco

Enumerar é elogiar, disse a moça (18, poeta, cabelo comprido). Na hora da ambulância parada no beco. O maqueiro esmagou a guimba com o sapato, depois avançou como um urso. Eu queria que apagassem as luzes das janelas e que esses desgraçados fossem dormir. Quem foi o primeiro ser humano que apareceu numa janela? (Aplausos.) As pessoas estão cansadas, eu não me espantaria se um dia desses nos recebessem a balas. Suponho que um macaco. Não consigo dizer coisa com coisa. Não consigo me expressar com coerência nem escrever o que penso. Provavelmente deveria deixar tudo isso de lado e ir embora, não foi isso que fez Teresa de Ávila? (Aplausos e risadas.) Um macaco numa janela purulenta vendo o dia declinar, como uma estátua pulsante. O maqueiro se aproximou de onde o sargento estava fumando; cumprimentaram-se apenas com um movimento de ombros, sem chegar a se olhar em nenhum momento. Já se notava, à primeira vista, que ele não tinha morrido de um ataque cardíaco. Estava de bruços e nas costas, sobre o suéter marrom, viam-se vários furos de bala. Descarregaram uma metralhadora inteira nele, disse um anão que estava do lado esquerdo do sargento e que o enfermeiro não tivera tempo de ver. Ouviram ao longe o murmúrio de uma manifestação. É melhor a gente ir antes que bloqueiem a avenida, disse o anão. O sargento parecia não ouvi-lo, embevecido na contemplação das janelas com gente que observava o espetáculo. Vamos rápido. Mas para onde? Não há delegacias. Enumerar é elogiar, e a moça riu. A mesma paixão, até o infinito. Carros parados entre buracos e latões de lixo. Portas que se abrem e depois se fecham sem motivo aparente. Motores, faróis, a ambulância dá marcha a ré. A hora se infla, estoura. Suponho que foi um macaco na copa de uma bendita árvore.

No había nada

No hay comisarías no hay hospitales no hay nada. Al menos no hay nada que puedas conseguir con dinero. "Nos movemos por impulsos instantáneos"… "Algo así destruirá el inconsciente y quedaremos en el aire"… "¿Recuerdas ese chiste del torero que salía a la arena y no había toro no había arena no había nada?"… Los policías bebieron brisas anárquicas. Alguien se puso a aplaudir.

Não havia nada

Não há delegacias não há hospitais não há nada. Pelo menos não há nada que você possa conseguir com dinheiro. "Nos movemos por impulsos instantâneos"… "É o tipo de coisa que vai destruir o inconsciente, e ficaremos no ar"… "Lembra daquela piada do toureiro que ia para a arena e não havia touro não havia arena não havia nada?"… Os policiais beberam brisas anárquicas. Alguém começou a aplaudir.

Entre los caballos

Soñé con una mujer sin boca, dice el tipo en la cama. No pude reprimir una sonrisa. Las imágenes son empujadas nuevamente por el émbolo. Mira, le dije, conozco una historia tan triste como ésa. Es un escritor que vive en las afueras de la ciudad. Se gana la vida trabajando en un picadero. Nunca ha pedido gran cosa de la vida, le basta con tener un cuarto y tiempo libre para leer. Pero un día conoce a una muchacha que vive en otra ciudad y se enamora. Deciden casarse. La muchacha vendrá a vivir con él. Se plantea el primer problema: conseguir una casa lo suficientemente grande para los dos. El segundo problema es de dónde sacar dinero para pagar esa casa. Después todo se encadena: un trabajo con ingresos fijos (en los picaderos se gana a comisión, más cuarto, comida y una pequeña paga al mes), legalizar sus papeles, seguro social, etc. Por lo pronto necesita dinero para ir a la ciudad de su prometida. Un amigo le proporciona la posibilidad de escribir artículos para una revista. Él piensa que con los cuatro primeros puede pagar el autobús de ida y vuelta y tal vez algunos días de alojamiento en una pensión barata. Escribe a su chica anunciando el viaje. Pero no puede redactar ningún artículo. Pasa las tardes sentado en una mesa de la terraza del picadero intentando escribir, pero no puede. No le sale nada, como vulgarmente se dice. El tipo reconoce que está acabado. Sólo escribe breves textos policiales. El viaje se aleja de su futuro, se pierde, nunca jamás, y él permanece apático, quieto, trabajando de una manera automática entre los caballos.

Entre os cavalos

Sonhei com uma mulher sem boca, diz o sujeito na cama. Não pude reprimir um sorriso. As imagens são empurradas novamente pelo êmbolo. Olhe, disse a ele, conheço uma história tão triste como essa. É um escritor que vive nos arredores da cidade. Ganha a vida trabalhando num picadeiro. Nunca pediu grande coisa da vida, basta-lhe ter um quarto e tempo livre para ler. Mas um dia conhece uma moça que mora em outra cidade e se apaixona. Decidem se casar. A moça virá morar com ele. Surge o primeiro problema: conseguir uma casa suficientemente grande para os dois. O segundo problema é de onde tirar dinheiro para pagar essa casa. Depois tudo se encadeia: um trabalho com ingressos fixos (nos picadeiros se ganha por comissão, mais quarto, comida e um pequeno salário mensal), legalizar seus papéis, seguro social etc. Por enquanto precisa de dinheiro para ir até a cidade de sua noiva. Um amigo lhe proporciona a possibilidade de escrever artigos para uma revista. Ele pensa que com os quatro primeiros pode pagar o ônibus de ida e volta e talvez alguns dias de hospedagem numa pensão barata. Escreve para sua garota anunciando a viagem. Mas não consegue redigir nenhum artigo. Passa as tardes sentado numa mesa do terraço do picadeiro tentando escrever, mas não consegue. Não lhe sai nada, como se diz vulgarmente. O sujeito reconhece que está acabado. Só escreve breves textos policiais. A viagem se afasta de seu futuro, se perde, nunca jamais, e ele permanece apático, quieto, trabalhando de maneira automática entre os cavalos.

Las instrucciones

Salí de la ciudad con instrucciones dentro de un sobre. No era mucho lo que tenía que recorrer, tal vez 17 o 20 kilómetros hacia el sur, por la carretera de la costa. Debía comenzar las pesquisas en los alrededores de un pueblo turístico que poco a poco había ido albergando en sus barrios suburbanos a trabajadores llegados de otras partes. Algunos tenían, en efecto, trabajos en la gran ciudad; otros no. Los lugares que debía visitar eran los de siempre: un par de hoteles, el camping, la estación de policía, la gasolinera y el restaurante. Más tarde tal vez fueran saliendo otros sitios. El sol batía con fuerza las ventanillas de mi coche, bastante poco común si se tiene en cuenta que era septiembre. Pero el aire era frío y la autopista estaba casi vacía. Dejé atrás el primer cordón de fábricas. Después un cuartel de artillería por cuyos portones abiertos pude ver a un grupo de reclutas fumando en actitudes poco marciales. En el km 10 la carretera entraba en una especie de bosque roto a tramos por chalets y edificios de apartamentos. Estacioné el coche detrás del camping. Anduve un rato, mientras terminaba el cigarrillo, sin saber qué haría. A unos doscientos metros, justo frente a mí, apareció el tren. Era un tren azul y de cuatro vagones a lo sumo. Iba casi vacío. Toqué varias veces el claxon pero nadie salió a abrirme la barrera. Dejé el coche en el bordillo del camino de entrada y pasé por debajo de la barrera. El camino de entrada era de gravilla, sombreado por altos pinos; a los lados había tiendas y roulottes camufladas por la vegetación. Recuerdo haber pensado en su similitud con la selva aunque yo nunca había estado en la selva. Al final del camino se movió algo, después apareció un cubo de basura sobre una carretilla y un viejo empujándola. Le hice una seña con la mano. Al principio aparentó no verme, después bajó hacia donde yo estaba sin soltar la carretilla y con ademanes de resignación. Soy policía, dije. Nunca había visto a la persona que buscábamos. ¿Está seguro?, pregunté mientras le alargaba un cigarrillo. Dijo que estaba completamente seguro. Más o menos ésa fue la respuesta que me dieron todos. El anochecer me encontró dentro del coche aparcado en el paseo marítimo. Saqué del sobre las instrucciones. No tenía luces, así que tuve

As instruções

Saí da cidade com instruções dentro de um envelope. Não era muito o que tinha de percorrer, talvez 17 ou 20 quilômetros em direção ao sul, pela estrada da costa. Devia começar as pesquisas nos arredores de uma cidade turística que pouco a pouco fora abrigando em seus bairros suburbanos trabalhadores vindos de outros lugares. Alguns tinham, efetivamente, trabalhos na cidade grande; outros não. Os lugares que devia visitar eram os de sempre: um par de hotéis, o camping, o posto policial, o posto de gasolina e o restaurante. Mais tarde talvez surgissem outros lugares. O sol batia com força nas janelas do meu carro, fato bastante incomum se considerarmos que era setembro. Mas o ar era frio e a estrada estava quase vazia. Deixei para trás o primeiro cordão de fábricas. Depois um quartel de artilharia com os portões abertos, por onde pude ver um grupo de recrutas fumando em atitudes pouco marciais. No Km 10, a estrada entrava numa espécie de bosque cortado em alguns trechos por chalés e prédios de apartamentos. Estacionei o carro atrás do camping. Andei um pouco, enquanto terminava o cigarro, sem saber o que ia fazer. A uns duzentos metros, bem à minha frente, apareceu o trem. Era um trem azul e de quatro vagões, no máximo. Estava quase vazio. Toquei várias vezes a buzina mas ninguém apareceu para abrir a barreira para mim. Deixei o carro na beira do caminho de entrada e passei por baixo da barreira. O caminho de entrada era de cascalho, sombreado por altos pinheiros; dos lados havia barracas e trailers camuflados pela vegetação. Lembro de ter pensado em sua similitude com a selva, embora nunca tenha estado na selva. No final do caminho alguma coisa se moveu, depois apareceu um balde de lixo sobre um carrinho de mão empurrado por um velho. Fiz-lhe um sinal com a mão. De início, aparentou não me ver, depois desceu até onde eu estava sem soltar o carrinho de mão e com gestos de resignação. "Sou policial", falei. Ele nunca tinha visto a pessoa que estávamos procurando. Tem certeza?, perguntei, enquanto lhe estendia um cigarro. Disse que tinha certeza absoluta. Foi mais ou menos essa a resposta que todos me deram. O anoitecer me pegou dentro do carro

que utilizar el encendedor para poder leerlas. Eran un par de hojas escritas a máquina con algunas correcciones hechas a mano. En ninguna parte se decía lo que yo debía hacer allí. Junto a las hojas encontré algunas fotos en blanco y negro. Las estudié con cuidado: era el mismo tramo de paseo marítimo, tal vez con un poco más de luz. "Nuestras historias son muy tristes, sargento, no intente comprenderlas"... "Nunca hemos hecho mal a nadie"... "No intente comprenderlas"... "El mar"... Arrugué las hojas y las arrojé por la ventanilla. Por el espejo retrovisor creí ver cómo el viento las arrastraba hasta desaparecer. Encendí la radio, un programa musical de la ciudad; la apagué. Me puse a fumar. Cerré la ventanilla sin dejar de mirar, delante de mí, la calle solitaria y los chalets cerrados. Me pasó por la cabeza la idea de vivir en uno de ellos durante la temporada de invierno. Seguramente serían más baratos, me dije sin poder evitar los temblores.

estacionado no Paseo Marítimo. Tirei as instruções do envelope. Não havia luzes, então tive de usar o isqueiro para conseguir ler. Era um par de folhas datilografadas com algumas correções feitas à mão. Em nenhum lugar se dizia o que eu devia fazer ali. Junto das folhas encontrei algumas fotos em branco e preto. Estudei-as com cuidado: era o mesmo trecho do Paseo Marítimo, talvez com um pouco mais de luz. "Nossas histórias são muito tristes, sargento, não tente compreendê-las"... "Nunca fizemos mal a ninguém"... "Não tente compreendê-las"... "O mar"... Amassei as folhas e joguei-as pela janela. Pelo espelho retrovisor, pensei ver como o vento as arrastava até desaparecerem. Liguei o rádio, um programa musical da cidade; desliguei-o. Comecei a fumar. Fechei a janela sem parar de olhar, diante de mim, a rua solitária e os chalés fechados. Passou-me pela cabeça a ideia de viver num deles durante a temporada de inverno. Certamente seriam mais baratos, disse para mim mesmo, sem conseguir evitar os tremores.

La barra

Las imágenes emprenden camino, como la voz, nunca llegarán a ninguna parte, simplemente se pierden. Es inútil, dice la voz, y el jorobadito se pregunta ¿inútil para quién? Los puentes romanos son ahora el azar, el autor piensa mientras las imágenes aún fulguran, no demasiado lejanas, como pueblos que el automóvil va dejando atrás. (Pero en este caso el tipo no se mueve.) "He hecho un recuento de cabezas huecas y cabezas cortadas"... "Sin duda hay más cabezas cortadas"... "Aunque en la eternidad se confunden"... Le dije a la judía que era muy triste estar horas en un bar escuchando historias sórdidas. No había nadie que tratara de cambiar de tema. La mierda goteaba de las frases a la altura de los pechos, de tal manera que no pude seguir sentado y me acerqué a la barra. Historias de policías a la caza del emigrante. Bueno, nada espectacular, por supuesto, gente nerviosa por el desempleo, etc. Éstas son las historias tristes que puedo contarte.

O balcão

As imagens saem pela estrada, como a voz, nunca chegarão a nenhum lugar, simplesmente se perdem. É inútil, diz a voz, e o corcundinha se pergunta, inútil para quem? As pontes romanas agora são o acaso, o autor pensa enquanto as imagens ainda fulguram, não muito distantes, como cidades que o carro vai deixando para trás. (Mas nesse caso o sujeito não se move.) "Fiz uma contagem de cabeças ocas e cabeças cortadas"... "Sem dúvida há mais cabeças cortadas"... "Ainda que na eternidade se confundam"... Falei para a judia que era muito triste ficar horas num bar escutando histórias sórdidas. Não havia ninguém que tentasse mudar de assunto. A merda gotejava das frases na altura dos peitos, de modo que não pude continuar sentado e me aproximei do balcão. Histórias de policiais à caça do emigrante. Bem, nada espetacular, claro, gente nervosa devido ao desemprego etc. São estas as histórias tristes que posso lhe contar.

El policía se alejó

Recuerdo que andaba de un lado para otro sin detenerse demasiado tiempo en ningún lugar. A veces tenía el pelo rojo, los ojos eran verdes casi siempre. El sargento se le acercó y con gesto triste le pidió los papeles. Miró hacia las montañas, allí estaba lloviendo. Hablaba poco, la mayor parte del tiempo se limitaba a escuchar las conversaciones de los jinetes del picadero vecino, de los albañiles o de los camareros del restaurante de la carretera. El sargento procuró no mirarla a los ojos, creo que dijo que era una pena que estuviera lloviendo en las vegas, después sacó cigarrillos y le ofreció uno. En realidad buscaba a otra persona y pensó que ella podía darle información. La muchacha contemplaba el atardecer apoyada en la cerca del picadero. El sargento caminó por un sendero en la hierba, tenía las espaldas anchas y una chaqueta azul marino. Lentamente empezó a llover. Ella cerró los ojos en el momento en que alguien le contaba que había soñado un pasillo lleno de mujeres sin boca; luego caminó en dirección contraria al bosque. Un empleado viejo y gastado apagó las luces del picadero. Con la manga limpió los cristales de la ventana. El policía se alejó sin decir adiós. A oscuras, se sacó los pantalones en el dormitorio. Buscó su rincón mientras los vellos se le erizaban y permaneció unos instantes sin moverse. La muchacha había presenciado una violación y el sargento pensó que podía servirle de testigo. Pero en realidad él iba detrás de otra cosa. Puso sus cartas sobre la mesa. Fundido en negro. De un salto estuvo de pie sobre la cama. A través de los vidrios sucios de la ventana podían verse las estrellas. Recuerdo que era una noche fría y clara, desde el lugar donde estaba el policía se dominaba casi todo el picadero, los establos, el bar que casi nunca abría, las habitaciones. Ella se asomó a la ventana y sonrió. Escuchó pisadas que subían las escaleras. El sargento dijo que si no quería hablar no lo hiciera. "Mis nexos con el Cuerpo son casi nulos, al menos desde el punto de vista de ellos"… "Busco a un tipo que hace un par de temporadas vivió aquí, tengo motivos para pensar que usted lo conoció"… "Imposible olvidar a nadie con esas características físicas"… "No quiero hacerle daño"… "Bordeando la

O policial se afastou

Lembro que andava de um lado para outro sem se deter muito tempo em nenhum lugar. Às vezes tinha o cabelo vermelho, os olhos eram quase sempre verdes. O sargento se aproximou e lhe pediu documentos. Olhou para as montanhas, lá estava chovendo. Falava pouco, a maior parte do tempo se limitava a ouvir as conversas dos cavaleiros do picadeiro vizinho, dos pedreiros ou dos garçons do restaurante da estrada. O sargento procurou não olhá-la nos olhos, acho que disse que era uma pena que estivesse chovendo nas várzeas, depois pegou o cigarro e lhe ofereceu um. Na verdade, ele procurava outra pessoa e pensou que ela podia lhe dar a informação. A moça contemplava o entardecer apoiada na cerca do picadeiro. O sargento caminhou por uma trilha na grama, tinha as costas largas e uma jaqueta azul-marinho. Lentamente, começou a chover. Ela fechou os olhos no momento em que alguém lhe contava que havia sonhado com um corredor cheio de mulheres sem boca; depois caminhou na direção contrária ao bosque. Um empregado velho e cansado apagou as luzes do picadeiro. Limpou os vidros da janela com a manga. O policial se afastou sem se despedir. Às escuras, tirou as calças no quarto. Procurou seu canto enquanto seus pelos se arrepiavam e permaneceu uns instantes sem se mover. A moça tinha presenciado uma violação e o sargento pensou que poderia lhe servir de testemunha. Mas na verdade ele estava atrás de outra coisa. Pôs suas cartas na mesa. Fade out. De um salto, ficou em pé na cama. Através dos vidros sujos da janela dava pra ver as estrelas. Lembro que era uma noite fria e clara, do lugar onde estava o policial dominava quase todo o picadeiro, os estábulos, o bar que quase nunca abria, os quartos. Ela apareceu na janela e sorriu. Ouviu passos subindo a escada. O sargento disse que, se não quisesse falar, que não falasse. "Meus nexos com o Corpo são quase nulos, pelo menos do ponto de vista deles"... "Procuro um sujeito que morou aqui há um par de temporadas, tenho motivos para pensar que você o conheceu"... "Impossível esquecer alguém com essas características físicas"... "Não quero lhe fazer mal"... "Bordejando a costa,

costa encontraron bosques dorados y cabañas abandonadas hasta el verano siguiente"... "El paraíso"... "Muchacha pelirroja mirando el atardecer desde el establo en llamas"...

encontraram bosques dourados e cabanas abandonadas até o verão seguinte"... "O paraíso"... "Moça ruiva olhando o entardecer, lá do estábulo em chamas"...

La sábana

El inglés dijo que no valía la pena. Largo rato estuvo pensando a qué se referiría. Delante de él la sombra de un hombre se deslizó por el bosque. Masajeó sus rodillas pero no hizo ademán de levantarse. El hombre surgió de atrás de un matorral. En el antebrazo, como un camarero aproximándose al primer cliente de la tarde, llevaba una sábana blanca. Sus movimientos tenían algo de desmañados y sin embargo se traslucía una serena autoridad en su manera de caminar. El jorobadito supuso que el hombre ya lo había visto. Con un cordelito amarillo ató una punta de la sábana a un pino, luego ató la punta contraria a la rama de otro árbol. Realizó la misma operación con los extremos inferiores hasta que el jorobadito sólo pudo verle las piernas pues el resto del cuerpo quedaba oculto por la pantalla. Lo escuchó toser. Las piernas parsimoniosamente se pusieron en movimiento hasta traer al hombre otra vez de este lado. Contempló los nudos que mantenían fija la sábana a los pinos. "No está mal", dijo el jorobadito, pero el hombre no le hizo caso. Puso la mano izquierda en el ángulo superior izquierdo y la fue deslizando, la palma contra la tela, hasta el centro. Llegado allí retiró la mano y dio algunos golpecitos con el dedo índice como para comprobar la tensión de la sábana. Se volvió de cara al jorobadito y suspiró satisfecho. Después chasqueó la lengua. El pelo le caía sobre la frente mojada en transpiración. Tenía la nariz roja y larga. "En efecto, no está mal", dijo. "Voy a pasar una película." Sonrió como si se disculpara. Antes de marcharse miró el techo del bosque, cada vez más oscuro.

O lençol

O inglês disse que não valia a pena. Ficou um bom tempo pensando a que ele se referia. Diante dele, a sombra de um homem deslizou pelo bosque. Massageou os joelhos mas não fez menção de se levantar. O homem apareceu detrás de uma touceira. No antebraço, como um garçom que se aproxima do primeiro freguês da tarde, levava um lençol branco. Seus movimentos pareciam um pouco desajeitados, e mesmo assim se vislumbrava uma serena autoridade em seu modo de caminhar. O corcundinha supôs que o homem já o tivesse visto. Com uma cordinha amarela, amarrou uma ponta do lençol a um pinheiro, depois amarrou a ponta contrária ao galho de outra árvore. Realizou a mesma operação com os extremos inferiores até que o corcundinha só pôde ver suas pernas, pois o resto do corpo estava oculto pela tela. Ouviu-o tossir. As pernas parcimoniosamente se puseram em movimento até trazer o homem outra vez para este lado. Contemplou os nós que mantinham o lençol fixo nos pinheiros. "Não ficou ruim", disse o corcundinha, mas o homem não lhe deu atenção. Pôs a mão esquerda no ângulo superior esquerdo e a deslizou, a palma contra o tecido, até o centro. Ao chegar ali, retirou a mão e deu algumas batidinhas com o indicador como se quisesse conferir a tensão do lençol. Virou o rosto para o corcundinha e suspirou satisfeito. Depois estalou a língua. O cabelo caía sobre sua testa molhada de suor. Tinha um nariz vermelho e comprido. "De fato, não ficou ruim", disse. "Vou passar um filme." Sorriu como se se desculpasse. Antes de ir embora olhou o teto do bosque, cada vez mais escuro.

Mi único y verdadero amor

En la pared alguien ha escrito "mi único y verdadero amor". Se puso el cigarrillo entre los labios y esperó a que el tipo se lo encendiera. Era blanca y pecosa y tenía el pelo color caoba. Alguien abrió la puerta posterior del coche y ella entró silenciosamente. Se deslizaron por calles vacías de la zona residencial. La mayoría de las casas estaban deshabitadas en esa época del año. El tipo aparcó en una calle estrecha, de casas de una sola planta, con jardines idénticos. Mientras ella se metía en el cuarto de baño preparó café. La cocina era de baldosas marrones y parecía un gimnasio. Abrió las cortinas, en ninguna de las casas de enfrente había luz. Se quitó el vestido de satén y el tipo le encendió otro cigarrillo. Antes de que se bajara las bragas el tipo la puso a cuatro patas sobre la mullida alfombra blanca. Lo sintió buscar algo en el armario. El armario estaba empotrado en la pared y era de color rojo. Lo observó al revés, por debajo de las piernas. Él le sonrió. Ahora alguien camina por una calle donde sólo hay coches estacionados al lado de sus respectivas guaridas. En la avenida parpadea el letrero luminoso del mejor restaurante del barrio, cerrado hace mucho tiempo. Las pisadas se pierden calle abajo, a lo lejos se ven las luces de algunos automóviles. Ella dijo no. Escucha. Alguien está afuera. El tipo encendió un cigarrillo junto a la ventana, después regresó desnudo a la cama. Era pecosa y a veces fingía dormir. La miró dulcemente desde el marco de la puerta. Alguien crea silencios para nosotros. Pegó su rostro al de ella hasta hacerle daño y se lo metió de un solo envión. Tal vez gritó un poco. Cielo raso pardo. Lámpara de cubierta marrón claro. Un poco sucia. Se quedaron dormidos sin llegar a despegarse. Alguien camina calle abajo. Vemos su espalda, sus pantalones sucios y sus botas con los tacones gastados. Entra en un bar y se acomoda en la barra como si sintiera escozor en todo el cuerpo. Sus movimientos producen una sensación vaga e inquietante en el resto de los parroquianos. ¿Esto es Barcelona?, preguntó. De noche los jardines parecen iguales, de día la impresión es diferente, como si los deseos fueran canalizados a través de las flores y enredaderas. "Cuidan sus coches y sus jardines"... "Alguien ha creado un silencio especial para

Meu único e verdadeiro amor

Na parede, alguém havia escrito "meu único e verdadeiro amor". Pôs o cigarro entre os lábios e esperou que o sujeito o acendesse. Era branca e sardenta e tinha o cabelo acaju. Alguém abriu a porta traseira do carro e ela entrou silenciosamente. Deslizaram pelas ruas vazias do bairro residencial. A maioria das casas estava desabitada nessa época do ano. O sujeito estacionou numa rua estreita, de casas térreas, com jardins idênticos. Enquanto ela se metia no banheiro, fez um café. A cozinha era de lajotas marrons e parecia um ginásio. Abriu as cortinas, não havia luz em nenhuma casa da frente. Tirou o vestido de cetim e o sujeito lhe acendeu outro cigarro. Antes que tirasse a calcinha, o sujeito a pôs de quatro sobre o tapete branco felpudo. Percebeu que ele procurava alguma coisa no armário. O armário estava embutido na parede e era vermelho. Observou-o de ponta-cabeça, por debaixo das pernas. Ele sorriu para ela. Agora alguém caminha por uma rua onde só há carros estacionados ao lado de suas respectivas guaridas. Pisca na avenida o letreiro luminoso do melhor restaurante do bairro, fechado há muito tempo. As pegadas se perdem rua abaixo, ao longe se veem as luzes de alguns carros. Ela disse não. Escuta. Tem alguém lá fora. O sujeito acendeu um cigarro junto à janela, depois voltou nu para a cama. Era sardenta e às vezes fingia dormir. Olhou-a docemente da moldura da porta. Alguém cria silêncios para nós. Encostou seu rosto no dela até machucá-la e penetrou-a de um só impulso. Talvez tenha gritado um pouco. Teto pardo. Abajur com a cúpula marrom-clara. Um pouco suja. Adormeceram sem chegar a se separar. Alguém caminha rua abaixo. Vemos suas costas, suas calças sujas e suas botas de saltos gastos. Entra num bar e se acomoda no balcão como se sentisse coceira no corpo todo. Seus movimentos produzem uma sensação vaga e inquietante no resto dos fregueses. Isto é Barcelona?, perguntou. De noite os jardins parecem iguais, de dia a impressão é diferente, como se os desejos fossem canalizados através das flores e das trepadeiras. "Cuidam de seus carros e de seus jardins"... "Alguém criou um silêncio especial para nós"...

nosotros"… "Primero se movía de dentro hacia afuera y luego con un movimiento circular"… "Quedaron completamente arañadas sus nalgas"… "La luna se ha ocultado detrás del único edificio grande del sector"… "¿Es esto Barcelona?"…

Primeiro se movia de dentro para fora e depois com um movimento circular"...
"Suas nádegas ficaram completamente arranhadas"... "A lua se escondera
atrás do único grande edifício do bairro"... "Barcelona é isto?"...

Intervalo de silencio

Observe estas fotos, dijo el sargento. El hombre que estaba sentado en el escritorio las fue descartando con ademán indiferente. ¿Cree usted que podemos sacar algo de aquí? El sargento parpadeó con un vigor similar al de Shakespeare. Fueron tomadas hace mucho tiempo, empezó a decir, probablemente con una vieja Zenit soviética. ¿No ve nada raro en ellas? El teniente cerró los ojos, luego encendió un cigarrillo. No sé a qué se refiere. Mire, dijo la voz… "Un descampado al atardecer"… "Larga playa borrosa"… "A veces tengo la impresión de que nunca antes había usado una cámara"… "Paredes descascaradas, terraza sucia, camino de gravilla, un letrero con la palabra oficina"… "Una caja de cemento a la orilla del camino"… "Ventanales desdibujados de restaurante"… No sé adónde diablos quiere llegar. El sargento vio por la ventana el paso del tren; llevaba gente hasta el techo. No aparece ninguna persona, dijo. La puerta se cierra. Un poli avanza por un largo pasillo tenuemente iluminado. Se cruza con otro que lleva un expediente en la mano. Apenas se saludan. El poli abre la puerta de una habitación oscura. Permanece inmóvil dentro de la habitación, la espalda apoyada contra la puerta de zinc. Observe estas fotos, teniente. Ya no importa. ¡Mire! Ya nada importa, regrese a su oficina. "Nos han metido en un intervalo de silencio." Lo único que quiero es regresar al lugar donde fueron tomadas. Estas cajas de cemento son para la electricidad, allí se colocan los automáticos o algo parecido. Puedo localizar la tienda donde fueron reveladas. "Esto no es Barcelona", dice la voz. Por la ventana empañada vio pasar el tren repleto de gente. La luz recorta los contornos del bosque sólo para que unos ojos entornados disfruten del espectáculo. "Tuve una pesadilla, desperté al caer de la cama, luego estuve casi diez minutos riéndome." Por lo menos hay dos colegas que reconocerían al jorobadito pero justo ahora están lejos de la ciudad, en misiones especiales, mala suerte. Ya no importa. En una foto pequeña, en blanco y negro como todas, puede verse la playa y un pedacito del mar. Bastante borrosa. Sobre la arena hay algo escrito. Puede que sea un nombre, puede que no, tal vez sólo sean las pisadas del fotógrafo.

Intervalo de silêncio

Observe estas fotos, disse o sargento. O homem que estava sentado à escrivaninha as descartou com um gesto indiferente. Você acha que podemos tirar alguma coisa daqui? O sargento piscou com um vigor similar ao de Shakespeare. Foram tiradas há muito tempo, começou a dizer, provavelmente com uma velha Zenit soviética. Não está vendo nada estranho nelas? O tenente fechou os olhos, depois acendeu um cigarro. Não sei a que você se refere. Olhe, disse a voz... "Um descampado ao entardecer"... "Longa praia desfocada"... Às vezes tenho a impressão de que nunca tinha usado uma câmera antes"... "Paredes descascadas, terraço sujo, caminho de cascalho, um letreiro com a palavra escritório"... "Uma caixa de cimento à beira do caminho"... "Vitrôs embaçados de restaurante"... Não sei onde diabos você quer chegar. O sargento viu pela janela o trem passar, com gente até o teto. Não aparece nenhuma pessoa, disse. A porta se fecha. Um tira avança pelo longo corredor tenuemente iluminado. Cruza com outro, que leva um relatório na mão. Mal se cumprimentam. O tira abre a porta de um quarto escuro. Permanece imóvel dentro do quarto, as costas apoiadas na porta de zinco. Observe estas fotos, tenente. Não importa mais. Olhe! Nada mais importa, volte para seu escritório. "Nos meterem num intervalo de silêncio." A única coisa que eu quero é voltar ao local onde foram tiradas. Estas caixas de cimento são para a eletricidade, ali são postos os disjuntores, algo assim. Posso localizar a loja onde foram reveladas. "Isto não é Barcelona", diz a voz. Pela janela embaçada viu o trem passando, cheio de gente. A luz recorta os contornos do bosque só para que uns olhos entrecerrados curtam o espetáculo. "Tive um pesadelo, acordei quando caí da cama, depois fiquei rindo durante quase dez minutos." Há pelo menos dois colegas que reconheceriam o corcundinha, mas justamente agora eles estão longe da cidade, em missões especiais, por azar. Não importa mais. Numa foto pequena, em branco e preto, como todas, pode-se ver a praia e um pedacinho do mar. Bastante fora de foco. Sobre a areia há algo escrito. Pode ser que seja um nome, pode ser que não, talvez sejam só as pegadas do fotógrafo.

Hablan pero sus palabras no son registradas

Es absurdo ver princesas encantadas en todas las muchachas que pasan. El adolescente flaco silbó con admiración. Estábamos en la orilla de la represa y el cielo era muy azul. A lo lejos se veían algunos pescadores y el humo de una chimenea ascendía sobre el bosque. Madera verde, para quemar brujas, dijo el viejo casi sin mover los labios. En fin, hay un montón de chicas bonitas acostadas en este momento con tecnócratas y ejecutivos. A cinco metros de donde me hallaba saltó una trucha. Apagué el cigarrillo y cerré los ojos. Primer plano de muchacha mexicana leyendo. Es rubia, tiene la nariz larga y los labios delgados. Levanta la vista, mira hacia la cámara, sonríe calles húmedas después de lluvias de agosto, septiembre, en un DF que ya no existe. Camina por una calle de barrio vestida con abrigo blanco y botas. Con el dedo índice aprieta el botón del ascensor. El ascensor baja, ella abre la puerta, aprieta el número del piso y se mira en el espejo. Sólo un instante. Un hombre de treinta años, sentado en un sillón rojo, la mira entrar. El sujeto es moreno y le sonríe. Hablan pero sus palabras no son registradas en la banda sonora. De todas maneras debe ser algo así como qué tal te ha ido, estoy cansada, en la cocina hay una torta de aguacate, gracias, y una cerveza en el refrigerador. Afuera llueve. La habitación es cálida, con muebles mexicanos y alfombras mexicanas. Ambos están estirados en la cama. Leves relámpagos blancos. Abrazados y quietos, parecen niños agotados. (En realidad no tienen motivos para estarlo.) La cámara los toma en gran picado. Dame toda la información del mundo. Franja azul. ¿Como un jorobadito azul? Él es un cerdo pero sabe mantener la ternura. Es un cerdo, pero es dulce su mano rodeándole el talle. El rostro de ella se hunde entre la almohada y el cuello de su amante. La cámara los toma en primer plano: rostros impasibles que de alguna manera, y sin desearlo, te apartan. El autor mira largo rato las mascarillas de yeso, después se cubre la cara. Fundido en negro. Es absurdo pensar que todas las muchachas hermosas salen de allí. Se suceden imágenes vacías: la represa y el bosque, la cabaña que tenía encendida la chimenea, el amante con bata roja, la muchacha que se vuelve y te sonríe. (No hay nada

Falam, mas suas palavras não são registradas

É absurdo ver princesas encantadas em todas as garotas que passam. O adolescente magro assobiou com admiração. Estávamos à beira da represa e o céu era muito azul. Ao longe se viam alguns pescadores, e a fumaça de uma chaminé subia sobre o bosque. Madeira verde, para queimar bruxas, disse o velho, quase sem mover os lábios. Enfim, há um monte de meninas bonitas deitadas neste momento com tecnocratas e executivos. A cinco metros de onde eu me encontrava, uma truta saltou. Apaguei o cigarro e fechei os olhos. Primeiro plano de garota mexicana lendo. É loira, tem o nariz longo e os lábios finos. Levanta a vista, olha para a câmera, sorri ruas úmidas depois de chuvas de agosto, setembro, numa Cidade do México que não existe mais. Caminha por uma rua de bairro vestida com um casaco branco e de botas. Aperta o botão do elevador com o indicador. O elevador desce, ela abre a porta, aperta o número do andar e se olha no espelho. Só um instante. Um homem de trinta anos, sentado numa poltrona vermelha, olha-a entrar. O sujeito é moreno e sorri para ela. Falam, mas suas palavras não são registradas na banda sonora. De qualquer modo, deve ser algo tipo como vai, estou cansada, na cozinha tem um sanduíche de abacate, obrigada, e uma cerveja na geladeira. Lá fora chove. O quarto é cálido, com móveis mexicanos e tapetes mexicanos. Ambos estão estirados na cama. Leves relâmpagos brancos. Abraçados e quietos, parecem crianças exaustas. (Na verdade, não têm motivo para isso.) A câmera os filma de cima para baixo. Me dê toda a informação do mundo. Franja azul. Como um corcundinha azul? Ele é um porco, mas sabe manter a ternura. É um porco, mas é doce sua mão rodeando-lhe a cintura. O rosto dela afunda entre o travesseiro e o pescoço de seu amante. A câmera os filma em primeiro plano: rostos impassíveis que, de alguma forma, e sem querer, afastam você. O autor olha por um bom tempo as máscaras de gesso, depois cobre o rosto. Fade out. É absurdo pensar que todas as garotas bonitas saem dali. Sucedem-se imagens vazias: a represa e o bosque, a cabana que tinha a chaminé acesa, o amante com roupão vermelho, a moça que se vira e

diabólico en todo esto.) El viento mueve los árboles de los barrios residenciales. ¿Un jorobadito azul en el otro lado del espejo? No sé. Se aleja una muchacha arrastrando su moto por el fondo de la avenida. De seguir en esa misma dirección llegará al mar. Pronto llegará al mar.

sorri para você. (Não há nada de diabólico nisso tudo.) O vento move as árvores dos bairros residenciais. Um corcundinha azul do outro lado do espelho? Não sei. Uma moça se afasta arrastando sua moto pelo fundo da avenida. Se continuar nessa direção, chegará ao mar. Logo chegará ao mar.

Literatura para enamorados

Me quedé en silencio un momento y luego pregunté si él creía realmente que Roberto Bolaño ayudó al jorobadito sólo porque hacía años había estado enamorado de una mexicana y el jorobadito también era mexicano. Sí, dijo el guitarrista, parece mala literatura para enamorados, pero no encuentro otra explicación, quiero decir que en esa época Bolaño tampoco andaba muy sobrado de solidaridad o de desesperación, dos buenas razones para ayudar al mexicano. En cambio, de nostalgia…

Literatura para apaixonados

Fiquei em silêncio por um momento e depois perguntei se ele realmente acreditava que Roberto Bolaño ajudou o corcundinha só porque anos antes se apaixonara por uma mexicana e o corcundinha também era mexicano. Sim, disse o violonista, parece má literatura para apaixonados, mas não vejo outra explicação, quer dizer, naquela época Bolaño tampouco estava transbordando de solidariedade ou desespero, duas boas razões para ajudar o mexicano. Já de saudade...

Sinopsis. El viento

Sinopsis. El jorobadito en el terreno colindante al camping y las pistas de tenis. Agoniza en Barcelona un sudamericano, Distrito V, en un dormitorio que apesta. Hace mucho se fue la judía. Redes policiales. Tiras que follan con muchachas sin nombre. El escritor inglés habla con el jorobadito en el bosque. Agonía y un sudamericano canalla viajando. Cinco o seis camareros regresan al hotel por una playa solitaria. Comienzos del otoño. El viento levanta arena y los cubre.

Sinopse. O vento

Sinopse. O corcundinha no terreno adjacente ao camping e às quadras de tênis. Em Barcelona um sul-americano agoniza, Distrito v, num quarto fedorento. Já faz muito tempo que a judia foi embora. Redes policiais. Tiras que transam com moças sem nome. O escritor inglês fala com o corcundinha no bosque. Agonia e um sul-americano canalha viajando. Cinco ou seis garçons voltam ao hotel por uma praia solitária. Início do outono. O vento levanta areia e os cobre.

Cuando niño

Escenas libres kaputt, tipos de pelo largo otra vez por la playa pero tal vez sólo esté soñando árboles humedad libros de bolsillo toboganes al final de los cuales te espera una niña o un amigo o un automóvil negro. Dije espera un movimiento de cuerpos pelos brazos tatuados elegir entre la cárcel o la cirugía plástica dije no me esperes a mí. El jorobadito recortó algo que podríamos decir era un póster en miniatura y nos sonrió desde la rama de un pino. Estaba encaramado sobre un pino, no sé cuánto tiempo llevaba allí arriba... "No puedo registrar las frecuencias velocísimas de la realidad"... "El giro de una muchacha que sin embargo no se mueve, clavada sobre una cama que está clavada sobre el parquet que está clavado, etc."... "Cuando niño solía soñar algo así ——∿∿∿ "... "La línea recta es el mar en calma, la curva es el mar con oleaje y la quebrada es la tempestad"... "Bueno, supongo que ya poca estética queda en mí"... "◁"... "Un barquito"... "◁"... "◁"...

Quando eu era menino

Cenas livres kaputt, uns caras de cabelos compridos outra vez pela praia, mas talvez só esteja sonhando árvores umidade livros de bolso tobogãs no final dos quais uma menina ou um amigo ou um carro preto esperam por você. Falei espere um movimento de corpos cabelos braços tatuados escolher entre a cadeia ou a cirurgia plástica falei não espere por mim. O corcundinha recortou uma coisa que era, digamos, um pôster em miniatura e sorriu para nós do galho de um pinheiro. Estava empoleirado sobre um pinheiro, não sei há quanto tempo ele estava lá em cima… "Não consigo registrar as frequências velocíssimas da realidade"… "O giro de uma moça que no entanto não se move, pregada sobre uma cama que está pregada sobre o parquê que está pregado etc."… "Quando eu era menino, costumava sonhar algo assim ⎯⎯⎯∿∿∿⋀⋀⋀∿"… "A linha reta é o mar calmo, a curva é o mar com ondas e a quebrada é a tempestade"… Bem, imagino que já reste pouca *estética* em mim"… "⌂" "Um barquinho"… "⌂"… "⌂"…

El mar

Fotos de la playa de Castelldefels... Fotos del camping... El mar contaminado... Mediterráneo, septiembre en Cataluña... Solo... El ojo de la Zenit...

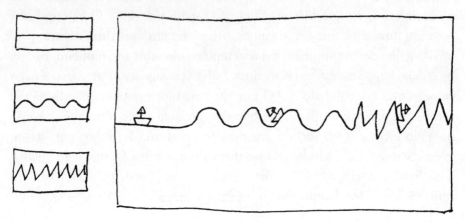

La línea recta me producía calma. La línea curva me inquietaba, presentía el peligro pero me gustaba la suavidad: subir y bajar. La última línea era la crispación. Me dolía el pene, el vientre, etc.

O mar

Fotos da praia de Castelldefels... Fotos do camping... O mar poluído... Mediterrâneo, setembro na Catalunha... Sozinho... O olho da Zenit...

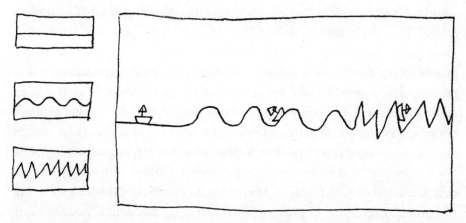

A linha reta me acalmava. A linha curva me inquietava, eu pressentia o perigo mas gostava da suavidade: subir e descer. A última linha era a crispação. Me doíam o pênis, o ventre etc.

Perfección

Hamlet y la Vita nuova, *en ambas obras hay una respiración juvenil. "La inocencia", dijo el inglés, "léase inmadurez". En la pantalla sólo hay risas, risas silenciosas que sorprenden al espectador como si estuviera escuchando su propia agonía. Cualquiera es capaz de morir enuncia algo distinto a "Cualquiera muere". Una respiración inmadura en donde aún es dable encontrar asombro, juego, perversión, pureza. "Las palabras están vacías"… "Si quitara de allí esa pistola tal vez podríamos negociar"… El autor escribe estas amenazas en una piscina vacía, a principios del mes de septiembre, con un promedio de tres horas diarias de sueño. La inocencia, casi como la imagen de Lola Muriel que deseo destruir. (Pero no puedo destruir lo que no poseo.) Un impulso, a costa de los nervios que quedan destrozados en habitaciones baratas, propulsa a la poesía hacia algo que los detectives llaman perfección. Callejón sin salida. Sótano cuya única virtud es su limpieza. Pero quién ha estado aquí sino la* Vita nuova *y* Hamlet. *"Escribo en la piscina del camping, en septiembre, cada vez hay menos personas y más moscas; a mediados de mes no quedará gente y los servicios de limpieza desaparecerán, las moscas serán las dueñas de esto hasta noviembre o algo así."*

Perfeição

Hamlet e a *Vita nuova*, em ambas as obras há uma respiração juvenil. "A inocência", disse o inglês, "leia-se imaturidade." Na tela só há risos, risos silenciosos que surpreendem o espectador como se estivesse escutando sua própria agonia. Qualquer um é capaz de morrer enuncia uma coisa diferente de "Qualquer um morre". Uma respiração imatura onde ainda é possível encontrar assombro, jogo, perversão, pureza. "As palavras estão vazias"... "Se você tirasse essa pistola daí, talvez pudéssemos negociar"... O autor descreve essas ameaças numa piscina vazia, no início do mês de setembro, com uma média de três horas diárias de sono. A inocência, quase como a imagem de Lola Muriel que eu quero destruir. (Mas não posso destruir o que não possuo.) Um impulso, à custa dos nervos que ficam destroçados em quartos baratos, impele a poesia para algo que os detetives chamam de perfeição. Beco sem saída. Porão cuja única virtude é sua limpeza. Mas quem esteve aqui, senão a *Vita nuova* e *Hamlet*? "Escrevo na piscina do camping, em setembro, cada vez há menos pessoas e mais moscas; em meados do mês não vai sobrar ninguém e os serviços de limpeza vão desaparecer, as moscas serão as donas disso tudo até novembro ou algo assim."

Pasos en la escalera

Nos acercamos con suavidad. Lo que en su memoria se denomina pasado inmediato está amueblado con colchones apenas tocados por la luz. Colchones grises de franjas rojas o azules en algo que parece un pasillo o una sala de espera demasiado alargada. De todas maneras la memoria está inmovilizada en "pasado inmediato" como un tipo sin rostro en la silla del dentista. Hay casas y avenidas que bajan al mar, ventanas sucias y sombras en los rellanos. Escuchamos que alguien dice "hace mucho fue mediodía", la luz rebota contra el centro de "pasado inmediato", algo que no es pantalla ni intenta sugerir imágenes. La memoria dicta con lentitud frases sin sonido. Suponemos que todo esto se ha hecho para que no aturda, una capa de pintura blanca recubre la película del suelo. "Huir juntos" se transformó hace mucho en "vivir juntos" y así la fidelidad del gesto quedó suspendida; el brillo de "pasado inmediato". ¿Realmente hay sombras en los rellanos?, ¿realmente hubo un jorobadito que escribió poemas felices? (Alguien aplaude.) "Supe que eran ellos cuando oí sus pasos en la escalera"... "Cerré los ojos, la imagen de la pistola no correspondía a la realidad-pistola"... "No me molesté en abrirles la puerta"... "Eran las dos de la mañana y entró una rubia que parecía hombre"... "Sus ojos se fijaron en la luna a través de la cortina"... "Una sonrisa estúpida se dibujó lentamente en su rostro embadurnado de blanco"... "La pistola sólo era una palabra"... "Mi soledad sólo era una palabra"... "Cierren la puerta", dije... "Trizadura no es real. Es chantaje"...

Passos na escada

Suavemente nos aproximamos. O que em sua memória se denomina *passado imediato* está mobiliado com colchões mal tocados pela luz. Colchões cinzentos de franjas vermelhas ou azuis em algo que parece um corredor ou uma sala de espera alongada demais. Em todo caso, a memória está imobilizada no "passado imediato" como um sujeito sem rosto na cadeira do dentista. Há casas e avenidas que descem até o mar, janelas sujas e sombras nos patamares. Ouvimos alguém dizer "foi meio-dia faz tempo", a luz ricocheteia no canto de "passado imediato", alguma coisa que não é tela nem tenta sugerir imagens. A memória dita lentamente frases sem som. Supomos que tudo isso tenha sido feito para evitar confusão, uma camada de tinta branca recobre a película do solo. "Fugir juntos" há muito tempo se transformou em "viver juntos", e assim a fidelidade do gesto se suspendeu; o brilho de "passado imediato". Há sombra nos patamares, realmente?, realmente houve um corcundinha que escreveu poemas felizes? (Alguém aplaude.) "Soube que eram eles quando ouvi seus passos na escada"… "Fechei os olhos, a imagem da pistola não correspondia à realidade-pistola"… "Não me incomodei de abrir a porta para eles"… "Eram duas da manhã e entrou uma loira que parecia homem"… Seus olhos se fixaram na lua através da cortina"… Um sorriso estúpido se desenhou lentamente em seu rosto lambuzado de branco"… "A pistola era só uma palavra"… "Minha solidão era só uma palavra"… "Fechem a porta, falei"… "Rachadura não é real. É chantagem"…

27 años

La única escena posible es la del tipo corriendo por el sendero del bosque.
Alguien parpadea un dormitorio azul. Ahora tiene 27 años y sube al autobús.
Fuma, lleva el pelo corto, bluejeans, camiseta oscura, chaqueta con capucha,
botas, lentes negros. Está sentado del lado de la ventana, junto a él un obrero
que regresa a Andalucía. Se sube a un tren en la estación de Zaragoza, mira
hacia atrás, la neblina cubre hasta las rodillas a un inspector de ferrocarriles.
Fuma, tose, pega la frente contra la ventanilla, abre los ojos. Fundido en negro y
la siguiente escena nos muestra a un tipo con la frente apoyada contra la
ventanilla del autobús. Ahora camina por una ciudad desconocida, en la mano
lleva un bolso azul, tiene levantado el cuello de la chaqueta, hace frío, cada vez
que respira expele una bocanada de humo. El obrero duerme con la cabeza
apoyada sobre su hombro. Enciende un cigarrillo, mira la llanura, cierra los
ojos. La siguiente escena es amarilla y fría y en la banda sonora revolotean
algunos pájaros. (Como chiste privado, él dice: soy una jaula. Luego compra
cigarrillos. Se aleja de la cámara.) Está sentado en una estación de trenes al
atardecer, llena un crucigrama, lee las noticias internacionales, sigue el vuelo de
un avión, se humedece los labios con la lengua. Alguien tose, fundido en negro,
una mañana clara y fría desde la ventana de un hotel, él tose. Sale a la calle,
levanta el cuello de su chaqueta azul, abotona todos los botones menos el último.
Compra una caja de cigarrillos, saca uno, se detiene en la vereda junto al
escaparate de una joyería, enciende un cigarrillo. Lleva el pelo corto. Camina
con las manos metidas en los bolsillos de la chaqueta y el cigarrillo colgando de
los labios. La escena es un primer plano del tipo con la frente apoyada en la
ventanilla. El vidrio está empañado. Ahora tiene 27 años y baja del autobús.
Avanza por una calle solitaria.

27 anos

A única cena possível é a do sujeito correndo pela trilha do bosque. Alguém pisca um quarto azul. Agora tem 27 anos e entra no ônibus. Fuma, tem o cabelo curto, usa blue jeans, camiseta escura, jaqueta com capuz, botas, óculos escuros. Está sentado do lado da janela, ao lado dele um operário que volta para a Andaluzia. Sobe num trem na estação de Zaragoza, olha para trás, a neblina cobre até os joelhos um inspetor de ferrovias. Fuma, tosse, encosta a testa na janela, abre os olhos. Fade out, e a cena seguinte nos mostra um sujeito com a testa apoiada na janela do ônibus. Agora caminha por uma cidade desconhecida, leva na mão uma bolsa azul, tem a gola da jaqueta levantada, faz frio, cada vez que respira expele uma baforada de fumaça. O operário dorme com a cabeça apoiada em seu ombro. Acende um cigarro, olha para a planície, fecha os olhos. A cena seguinte é amarela e fria e na banda sonora revoluteiam alguns pássaros. (Como uma piada interna, ele diz: sou uma gaiola. Depois compra cigarros. Afasta-se da câmera.) Está sentado numa estação de trem ao entardecer, faz cruzadas, lê as notícias internacionais, segue o voo de um avião, umedece os lábios com a língua. Alguém tosse, fade out, uma manhã clara e fria vista da janela de um hotel, ele tosse. Sai para a rua, levanta a gola de sua jaqueta azul, abotoa todos os botões menos o último. Compra um maço de cigarros, para na calçada junto à vitrine de uma joalheria, acende um cigarro. Tem o cabelo curto. Caminha com as mãos enfiadas nos bolsos da jaqueta e o cigarro pendurado nos lábios. A cena é um primeiro plano do sujeito com a testa apoiada na janela. O vidro está embaçado. Agora tem 27 anos e desce do ônibus. Avança por uma rua solitária.

Un silencio extra

Las imágenes borrosas del jorobadito y el policía empiezan a alejarse en direcciones opuestas. La escena es negra y líquida. Por el medio, en el espacio que van vaciando las primeras imágenes, comienza a deslizarse hacia el primer plano la figura de un tipo con el pelo corto y la barba recién afeitada. Destaca su palidez y su lentitud. En off, una voz dice que el sudamericano no murió. (Es de suponer que la figura que reemplaza al vapor-jorobadito y al vapor-policía es la del sudamericano.) Lleva puesta una chaqueta azul marino que nos induce a creer que estamos en el final del otoño. Sin duda ha estado enfermo, su palidez y el rostro demacrado así nos lo sugieren. La pantalla se rasga por la mitad, verticalmente. El sudamericano camina por una calle solitaria. Ha reconocido al autor y siguió de largo. La pantalla se recompone como si acabara de llover. Aparecen edificios grises tocados por el sol en una tarde vacía y familiar. El macadam de las calles es limpio y gris. Viento en avenidas de árboles rojos. Las nubes se reflejan, brillantes, en los ventanales de oficinas donde no hay nadie. Alguien ha creado un silencio extra. Por el final de la calle se desliza el monte. Casitas de tejados bermejos desperdigadas por la ladera; de algunas chimeneas escapan tenues espirales de humo. Arriba está la represa, una barraca de camineros, unos rústicos servicios de baño. A lo lejos un labriego se inclina sobre la tierra negra. Lleva un bulto envuelto en amarillentos papeles de periódico. Desaparecen las cabezas borrosas del jorobadito y el policía. "El sudamericano abrió la puerta"... "Vale, llévenselo"... "No sé si podré entrar"...

Um silêncio extra

As imagens desfocadas do corcundinha e do policial começam a se afastar em direções opostas. A cena é negra e líquida. No meio, no espaço que as primeiras imagens vão esvaziando, começa a deslizar para o primeiro plano a figura de um sujeito com o cabelo curto e a barba que acabou de fazer. Sua palidez e sua lentidão se destacam. Em off, uma voz diz que o sul-americano não morreu. (Supõe-se que a figura que substitui o vapor-corcundinha e o vapor-policial é a do sul-americano.) Veste uma jaqueta azul-marinho que nos levar a pensar que estamos no final do outono. Sem dúvida andou doente, sua palidez e o rosto macilento nos sugerem isso. A tela se rasga pela metade, verticalmente. O sul-americano caminha por uma rua solitária. Reconheceu o autor e passou ao largo. A tela se recompõe como se tivesse acabado de chover. Aparecem edifícios cinzentos tocados pelo sol numa tarde vazia e familiar. O macadame das ruas é limpo e cinza. Vento em avenidas de árvores vermelhas. As nuvens se refletem, brilhantes, nas janelas de escritórios onde não há ninguém. Alguém criou um silêncio extra. A montanha desliza no final da rua. Casinhas de telhados avermelhados espalhadas pela ladeira; escapam de algumas chaminés tênues espirais de fumaça. Lá em cima está a represa, um alojamento de operários da estrada, alguns banheiros rústicos. Ao longe um lavrador se inclina sobre a terra preta. Segura um volume embrulhado em folhas amareladas de jornal. As cabeças desfocadas do corcundinha e do policial desaparecem. "O sul-americano abriu a porta"… "Tudo bem, levem-no"… "Não sei se vou conseguir entrar"…

A veces temblaba

La desconocida se abrió de piernas debajo de las sábanas. Un policía puede mirar como quiera, todos los riesgos de la mirada ya han sido traspuestos por él. Quiero decir que en la gaveta hay miedo y fotos y tipos a los que es imposible encontrar, además de papeles. Así que el poli apagó la luz y se bajó la bragueta. La muchacha cerró los ojos cuando él la puso bocabajo. Sintió la presión de sus pantalones contra las nalgas y el frío metálico de la hebilla del cinturón. "Hubo una vez una palabra"... (Toses)... "Una palabra para designar todo esto"... "Ahora sólo puedo decir: no temas"... Imágenes empujadas por el émbolo. Sus dedos se hundieron entre los glúteos y ella no dijo nada, ni siquiera un suspiro. El tipo estaba de lado pero ella siguió con la cabeza hundida entre las sábanas. Los dedos índice y medio entraron en su culo, relajó el esfínter y abrió la boca, pero sin articular sonido alguno. (Soñé un pasillo repleto de gente sin boca, dijo él, y el viejo le contestó: no temas.) Metió los dedos hasta el fondo, la chica gimió y alzó la grupa, sintió que sus yemas palpaban algo que instantáneamente nombró con la palabra estalagmita. Después pensó que podía ser mierda, sin embargo el color del cuerpo que tocaba siguió fulgurando en verde y blanco, como la primera impresión. La muchacha gimió roncamente. Pensó en la frase "la desconocida se perdió en el metro" y sacó los dedos hasta la primera articulación. Luego los volvió a hundir y con la mano libre tocó la frente de la muchacha. Sacó y metió los dedos. Apretó las sienes de la muchacha mientras pensaba que los dedos entraban y salían sin ningún adorno, sin ninguna figura literaria que les diera otra dimensión distinta a un par de dedos gruesos incrustados en el culo de una muchacha desconocida. Las palabras se detuvieron en el centro de una estación de metro. No había nadie. El policía parpadeó. Supongo que el riesgo de la mirada era algo superado por su profesión. La muchacha sudaba profusamente y movía las piernas con sumo cuidado. Tenía el culo mojado y a veces temblaba. Más tarde se acercó a mirar por la ventana y se pasó la lengua por los dientes. (Muchas palabras "dientes" se deslizaron por el cristal. El viejo tosió después de decir no temas.) El pelo de ella estaba

Às vezes tremia

A desconhecida abriu as pernas debaixo dos lençóis. Um policial pode olhar como quiser, todos os *riscos* do olhar já foram transpostos por ele. Quero dizer que na gaveta há medo e fotos e sujeitos impossíveis de encontrar, além de papéis. Então o tira apagou a luz e abriu a braguilha. A moça fechou os olhos quando ele a virou de bruços. Sentiu a pressão das calças dele em suas nádegas e o frio metálico da fivela do cinturão. "Houve uma vez uma palavra"... (Tosses)... "Uma palavra para designar tudo isso"... "Agora só posso dizer: não tenha medo"... Imagens empurradas pelo êmbolo. Seus dedos afundaram entre os glúteos e ela não disse nada, nem mesmo um suspiro. O sujeito estava de lado mas ela continuou com a cabeça afundada entre os lençóis. Os dedos indicador e médio entraram em sua bunda, relaxou o esfíncter e abriu a boca, mas sem articular nenhum som. (Sonhei com um corredor repleto de gente sem boca, disse ele, e o velho respondeu: não tenha medo.) Enfiou os dedos até o fundo, a garota gemeu e levantou as ancas, sentiu que as pontas de seus dedos apalpavam algo que nomeou, instantaneamente, com a palavra estalagmite. Depois pensou que podia ser merda, no entanto a cor do corpo que tocava continuou fulgurando em verde e branco, como a primeira impressão. A moça gemeu roucamente. Pensou na frase "a desconhecida se perdeu no metrô" e tirou os dedos até a primeira articulação. Depois voltou a metê-los e com a mão livre tocou a testa da moça. Tirou e meteu os dedos. Apertou as têmporas da moça enquanto pensava que os dedos entravam e saíam sem nenhum adorno, sem nenhuma figura literária que desse uma dimensão diferente a um par de dedos grossos incrustados no cu de uma moça desconhecida. As palavras se detiveram no centro de uma estação de metrô. Não havia ninguém. O policial piscou. Suponho que o risco do olhar era algo superado por sua profissão. A moça suava profusamente e movia as pernas com o máximo cuidado. Estava com a bunda molhada e às vezes tremia. Mais tarde se aproximou para olhar pela janela e passou a língua nos dentes. (Muitas palavras "dentes" deslizaram pelo vidro. O velho tossiu depois de dizer não tenha medo.) O cabelo dela

desparramado sobre la almohada. Se subió encima, dio la impresión de decirle algo al oído antes de ensartarla. Supimos que lo había hecho por el grito de la desconocida. Las imágenes viajan en ralentí. Pone agua a calentar. Cierra la puerta del baño. La luz del baño desaparece suavemente. Ella está sentada en la cocina, los codos apoyados en las rodillas. Fuma un cigarrillo rubio. El policía, la impostura que es el policía, aparece con un pijama verde. Desde el pasillo la llama, la invita a ir con él. Ella vuelve la cabeza hacia la puerta. No hay nadie. Abre un cajón de la cocina. Algo fulgura. Cierra la puerta.

estava esparramado no travesseiro. Subiu em cima dela, deu a impressão de estar lhe dizendo alguma coisa no ouvido antes de penetrá-la. Soubemos que ele fez isso por causa do grito da desconhecida. As imagens viajam em câmara lenta. Põe água para esquentar. Fecha a porta do banheiro. A luz do banheiro desaparece suavemente. Ela está sentada na cozinha, os cotovelos apoiados nos joelhos. Fuma um cigarro fraco. O policial, a impostura que é o policial, aparece com um pijama verde. Do corredor, ele a chama, convida-a para ir com ele. Ela vira a cabeça para a porta. Não há ninguém. Abre uma gaveta da cozinha. Alguma coisa fulgura. Fecha a porta.

Un lugar vacío cerca de aquí

"Tenía los bigotes blancos o grises"… *"Pensaba en mi situación, de nuevo estaba solo y trataba de entenderlo"*… *"Ahora junto al cadáver hay un hombre flaco que saca fotos"*… *"Sé que hay un lugar vacío cerca de aquí, pero no sé dónde"*…

Um lugar vazio perto daqui

"Tinha os bigodes brancos ou grisalhos"… "Pensava em minha situação, estava sozinho de novo e tentava entender o motivo"… "Agora há um homem magro ao lado do cadáver, tirando fotos"… "Sei que há um lugar vazio perto daqui, mas não sei onde"…

Amarillo

El inglés lo vio entre los arbustos. Caminó sobre la pinaza alejándose de él. Probablemente eran las 8 de la noche y el sol se ponía entre las colinas. El inglés se volvió, le dijo algo pero no pudo escuchar nada. Pensó que hacía días que no oía cantar a los grillos. El inglés movió los labios pero hasta él sólo llegó el silencio de las ramas movidas por el viento. Se levantó, le dolía una pierna, buscó cigarrillos en el bolsillo de la chaqueta. La chaqueta era de mezclilla azul, desteñida por el tiempo. El pantalón era ancho y de color verde oscuro. El inglés movió los labios al final del bosque. Notó que tenía los ojos cerrados. Se miró las uñas: estaban sucias. La camisa del inglés era azul y los pantalones que llevaba parecían aún más viejos que los suyos. Los troncos de los pinos eran marrones pero tocados por un rayo de luz se volvían amarillentos. Al fondo, donde acababan los pinos, había un motor abandonado y unas paredes de cemento en parte destruidas. Sus uñas eran grandes e irregulares a causa de la costumbre que tenía de morderlas. Sacó una cerilla y prendió el cigarrillo. El inglés había abierto los ojos. Flexionó la pierna y después sonrió. Amarillo. Flash amarillo. En el informe aparece como un jorobado vagabundo. Vivió unos días en el bosque. Al lado había un camping pero él no tenía dinero para pagar, así que al camping sólo iba para tomar un café en el restaurante. Su tienda estaba cerca de las pistas de tenis y frontón. A veces iba a ver cómo jugaban. Entraba por la parte de atrás, por un hueco que los niños habían hecho en el cañizo. Del inglés no hay datos. Posiblemente lo inventó.

Amarelo

O inglês o viu entre os arbustos. Caminhou sobre as folhas de pinheiro se afastando dele. Eram provavelmente 8 da noite e o sol se punha entre as colinas. O inglês se virou, disse-lhe alguma coisa, mas não conseguiu ouvir nada. Pensou que fazia dias que não ouvia o canto dos grilos. O inglês moveu os lábios mas só chegou até ele o silêncio dos galhos movidos pelo vento. Levantou-se, sua perna doía, procurou cigarros no bolso da jaqueta. A jaqueta era de brim azul, desbotada pelo tempo. A calça era larga e verde-escura. O inglês moveu os lábios no final do bosque. Notou que estava com os olhos fechados. Olhou para as unhas: estavam sujas. A camisa do inglês era azul e a calça que usava parecia ainda mais velha que a sua. Os troncos dos pinheiros eram marrons, mas tocados por um raio de luz se tornavam amarelados. Ao fundo, onde os pinheiros terminavam, havia um motor abandonado e umas paredes de cimento destruídas parcialmente. Suas unhas eram grandes e irregulares por causa do hábito que tinha de roê-las. Pegou um fósforo e acendeu o cigarro. O inglês tinha aberto os olhos. Flexionou a perna e depois sorriu. Amarelo. Flash amarelo. No relatório, aparece como um corcunda vagabundo. Viveu alguns dias no bosque. Ao lado havia um camping mas ele não tinha dinheiro para pagar, então só ia ao camping para tomar um café no restaurante. Sua barraca estava próxima das quadras de tênis e squash. Às vezes ele ia ver como jogavam. Entrava pela parte de trás, por um buraco que as crianças tinham feito na sebe. Não havia informações sobre o inglês. Possivelmente ele o inventou.

El enfermero

Un muchacho obsesivo. Quiero decir que si lo conocías no podías dejar de pensar en él. El sargento se acercó al bulto caído en el parque. Frente a él no brillaba ninguna luz, sin embargo advirtió gente mirando por las ventanas. Las pisadas del enfermero vinieron detrás de él. Encendió un cigarrillo. El enfermero parpadeó y dijo si se lo podían llevar de una puta vez. Apagó la cerilla con un bostezo... "No tengo idea en qué ciudad estoy"... "La pantalla aparece permanentemente ocupada por la imagen del muchacho imbécil"... "Hace muecas en las afueras del infierno"... "Constantemente me toca el hombro con sus dedos flacos para preguntarme si puede entrar"... El enfermero se chupó los dientes. Tuvo deseos de tirarse un pedo, en lugar de eso se acuclilló al lado del cadáver. Gente desvestida acodada en las ventanas oscuras. Sin sentir desde hacía mucho tiempo una sensación real de peligro. El escritor, creo que era inglés, le confesó al jorobadito cuánto le costaba escribir. Sólo me salen frases sueltas, dijo, tal vez porque la realidad me parece un enjambre de imágenes sueltas. Algo así debe de ser el desamparo, dijo el jorobadito... "Vale, llévenselo"...

O enfermeiro

Um rapaz obsessivo. Quer dizer, se você o conhecesse não conseguia mais parar de pensar nele. O sargento se aproximou do vulto caído no parque. Nenhuma luz brilhava diante dele, no entanto percebeu gente olhando pelas janelas. As pegadas do enfermeiro vieram atrás dele. Acendeu um cigarro. O enfermeiro piscou e falou se podiam levá-lo de uma maldita vez. Apagou o fósforo com um bocejo... "Não faço ideia de em que cidade estou"... "A tela aparece permanentemente ocupada pela imagem do rapaz imbecil"... "Faz caretas nos arredores do inferno".... "Toca constantemente meu ombro com seus dedos magros para perguntar se pode entrar"... O enfermeiro chupou os dentes. Teve vontade de soltar um peido, em vez disso se acocorou ao lado do cadáver. Gente sem roupa debruçada nas janelas escuras. Sem sentir já há muito tempo uma sensação real de perigo. O escritor, acho que era inglês, confessou ao corcundinha como lhe era difícil escrever. Só me saem frases soltas, disse, talvez porque a realidade me parece um enxame de imagens soltas. Desamparo deve ser algo parecido, disse o corcundinha... "Está bem, levem-no"...

Un pañuelo blanco

Camino por el parque, es otoño, parece que hay un tipo muerto en el césped. Hasta ayer pensaba que mi vida podía ser diferente, estaba enamorado, etc. Me detengo en el surtidor; es oscuro, de superficie brillante, sin embargo al pasar la palma de la mano compruebo su extrema aspereza. Desde aquí veo a un poli viejo acercarse con pasos vacilantes al cadáver. Sopla una brisa fría que eriza los pelos. El poli se arrodilla al lado del cadáver, con la mano izquierda se tapa los ojos con expresión de abatimiento. Surge una bandada de palomas. Vuelan en círculo sobre la cabeza del policía. Éste registra los bolsillos del cadáver y amontona lo que encuentra sobre un pañuelo blanco que ha extendido sobre la hierba. Hierba de color verde oscuro que da la impresión de querer chupar el cuadrado blanco. Tal vez sean los papeles viejos y oscuros que el poli deja sobre el pañuelo los que me induzcan a pensar así. Creo que me sentaré un rato. Las bancas del parque son blancas con patas de hierro negras. Por la calle aparece un coche patrulla. Se detiene. Bajan dos agentes. Uno de ellos avanza hacia donde está inclinado el poli viejo, el otro se queda junto al automóvil y enciende un cigarrillo. Pocos instantes después aparece silenciosamente una ambulancia que se estaciona detrás del coche patrulla... "No he visto nada"... "Un tipo muerto en el parque, un poli viejo"...

Um lenço branco

Caminho pelo parque, é outono, parece que há um sujeito morto no gramado. Até ontem eu pensava que minha vida podia ser diferente, estava apaixonado etc. Paro no chafariz; é escuro, de superfície brilhante, mas ao passar a palma da mão comprovo sua extrema aspereza. Daqui vejo um policial velho se aproximar do cadáver com passos vacilantes. Sopra uma brisa fria que eriça os pelos. O policial se ajoelha ao lado do cadáver, com a mão esquerda tapa seus olhos com uma expressão abatida. Surge um bando de pombos. Voam em círculo sobre a cabeça do policial. Ele revista os bolsos do cadáver e amontoa o que encontra num lenço branco que estendeu sobre a grama. Grama verde-escura que dá a impressão de querer *sugar* o quadrado branco. Talvez sejam os papéis velhos e escuros que o policial deixa sobre o lenço que me levem a pensar dessa forma. Acho que vou me sentar um pouco. Os bancos do parque são brancos com pés de ferro pretos. Uma viatura policial aparece na rua. Para. Descem dois agentes. Um deles avança para onde o policial velho está inclinado, o outro permanece junto ao automóvel e acende um cigarro. Poucos instantes depois aparece silenciosamente uma ambulância, que estaciona atrás da viatura policial... "Não vi nada"... "Um sujeito morto no parque, um policial velho"...

La calle Tallers

Solía caminar por el casco antiguo de Barcelona. Llevaba una gabardina larga y vieja, olía a tabaco negro, casi siempre llegaba con algunos minutos de anticipación a los lugares más insólitos. Quiero decir que la pantalla se abre a la palabra insólito para que él aparezca. "Me gustaría hablar con usted con más calma", decía. Escena de avenida solitaria, paralela al Paseo Marítimo de Castelldefels. Un obrero camina por la vereda, las manos en los bolsillos, masticando un cigarrillo con movimientos regulares. Chalets vacíos, cerradas las cortinas de madera. "Sáquese la ropa lentamente, no voy a mirar." La pantalla se abre como molusco, recuerdo haber leído hace tiempo las declaraciones de un escritor inglés que decía cuánto trabajo le costaba mantener un tiempo verbal coherente. Utilizaba el verbo sufrir para dar una idea de sus esfuerzos. Debajo de la gabardina no hay nada, tal vez un ligero aire de jorobadito inmovilizado en la contemplación de la judía, pisos arruinados de la calle Tallers (el flaco Alan Monardes avanza a tropezones por el pasillo oscuro), héroes de inviernos que van quedando atrás. "Pero usted escribe, Montserrat, y resistirá estos días." Se sacó la gabardina, la cogió de los hombros y luego la abofeteó. El vestido de ella cayó en cámara lenta sobre su abrigo de piel. En frío se puso a cuatro patas y le ofreció la grupa. Restregó su pene fláccido sobre sus nalgas. Descuidadamente miró a un lado: la lluvia resbalaba por la ventana. La pantalla ofrece la palabra "nervio". Luego "arboleda". Luego "solitaria". Luego la puerta se cierra.

A rua Tallers

Costumava caminhar pela zona histórica de Barcelona. Usava uma gabardine longa e velha, com um cheiro forte de tabaco, quase sempre chegava com alguns minutos de antecipação aos lugares mais insólitos. Quer dizer, a tela se abre à palavra insólito para que ele apareça. "Gostaria de falar com você com mais calma", dizia. Cena de avenida solitária, paralela ao Paseo Marítimo de Castelldefels. Um operário caminha pela calçada, as mãos nos bolsos, mascando um cigarro com movimentos regulares. Chalés vazios, as cortinas de madeira fechadas. "Tire a roupa lentamente, não vou olhar." A tela se abre como um molusco, lembro de ter lido, já faz tempo, as declarações de um escritor inglês que falava de como lhe era difícil manter um tempo verbal coerente. Utilizava o verbo sofrer para dar uma ideia de seus esforços. Debaixo da gabardine não há nada, talvez um ligeiro ar de corcundinha imobilizado na contemplação da judia, apartamentos arruinados da rua Tallers (o magro Alan Monardes avança aos tropeços pelo corredor escuro), heróis de invernos que vão ficando para trás. "Mas você escreve, Montserrat, e vai superar isso." Tirou a gabardine, segurou-a pelos ombros e depois a esbofeteou. O vestido dela caiu em câmara lenta sobre seu casaco de pele. De chofre ficou de quatro e lhe ofereceu o traseiro. Esfregou seu pênis flácido sobre as nádegas dela. Olhou descuidadamente para o lado: a chuva escorria pela janela. A tela oferece a palavra "nervo". Depois "arvoredo". Depois "solitária". Depois a porta se fecha.

La pelirroja

Tenía 18 años y estaba metida en el negocio de las drogas. En aquel tiempo solía verla a menudo y si ahora tuviera que hacer un retrato robot de ella creo que no podría. Seguramente tenía nariz aguileña y durante algunos meses fue pelirroja; seguramente alguna vez la vi reírse detrás de los ventanales de un restaurante mientras yo aguardaba un taxi o simplemente sentía la lluvia sobre mis hombros. Tenía 18 años y una vez cada quince días se metía en la cama con un tira de la Brigada de Estupefacientes. En los sueños ella aparece vestida con bluejeans y suéter negro y las pocas veces que se vuelve a mirarte se ríe tontamente. Sus ojos recorrían gatos, olas, edificios abandonados con la misma frialdad con que podían obstruirse y dormir. El tira la ponía a cuatro patas y se agachaba junto al enchufe. Al vibrador se le habían acabado hacía mucho tiempo las pilas y él se las ingenió para hacerlo funcionar con electricidad. El sol se filtra por el verde de las cortinas, ella duerme con las medias hasta los tobillos, bocabajo, el pelo le cubre el rostro. En la siguiente escena la veo en el baño, asomada al espejo, luego exclama buenos días y sonríe. Era una muchacha dulce, quiero decir que en ocasiones podía levantarte el ánimo o prestarte algunos billetes. El tira tenía una verga enorme, por lo menos ocho centímetros más larga que el consolador, y se la metía raras veces. Supongo que de esa manera era más feliz. (Nunca mejor empleado el término felicidad.) Miraba con ojos acuosos su polla erecta. Ella lo contemplaba desde la cama... Fumaba cigarrillos rubios y posiblemente alguna vez pensó que los muebles del dormitorio y hasta su amante eran cosas huecas a las que debía dotar de sentido... Escena morada: aún sin bajarse las medias hasta los tobillos, relata lo que le ha pasado durante el día... "Todo está asquerosamente inmovilizado, fijo en algún punto del aire." Lámpara de cuarto de hotel. Cenefa verde oscura. Alfombra gastada. Muchacha a cuatro patas gimiendo mientras el vibrador entra en su coño. Tenía piernas largas y 18 años, en aquellos tiempos estaba en el negocio de las drogas y no le iba mal: abrió una cuenta corriente y se compró una moto. Tal vez parezca extraño pero yo nunca deseé acostarme con ella. Alguien aplaude desde una esquina mal

A ruiva

Tinha 18 anos e estava metida no negócio das drogas. Naquela época eu costumava vê-la com frequência e se agora tivesse que fazer um retrato falado dela acho que não conseguiria. Certamente tinha um nariz aquilino e durante alguns meses foi ruiva; certamente um dia eu a vi rindo atrás das janelas de um restaurante enquanto eu esperava o táxi ou simplesmente sentia a chuva sobre os ombros. Tinha 18 anos e uma vez a cada quinze dias se metia na cama com um tira da Divisão de Narcóticos. Nos sonhos ela aparece vestida de blue jeans e suéter preto e nas poucas vezes em que se vira para olhar para você, ri bobamente. Seus olhos percorriam gatos, ondas, edifícios abandonados com a mesma frieza com que podiam se fechar e dormir. O tira a punha de quatro e se agachava ao lado da tomada. As pilhas de seu vibrador tinham acabado havia muito tempo, e ele deu um jeito de fazê-lo funcionar com eletricidade. O sol se filtra pelo verde das cortinas, ela dorme com as meias até os tornozelos, de bruços, o cabelo cobre seu rosto. Na cena seguinte eu a vejo no banheiro, entrevista no espelho, depois ela diz bom dia e sorri. Era uma moça doce, quer dizer, às vezes podia levantar seu ânimo ou lhe emprestar algum dinheiro. O tira tinha um pau enorme, pelo menos oito centímetros mais longo que o consolo, e raras vezes a penetrava. Suponho que era mais feliz dessa maneira. (O termo felicidade nunca foi melhor empregado.) Olhava com olhos aguados sua pica ereta. Da cama, ela o contemplava... Fumava cigarros suaves e possivelmente pensou, um dia, que os móveis do dormitório e até seu amante eram coisas ocas que ela devia dotar de sentido... Cena arroxeada: mesmo sem abaixar as meias até os tornozelos, relata o que lhe aconteceu durante o dia... "Tudo está asquerosamente imobilizado, fixo em algum ponto do ar." Lâmpada de quarto de hotel. Sanefa verde-escura. Tapete gasto. Moça de quatro gemendo enquanto o vibrador entra em sua buceta. Tinha longas pernas e 18 anos, naquela época estava no negócio das drogas e não estava se dando mal: abriu uma conta-corrente e comprou uma moto. Talvez pareça estranho, mas eu nunca tive vontade de ir pra cama com ela. De uma esquina mal iluminada,

iluminada. El policía se acurrucaba a su lado y la tomaba de las manos. Luego guiaba éstas hasta su entrepierna y ella podía estar una hora o dos haciéndole una paja. Durante ese invierno llevó un abrigo de lana, rojo y largo hasta las rodillas. Mi voz se pierde, se fragmenta. Creo que sólo se trataba de una muchacha triste, extraviada ahora entre la multitud. Se asomó al espejo y dijo "¿hoy has hecho cosas hermosas?". El hombre de Estupefacientes se aleja por una avenida sombreada de alerces. Sus ojos eran fríos, a veces aparece en mis pesadillas sentada en la sala de espera de una estación de autobuses. La soledad es una vertiente del egoísmo natural del ser humano. La persona amada un buen día te dirá que no te ama y no entenderás nada. Eso me pasó a mí. Hubiera querido que me explicara qué debía hacer para soportar su ausencia. No dijo nada. Sólo sobreviven los inventores. En mi sueño un vagabundo viejo y flaco aborda al policía para pedirle fuego. Al meter la mano en el bolsillo para sacar el encendedor el vagabundo le ensartó un cuchillo. El poli cayó sin emitir ruido alguno. (Estoy sentado en mi habitación del Distrito V, inmóvil, sólo muevo el brazo para poner o sacar el cigarrillo de mi boca.) Ahora le toca a ella perderse. Se suceden rostros de adolescentes en el espejo retrovisor de un automóvil. Un tic nervioso. Fisura, mitad saliva, mitad café, en el labio inferior. La pelirroja se aleja arrastrando su moto por una avenida arbolada... "Asquerosamente inmóvil"... "Decirle a la niebla: todo está bien, me quedo contigo"...

alguém aplaude. O policial se acocorava a seu lado e segurava suas mãos. Depois as guiava até sua virilha e ela podia ficar uma hora ou duas lhe batendo uma punheta. Durante esse inverno levou um casaco de lã, vermelho e comprido até os joelhos. Minha voz se perde, se fragmenta. Acho que só se tratava de uma garota triste, agora perdida entre a multidão. Diante do espelho, falou: "Você fez coisas bonitas hoje?". O homem da Narcóticos se afasta por uma avenida sombreada de alerces. Seus olhos eram frios, às vezes aparece em meu pesadelo sentada na sala de espera de uma estação de ônibus. A solidão é uma vertente do egoísmo natural do ser humano. Um belo dia a pessoa amada vai dizer que não o ama e você não vai entender nada. Isso aconteceu comigo. Queria que tivesse falado o que eu devia fazer para suportar sua ausência. Não disse nada. Só os inventores sobrevivem. Em meu sonho, um vagabundo velho e fraco aborda o policial para pedir fogo. Ao meter a mão no bolso para apanhar o isqueiro, o vagabundo lhe enfiou uma faca. O tira caiu sem emitir nenhum ruído. (Estou sentado em meu quarto do Distrito V, imóvel, só mexo o braço para pôr ou tirar o cigarro da boca.) Agora é a vez dela se perder. Sucedem-se rostos de adolescentes no espelho retrovisor de um automóvel. Um tique nervoso. Fissura, metade saliva, metade café, no lábio inferior. A ruiva se afasta arrastando sua moto por uma avenida arborizada... "Asquerosamente imóvel"... "Dizer para a neblina: está tudo bem, vou ficar com você"...

Rampas de lanzamiento

En la escena sólo hay cuadrados. Se aguantan durante todo el día, como una fotofija, en la pantalla. Anochece. A lo lejos hay un grupo de chalets de cuyas chimeneas comienza a salir humo. Los chalets están en un valle rodeado de colinas marrones. Se humedecen los cuadrados. De sus rectas brota una especie de sudor cartilaginoso. Ahora es indudable que es de noche; al pie de una de las colinas un labrador entierra un paquete envuelto en periódicos. Podemos ver una noticia: en uno de los suburbios de Barcelona existe un parque infantil tan peligroso como un campo minado. En una de las fotografías que ilustran el artículo se observa un tobogán a pocos metros de un abismo; dos niños, con los pelos erizados, saludan desde lo alto del tobogán; al fondo se recorta una enorme bodega abandonada. Volvamos a los cuadrados. La superficie se ha transformado en algo que vagamente nos recuerda, como los dibujos de Rorschach, oficinas de policía. Desde los escritorios un hombre absolutamente límite mira los cuadrados intentando reconocer los chalets, las colinas, las pisadas del labrador que se pierden en la oscuridad marrón y sepia. Ahora los cuadrados parpadean. Un policía vestido de paisano recorre un pasillo solitario y estrecho. Abre una puerta. Delante de él se extiende un paisaje de rampas de lanzamiento. Las pisadas del policía resuenan en los patios silenciosos. La puerta se cierra.

Rampas de lançamento

Só há quadrados na cena. Mantêm-se o dia todo, como um fotograma, na tela. Anoitece. Ao longe há um grupo de chalés de cujas chaminés começa a sair fumaça. Os chalés estão num vale rodeado de colinas marrons. Os quadrados se umedecem. De suas retas brota uma espécie de suor cartilaginoso. Agora é indubitável que é noite; ao pé de uma das colinas, um lavrador enterra um pacote embrulhado em folhas de jornal. Podemos ver uma notícia: num dos subúrbios de Barcelona existe um parque infantil tão perigoso quanto um campo minado. Numa das fotografias que ilustram o artículo se observa um tobogã a poucos metros de um abismo; duas crianças, com os cabelos arrepiados, acenam lá do alto do tobogã; ao fundo se recorta um enorme armazém abandonado. Voltemos aos quadrados. A superfície se transformou numa coisa que nos lembra vagamente, como os desenhos de Rorschach, escritórios de posto policial. Das escrivaninhas um homem totalmente limítrofe olha os quadrados tentando reconhecer os chalés, as colinas, as pegadas do lavrador que se perdem na escuridão marrom e sépia. Agora os quadrados piscam. Um policial à paisana percorre um corredor solitário e estreito. Abre uma porta. Diante dele se estende uma paisagem de rampas de lançamento. Os passos do policial ressoam nos pátios silenciosos. A porta se fecha.

Un hospital

Aquella muchacha ahora pesa 28 kilos. Está en el hospital y parece que se apaga. "Destruye tus frases libres." No entendí hasta mucho después a qué se refería. Pusieron en duda mi honestidad, mi eficiencia, dijeron que dormía cuando me tocaba guardia. En realidad ellos estaban enjuiciando a otra persona y yo llegué casualmente en el momento menos indicado. La chica pesa ahora 28 kilos y es difícil que salga del hospital con vida. (Alguien aplaude. El pasillo está lleno de gente que abre la boca sin emitir sonido alguno.) ¿Una muchacha que yo conocí? No recuerdo a nadie con ese rostro, dije. En la pantalla se proyecta una calle, un muchacho borracho se dispone a cruzarla, aparece un autobús. ¿El apuntador dijo Sarah Bendeman? De todas maneras no entendí nada en ese momento. Sólo me acuerdo de una muchacha flaca, de piernas largas y pecosas, desnudándose al pie de la cama. Fundido en negro. Se abre la escena en un callejón mal iluminado: una mujer de 40 años fuma un cigarrillo negro apoyada en el quicio de una ventana en el cuarto piso. Por las escaleras sube lentamente un poli de paisano, sus facciones son parecidas a las mías. (El único que aplaudió ahora cierra los ojos. En su mente se forma algo que con otro sentido de la vida podría ser un hospital. En uno de los cuartos está acostada la muchacha. Las cortinas permanecen descorridas y la luz se desparrama por toda la habitación.) "Destruye tus frases libres"… "Un policía sube por la escalera"… "En su mirada no existe el jorobadito, ni la judía, ni el traidor"… "Pero aún podemos insistir"…

Um hospital

Aquela garota agora pesa 28 quilos. Está no hospital e parece estar se apagando. "Destrua suas frases livres." Só entendi a que se referia muito mais tarde. Duvidaram de minha honestidade, de minha eficiência, disseram que eu dormia quando estava de plantão. Na verdade eles estavam julgando outra pessoa e eu cheguei por acaso no momento menos indicado. A garota agora pesa 28 quilos e é difícil que saia do hospital com vida. (Alguém aplaude. O corredor está cheio de gente que abre a boca sem emitir nenhum som.) Uma garota que eu conheci? Não me lembro de ninguém com esse rosto, falei. Na tela se projeta uma rua, um rapaz bêbado faz menção de atravessá-la, aparece um ônibus. O auxiliar de cena sopra Sarah Bendeman? Em todo caso, não entendi nada nesse momento. Só me lembro de uma garota magra, de pernas compridas e sardentas, tirando a roupa ao pé da cama. Fade out. A cena se abre num beco mal iluminado: uma mulher de 40 anos fuma um cigarro apoiada no peitoril de uma janela no quarto andar. Um policial à paisana sobe lentamente as escadas, suas feições são parecidas com as minhas. (O único que aplaudiu agora fecha os olhos. Em sua mente se forma algo que poderia ser um hospital se o sentido da vida fosse outro. Num dos quartos está deitada a garota. As cortinas permanecem abertas e a luz se esparrama por todo o quarto.) "Destrua suas frases livres"... "Um policial sobe a escada"... "Em seu olhar não existe o corcundinha, nem a judia, nem o traidor"... "Mas ainda podemos insistir"...

Gente que se aleja

No hay nada estable, los ademanes netamente amorosos del niño se precipitan al vacío. Escribí: "grupo de camareros retornando al trabajo" y "arena barrida por el viento" y "vidrios sucios de septiembre". Ahora puedo darle la espalda. El jorobadito es la estrella de tu camino. Casas blancas desperdigadas a lo largo del atardecer. Carreteras desiertas, chillidos de pájaros provenientes del follaje. Y ¿lo hice todo?, ¿besé cuando nadie esperaba nada? (Bueno, a bastantes kilómetros de aquí la gente aplaude y ése es mi desconsuelo.) Ayer soñé que vivía en el interior de un árbol hueco, al poco rato el árbol empezaba a girar como un carrusel y yo sentía que las paredes se comprimían; desperté con la puerta del bungalow abierta de par en par. La luna ilumina el rostro del jorobadito... "Palabras solitarias, gente que se aleja de la cámara y niños como árboles huecos"... "Adondequiera que vayas"... Me detuve en "palabras solitarias". Escritura sin disciplina. Eran como cuarenta tipos, todos con sueldos de hambre. Cada mañana el andaluz reía estrepitosamente después de leer el periódico. Luna creciente en agosto. En septiembre estaré solo. En octubre y noviembre recogeré piñas.

Gente que se afasta

Não há nada estável, os gestos claramente amorosos do menino se precipitam no vazio. Escrevi: "grupo de garçons retornando ao trabalho" e "areia varrida pelo vento" e "vidros sujos de setembro". Agora posso lhe dar as costas. O corcundinha é a estrela de seu caminho. Casas brancas espalhadas ao longo do entardecer. Estradas desertas, guinchos de pássaros provenientes da folhagem. E eu fiz tudo?, beijei quando ninguém esperava nada? (Bem, a muitos quilômetros daqui as pessoas aplaudem e esse é meu desconsolo.) Ontem sonhei que vivia no interior de uma árvore oca, em pouco tempo a árvore começava a girar como um carrossel e eu sentia que as paredes se comprimiam; acordei com a porta do bangalô aberta de par em par. A lua ilumina o rosto do corcundinha... "Palavras solitárias, gente que se afasta da câmara e crianças como árvores ocas"... "Aonde quer que você vá"... Detive-me em "palavras solitárias". Escrita sem disciplina. Eram uns quarenta caras, todos com salários de fome. Toda manhã o andaluz ria estrepitosamente depois de ler o jornal. Lua crescente em agosto. Em setembro estarei sozinho. Em outubro e novembro vou colher abacaxis.

Tres años

Toda escritura finalmente traicionada por la escena de los hombres retornando al edificio. No existen más reglas que una niña pelirroja observándonos al final de la reja (Bruno lo entendió como yo, sólo que con pasiones distintas). Los polis están cansados, hay escasez de gasolina y miles de jóvenes desempleados dando vueltas por Barcelona. (Bruno está en París, me dicen que tocando el saxo afuera del Pompidou y ya sin la maniática.) Con pasos cartilaginosos se acercan los cuatro o cinco camareros al barracón donde duermen. Uno de ellos escribió poesía, pero de eso hace demasiado tiempo. El autor dijo "no puedo ser pesimista ni optimista, está claro, mis imágenes están determinadas por el compás de espera que se manifiesta en todo lo que llamamos realidad". No puedo ser un escritor de ciencia ficción porque he perdido gran parte de mi inocencia... Palabras que nadie dice que nadie está obligado a decir... Manos en proceso de fragmentación escritura que se sustrae así como el amor la amistad los patios lluviosos... Por momentos tengo la impresión de que todo esto es "interior"... Línea a seguir en la frecuencia que califique la computadora (toda línea es soledad total)... Tal vez por eso viví solo y durante tres años no hice nada... (Je je je, el tipo rara vez se lavaba, no necesitaba escribir a máquina, le bastaba sentarse en un sillón desvencijado para que las cosas huyeran por iniciativa propia)... ¿Un atardecer sorpresivo para el jorobadito? ¿Facciones de policía a menos de cinco centímetros de su rostro? ¿La lluvia limpió los vidrios de la ventana?

Três anos

Toda escritura finalmente traída pela cena dos homens voltando ao edifício. A única regra que ainda existe é uma menina ruiva nos observando no final da grade (Bruno entendeu isso como eu, só que com paixões diferentes). Os tiras estão cansados, há escassez de gasolina e milhares de jovens desempregados dando voltas por Barcelona. (Bruno está em Paris, me dizem que tocando sax fora do Pompidou e já sem a maníaca.) Com passos cartilaginosos se aproximam os quatro ou cinco garçons do barracão onde dormem. Um deles escreveu poesia, mas isso foi há muito tempo. O autor disse "não posso ser pessimista nem otimista, é claro, minhas imagens estão determinadas pelo compasso de espera que se manifesta em tudo o que chamamos de realidade". Não posso ser um escritor de ficção científica porque perdi grande parte de minha inocência... Palavras que ninguém diz que ninguém é obrigado a dizer... Mãos em processo de fragmentação escritura que se subtrai assim como o amor a amizade os pátios chuvosos... Às vezes tenho a impressão de que tudo isso é "interior"... Linha a ser seguida na frequência que o computador indicar (toda linha é solidão total)... Talvez por isso eu tenha vivido sozinho e durante três anos não tenha feito nada... (He, he, he, o sujeito raras vezes se lavava, não precisava escrever à máquina, bastava-lhe sentar-se numa poltrona desconjuntada para que as coisas fugissem por conta própria)... Um entardecer inesperado para o corcundinha? Feições de policial a menos de cinco centímetros de seu rosto? A chuva limpou os vidros da janela?

La pistola en la boca

Biombo de pelo rubio, detrás el jorobadito dibuja piscinas, ciudades dormitorio, alamedas vacías. La delicadeza estriba en los ademanes adecuados para cada situación. El jorobadito dibuja una persona gentil. "Me quedé bocarriba en la cama, chirriar de grillos y alguien que recitaba a Manrique." Árboles secos de agosto, escribo para ver qué pasa con la inmovilidad y no para gustar. ¡Una persona gentil! Sea el arte o la aventura de cinco minutos de un muchacho corriendo escaleras arriba. "Escapó al ojo del autor mi despedida." Un ah y un ay y postales de pueblos blancos. El jorobadito se pasea por la piscina vacía, se sienta en la parte más honda y saca un cigarrillo. Pasa la sombra de una nube, una araña se detiene junto a su uña, expele el humo. "La realidad apesta." Supongo que todas las películas que he visto de nada me servirán cuando me muera. Escena de ciudades dormitorio vacías, el viento levanta periódicos viejos, costras de polvo en bancos y restaurantes. La guerra la he tenido en mí mismo desde hace tiempo, de ahí que no me afecte interiormente, escribió Klee. ¿Vi por primera vez al jorobadito en México DF? ¿Era Gaspar el que contaba historias de policías y ladrones? Le pusieron la pistola en la boca y con dos dedos le taparon la nariz... Tuvo que abrir la boca para respirar y entonces empujaron el cañón hacia dentro... En el centro del telón negro hay un círculo rojo... Creo que el tipo dijo mamá o mierda, no sé...

A pistola na boca

Biombo de cabelo loiro, atrás dele o corcundinha desenha piscinas, cidades-dormitório, alamedas vazias. A delicadeza reside nos gestos adequados para cada situação. O corcundinha desenha uma pessoa gentil. "Fiquei de costas na cama, chiar de grilos e alguém recitava Manrique." Árvores secas de agosto, escrevo para ver o que acontece com a imobilidade e não para agradar. Uma pessoa gentil! Seja a arte ou a aventura de cinco minutos de um rapaz correndo escadas acima. "Minha despedida escapou ao olho do autor." Um ah e um ai e cartões-postais de cidades brancas. O corcundinha passeia pela piscina vazia, senta-se na parte mais funda e pega um cigarro. Passa a sombra de uma nuvem, uma aranha se detém junto a sua unha, ele expele a fumaça. "A realidade fede." Suponho que todos os filmes que vi de nada me servirão quando eu morrer. Cenas de cidades-dormitório vazias, o vento levanta jornais velhos, crostas de pó em bancos e restaurantes. *Já faz tempo que tenho a guerra em mim, por isso ela não me afeta internamente,* escreveu Klee. Vi o corcundinha pela primeira vez na Cidade do México? Era o Gaspar quem contava histórias de policiais e ladrões? Puseram a pistola em sua boca e com dois dedos tamparam seu nariz... Ele teve de abrir a boca para respirar e então empurraram o cano para dentro... No centro da cortina preta há um círculo vermelho... Acho que o sujeito disse *mamãe* ou *merda*, não sei...

Grandes olas plateadas

El poeta estuvo en este camping. Esa tienda que ves allí fue su tienda. Entra. Está llena de viento. En aquel árbol encendió un cigarrillo. Desde donde estamos podía verse la transpiración que le cubría el rostro. En su barbilla se formaban gruesas gotas que luego caían en la hierba. Aquí, toca, entre estos matorrales él durmió durante horas. El poeta entró al bar y bebió una cerveza. Pagó con dinero francés y metió el cambio en el bolsillo sin contarlo. Hablaba perfectamente español. Tenía una cámara fotográfica que ahora está en los almacenes de la policía. Pero nadie le vio jamás tomar una foto. Paseaba por la playa al atardecer. En esa escena la playa adquiría tonalidades pálidas, amarillo pálido, con manchas vagamente doradas. El poeta se deslizó sobre la arena. La única banda sonora era la tos seca y obsesiva de una persona a quien nunca pudimos ver. Grandes olas plateadas, el poeta de pie en la playa, sin zapatos y la tos. ¿Hace mucho él también fue feliz dentro de una tienda? Supongo que debe existir una escena donde él está encima de una muchacha delgada y morena. Es la noche de un camping desierto, en el interior de Portugal. La muchacha está bocabajo y él se lo mete y saca mientras le muerde el cuello. Después la voltea. Ajusta las rodillas de ella entre sus axilas y ambos se vienen. Al cabo de una hora volvió a montarla. (O como dijo un chulo del Distrito V: "pim pam pim pam hasta el infinito".) No sé si estoy hablando de la misma persona. Su cámara está ahora en los almacenes de la policía y tal vez a nadie se le ha ocurrido revelar los carretes. Pasillos interminables, de pesadilla, por donde avanza un técnico gordo de la Brigada de Homicidios. Han apagado la luz roja, ahora puedes entrar. El rostro del policía se distiende en algo así como una sonrisa. Por el fondo del pasillo avanza la silueta de otro policía. Éste recorre el tramo que lo separa de su compañero y luego ambos desaparecen. Al quedar vacío el color gris del pasillo titila o tal vez se hincha. Luego aparece la silueta de un policía en el otro extremo, avanza hasta quedar en primer plano, se detiene, por el fondo aparece otro poli. La sombra avanza hasta la sombra del poli en primer plano. Ambos desaparecen. La sonrisa de un técnico de la

Grandes ondas prateadas

O poeta esteve neste camping. Essa barraca que você está vendo era a barraca dele. Entre. Está cheia de vento. Naquela árvore, ele acendeu um cigarro. Daqui onde estamos dava para ver a transpiração que cobria seu rosto. Em seu queixo se formavam gotas grossas que depois caíam na grama. Aqui, toque, entre esses arbustos ele dormiu durante horas. O poeta entrou no bar e bebeu uma cerveja. Pagou com dinheiro francês e enfiou o troco na bolsa sem conferir. Falava espanhol perfeitamente. Tinha uma câmera fotográfica que agora está nos depósitos da polícia. Mas ninguém jamais o viu tirar uma foto. Passeava pela praia ao entardecer. Nessa cena a praia adquiria tonalidades pálidas, amarelo pálido, com manchas vagamente douradas. O poeta deslizou sobre a areia. A única banda sonora era a tosse seca e obsessiva de uma pessoa que nunca conseguimos ver. Grandes ondas prateadas, o poeta de pé na praia, sem sapatos, e a tosse. Há muito tempo ele também foi feliz dentro de uma barraca? Imagino que deva existir uma cena em que ele está em cima de uma moça esguia e morena. É a noite de um camping deserto, no interior de Portugal. A moça está de bruços e ele entra e sai dela enquanto lhe morde o pescoço. Depois a vira. Ajusta os joelhos dela entre suas axilas e ambos gozam. Depois de uma hora ele voltou a montá-la. (Ou como disse um cafetão do Distrito v: "pim pam pim pam até o infinito".) Não sei se estou falando da mesma pessoa. Sua câmara agora está nos depósitos da polícia e talvez ninguém tenha tido a ideia de revelar os filmes. Corredores intermináveis, de pesadelo, por onde avança um técnico gordo do Departamento de Homicídios. Apagaram a luz vermelha, agora você pode entrar. O rosto do policial se distende em algo parecido com um sorriso. Pelo fundo do corredor avança a silhueta de outro policial. Este percorre o trecho que o separa de seu companheiro e depois ambos desaparecem. Ao ficar *vazio*, a cor cinza do corredor fulgura ou talvez fique saturada. Depois aparece a silhueta de um policial no outro extremo, avança até ficar em primeiro plano, para, do fundo surge outro tira. A sombra avança até a sombra do tira em primeiro plano. Ambos desaparecem. O sorriso

Brigada de Homicidios vigila estas escenas. Mejillas gordas empapadas de sudor. En las fotografías no hay nada. (Intento de aplauso frustrado.) "Llamen a alguien, hagan algo"… "Una maldita tos recorriendo la playa"… "La tienda llena de viento como un gato disecado"… "Todo se destroza"… "Rostros escenas libres kaputt"…

de um técnico do Departamento de Homicídios vigia essas cenas. Bochechas gordas empapadas de suor. Não há nada nas fotografias. (Tentativa de aplauso frustrada.) "Liguem para alguém, façam alguma coisa"... "Uma maldita tosse percorrendo a praia"... "A barraca cheia de vento como um gato dissecado"... "Tudo se destroça"... "Rostos cenas livres kaputt"...

Los motociclistas

Imagina la situación: la desconocida se oculta en el descansillo de la escalera. Es un edificio viejo, mal iluminado y con ascensor de rejilla. Detrás de la puerta un tipo de unos 40 años murmura, con acento de confesión, que también a él lo persigue Colan Yar. El tinglado marrón y negro desaparece casi instantáneamente dando paso a un panorama largo, profundo, con tiendas de techos multicolores. Después: árboles verde oscuro. Después: cielo rojo y nublado. ¿Un muchacho dormía en aquellos momentos dentro de la tienda de campaña? ¿Soñando Colan Yar, coches policiales detenidos frente a un edificio humeante, malhechores de 20 años? "Toda la mierda del mundo" o bien: "Un camping debe ser lo más parecido al Purgatorio", etc. Con manos temblorosas y secas apartó los visillos. Abajo los motociclistas encendieron los motores y se piraron. Murmuró "muy lejos" y apretó los dientes. Rubias gordas, jóvenes andaluzas seguras de gustar y entre ellas la muchacha desconocida, su boca de guillotina, paseando por el pasado y el futuro como un rostro cinematográfico. Imaginé mi cuerpo abandonado en el campo, a pocos metros del pueblo. Un campista me descubrió, paseaba y fue él quien avisó a la policía. Ahora, bajo el cielo nublado, me rodean hombres de uniformes azules y blancos. Guardias civiles, fotógrafos de periódicos sensacionalistas o tal vez sólo turistas aficionados a fotografiar cadáveres. Curiosos y niños. No es el Paraíso pero se le parece. La muchacha baja las escaleras lentamente. Abrí la puerta del consultorio y corrí escaleras abajo. En las paredes vi ballenas furiosas, un alfabeto incomprensible. El ruido de la calle me despertó. En la acera de enfrente un tipo se puso a gritar y luego a llorar hasta que llegó la policía. "Un cadáver en las afueras del pueblo"... "Se pierden los motociclistas por la carretera"... "Nadie volverá a cerrar esta ventana"...

Os motociclistas

Imagine a situação: a desconhecida se esconde no patamar da escada. É um edifício velho, mal iluminado e com elevador de grade. Atrás da porta um sujeito de uns 40 anos murmura, em tom confessional, que ele também é perseguido por Colan Yar. A cobertura marrom e preta desaparece quase instantaneamente, dando passagem a um panorama longo, profundo, com barracas de tetos multicores. Depois: árvores verde-escuras. Depois: céu vermelho e nublado. Um rapaz dormia naquela hora dentro da tenda de campanha? Sonhando com Colan Yar, carros de polícia parados diante de um edifício fumegante, malfeitores de 20 anos? "Toda a merda do mundo" ou então: "Um camping deve ser o lugar mais parecido com o Purgatório" etc. Com mãos trêmulas e secas, afastou as cortininhas. Lá embaixo os motociclistas ligaram os motores e se mandaram. Murmurou "muito longe" e apertou os dentes. Loiras gordas, jovens andaluzas certas de agradar e entre elas a moça desconhecida, sua boca de guilhotina, passeando pelo passado e pelo futuro como um rosto cinematográfico. Imaginei meu corpo abandonado no campo, a poucos metros da cidade. Um campista me descobriu, estava passeando e foi ele quem avisou a polícia. Agora, sob o céu nublado, rodeiam-me homens de uniformes azuis e brancos. Guardas civis, fotógrafos de jornais sensacionalistas ou talvez só turistas que gostam de fotografar cadáveres. Curiosos e crianças. Não é o Paraíso, mas parece. A moça desce as escadas lentamente. Abri a porta do consultório e corri escada abaixo. Vi nas paredes baleias furiosas, um alfabeto incompreensível. O barulho da rua me acordou. Na calçada defronte um sujeito começou a gritar e depois a chorar até que a polícia chegou. "Um cadáver nos arredores da cidade"... "Os motociclistas se perdem na estrada"... "Ninguém voltará a fechar esta janela"...

El vagabundo

Recuerdo una noche en la estación ferroviaria de Mérida. Mi compañera dormía dentro del saco y yo velaba con un cuchillo en el bolsillo de la chaqueta, sin ganas de leer. Bueno… Aparecieron frases, quiero decir, en ningún momento cerré los ojos ni me puse a pensar, sino que las frases literalmente aparecieron, como anuncios luminosos en medio de la sala de espera vacía. En el otro lado dormía un vagabundo y junto a mí dormía mi compañera y yo era el único despierto en toda la silenciosa y asquerosa estación. Mi compañera respiraba tranquila bajo el saco de dormir rojo y eso me hacía feliz. El vagabundo a veces roncaba, hacía días que no se afeitaba y usaba su chaqueta de almohada. Con la mano izquierda se cubría el pecho. Las frases aparecieron como noticias en un marcador electrónico. Letras blancas, no muy brillantes, en el medio de la sala de espera. Los zapatos del vagabundo estaban puestos a la altura de su cabeza. Uno de los calcetines tenía la punta completamente agujereada. A veces mi compañera se removía. La puerta que daba a la calle era amarilla y la pintura presentaba, en algunos lugares, un aspecto desolador. Quiero decir, muy tenue y al mismo tiempo completamente desolado. Pensé que el vagabundo podía ser un tipo violento. Frases. Cogí el cuchillo sin llegar a sacarlo del bolsillo y esperé la próxima frase. A lo lejos escuché el silbato de un tren y el sonido del reloj de la estación. Estoy salvado, pensé. Íbamos camino a Portugal y eso sucedió hace tiempo. Mi compañera respiró. El vagabundo me ofreció un poco de coñac de una botella que sacó de entre sus pertenencias. Hablamos unos minutos y luego callamos mientras llegaba el amanecer.

O vagabundo

Lembro de uma noite na estação ferroviária de Mérida. Minha companheira estava dormindo dentro do saco de dormir e eu vigiava com uma faca no bolso da jaqueta, sem vontade de ler. Bem... Apareceram frases, quer dizer, em nenhum momento fechei os olhos ou me pus a pensar, as frases simplesmente apareceram, como anúncios luminosos no meio da sala de espera vazia. Do outro lado dormia um vagabundo e junto a mim dormia minha companheira e eu era o único acordado em toda a silenciosa e asquerosa estação. Minha companheira respirava tranquila no saco de dormir vermelho e isso me fazia feliz. O vagabundo às vezes roncava, fazia dias que não se barbeava e usava sua jaqueta como travesseiro. Cobria o peito com a mão esquerda. As frases apareceram como notícias num painel eletrônico. Letras brancas, não muito brilhantes, no meio da sala de espera. Os sapatos do vagabundo estavam postos na altura de sua cabeça. Uma das meias tinha a ponta completamente furada. Às vezes minha companheira se movia. A porta que dava para a rua era amarela e a pintura apresentava, em alguns pontos, um aspecto desolador. Quer dizer, muito tênue e ao mesmo tempo completamente desolado. Pensei que o vagabundo podia ser um cara violento. Frases. Segurei a faca sem chegar a tirá-la do bolso e esperei a próxima frase. Ouvi ao longe o apito de um trem e o som do relógio da estação. Estou salvo, pensei. Estávamos indo para Portugal e isso aconteceu faz tempo. Minha companheira respirou. O vagabundo me ofereceu um pouco de conhaque de uma garrafa que tirou do meio de seus pertences. Conversamos durante alguns minutos e depois nos calamos enquanto chegava o amanhecer.

Agua clara del camino

Lo que vendrá. El viento entre los árboles. Todo es proyección de un muchacho desamparado. ¿Está lloviendo? "Sí, querida." ¿Y él camina solo por una carretera de provincia? La boca se mueve. Vi un grupo de gente que abría la boca sin poder hablar. La lluvia a 45 km por hora se cuela entre las agujas de los pinos. Corre solitario por el bosque. (En esta escena aparece el autor con las manos en las caderas observando algo que queda fuera de la pantalla.) El viento entre los árboles, como una cortina demencial, justo en el único sitio donde es factor de cambio. Similar a un pijama en una playa desierta: el viento mueve, levanta el pijama, lo aleja por la arena hasta hacerlo desaparecer como un largo bostezo. Todo nos proyecta a un muchacho que no sabe qué hacer salvo mirar despegar los aviones y andar entre los matorrales. ¿En los últimos días de su vida? "Supongo que sí"... "Como un cohete abierto en canal"... "El modo poético de decir que ya no amas más los callejones iluminados por coches patrulla"... "La melódica voz del sargento hablando con acento gallego"... "Chicos de tu edad que se conformarían con tan poco"... "Una especie de danza que se convierte en labios que se abren silenciosamente"... Pozos de agua clara en el camino. Viste a un tipo tirado entre los árboles y seguiste corriendo. Las primeras moras silvestres de la temporada. Como los ojitos de la emoción que salía a tu encuentro.

Água clara do caminho

O que virá. O vento entre as árvores. Tudo é projeção de um rapaz desamparado. Está chovendo? "Sim, querida." E ele caminha sozinho por uma estrada do interior? A boca se mexe. Vi um grupo de gente que abria a boca sem conseguir falar. A chuva a 45 km por hora se infiltra entre as grimpas dos pinheiros. Corre solitário pelo bosque. (Nesta cena aparece o autor com as mãos nos quadris observando alguma coisa que permanece fora da tela.) O vento entre as árvores, como uma cortina demencial, justamente no único lugar onde é um fator de mudança. Similar a um pijama numa praia deserta: o vento move, levanta o pijama, afasta-o pela areia até fazê-lo desaparecer como um longo bocejo. Tudo nos projeta para um rapaz que não sabe o que fazer, a não ser olhar os aviões decolarem e andar pelo matagal. Nos últimos dias de sua vida? "Acho que sim"... "Como um foguete aberto de cima a baixo"... "O modo poético de você dizer que já não ama os becos iluminados por viaturas policiais"... "A voz melódica do sargento falando com sotaque galego"..."Meninos da sua idade que se conformariam com tão pouco"... "Uma espécie de dança que se transforma em lábios que se abrem silenciosamente"... Poços de água clara no caminho. Você viu um sujeito jogado entre as árvores e continuou correndo. As primeiras amoras silvestres da temporada. Como os olhinhos da emoção que vinha ao seu encontro.

Como un vals

En el vagón una muchacha solitaria. Mira por la ventanilla. Afuera todo se desdobla: campos arados, bosques, casas blancas, pueblos, suburbios, basureros, fábricas, perros y niños que levantan la mano y dicen adiós. Apareció Lola Muriel. Agosto 1980. Como las arañas del camping, se desplaza tejiendo una red sobre mi rostro. (Sueño rostros que abren la boca y no pueden hablar. Camino por el pasillo de un hotel. Despierto.) Lola Muriel, ojos azules, andaluza, en la piscina lee los cuentos de Poe. Deja estelas sueños de pirámides entrevistas desde la selva. Me atemoriza, me hace feliz. (Sueño que veo llover en los barrios más distantes. Camino por una galería solitaria. Despierto transpirando.) ¿Agosto 1980?, ¿una andaluza de 18 años?, ¿el vigilante nocturno, loco de amor?

Como uma valsa

No vagão, uma garota solitária. Olha pela janela. Lá fora tudo se desdobra: campos arados, bosques, casas brancas, cidades, subúrbios, lixões, fábricas, cachorros e crianças que levantam a mão e dizem tchau. Lola Muriel apareceu. Agosto de 1980. Como as aranhas do camping, ela se desloca tecendo uma rede sobre meu rosto. (Sonho com rostos que abrem a boca e não conseguem falar. Caminho pelo corredor de um hotel. Acordo.) Lola Muriel, olhos azuis, andaluza, lê na piscina os contos de Poe. Deixa rastros sonhos de pirâmides entrevistas da selva. Ela me atemoriza, me faz feliz. (Sonho que vejo chover nos bairros mais distantes. Caminho por uma galeria solitária. Acordo suando.) Agosto de 1980?, uma andaluza de 18 anos?, o vigia noturno, louco de amor?

Nunca más solo

El silencio ronda en los patios sin dejar papeles escritos, aquello que después llamaremos obra. El silencio lee cartas sentado en un balcón. Pájaros como ronquera, como mujer de voz grave. Ya no pido toda la soledad del amor ni la paz del amor ni los espejos. El silencio esplende en los pasillos vacíos, en las radios que ya nadie escucha. El silencio es el amor así como tu voz ronca es un pájaro. Y no existe obra que justifique la lentitud de movimientos y la ternura. Escribí "una muchacha desconocida", vi una radio y vi una muchacha sentada en una silla y un tren. La muchacha estaba atada y el tren en movimiento. Repliegue de alas. Todo es repliegue de alas y silencio, así en la muchacha gorda que no se atreve a entrar en la piscina como en el jorobadito. La mano de ella apagó la radio... "He sido testigo de numerosos matrimonios, el silencio construye una especie de victoria para dos, vidrios empañados y nombres escritos con el dedo"... "Tal vez fechas y no nombres"... "En el invierno"... Escena de policías entrando en un edificio gris, ruido de balas, radios encendidas a todo volumen. Fundido en negro. La ternura y su capa de silencio plateado. Y ya no pido toda la soledad del mundo. Ellos disparan. Frases como "he perdido hasta el humor", "tantas noches solo", etc. me devuelven el sentido del repliegue. No hay nada escrito. El extranjero, inmóvil, supone que eso es la muerte. Tiembla el jorobadito en la piscina. He encontrado un puente en el bosque. Relámpago de ojos azules y pelo rubio... "Hasta dentro de un tiempo, nunca más solo"...

Nunca mais sozinho

O silêncio ronda nos pátios sem deixar papéis escritos, aquilo que depois chamaremos de *obra*. O silêncio lê cartas sentado numa sacada. Pássaros como rouquidão, como mulher de voz grave. Já não peço toda a solidão do amor nem a paz do amor nem os espelhos. O silêncio esplende nos corredores vazios, nos rádios que ninguém escuta mais. O silêncio é o amor, assim como sua voz rouca é um pássaro. E não existe obra que justifique a lentidão de movimentos e a ternura. Escrevi "uma moça desconhecida", vi um rádio e vi uma moça sentada numa poltrona e num trem. A moça estava amarrada e o trem em movimento. O recolhimento das asas. Tudo é recolhimento de asas e silêncio, tanto na moça gorda que não se atreve a entrar na piscina como no corcundinha. A mão dela desligou o rádio... "Fui testemunha de numerosos casamentos, o silêncio constrói uma espécie de vitória para dois, vidros embaçados e nomes escritos com o dedo"... "Talvez datas e não nomes"... "No inverno"... Cena de policiais entrando num edifício cinza, ruído de balas, rádios ligados a todo volume. Fade out. A ternura e sua camada de silêncio prateado. E já não peço toda a solidão do mundo. Eles disparam. Frases como "perdi até o humor", "tantas noites sozinho" etc., me devolvem o sentido do recolhimento. Não há nada escrito. O estrangeiro, imóvel, supõe que isso é a morte. O corcundinha treme na piscina. Encontrei uma ponte no bosque. Relâmpago de olhos azuis e cabelo loiro... "Por um tempo, nunca mais sozinho"...

El aplauso

Dijo que amaba los días movidos. Miré el cielo. "Días movidos", además de nubes y gatos que se escabullían entre los matorrales. Este tarro con flores que abandono en el campo es mi prueba de amor por ti. Después volví con una red para cazar mariposas. La muchacha dijo: "calamidad", "caballos", "cohetes" y me dio la espalda. Su espalda habló. Como chirriar de grillos en la tarde de chalets solitarios. Cerré los ojos, los frenos chirriaron y los policías descendieron velozmente de sus coches. "No dejes de mirar por la ventana." Sin hablar dos de ellos alcanzaron la puerta y dijeron "policía", el resto apenas lo pude escuchar. Cerré los ojos, los muchachos murieron en la playa. Cuerpos llenos de agujeros. Hay algo obsceno en esto, dijo el enfermero cuando nadie lo escuchaba. "Días movidos, miré el cielo, gatos", seguramente no volveré al descampado, ni con flores, ni con red, ni con un maldito libro para pasar la tarde. La boca se abrió pero el autor no pudo escuchar nada. Pensó en el silencio y después pensó "no existe", "caballos", "luna menguante de agosto". Fundido en negro. Alguien aplaudió desde el vacío. Dije que suponía que eso era la felicidad.

O aplauso

Disse que amava os dias agitados. Olhei para o céu. "Dias agitados", além de nuvens e de gatos que escapuliam entre os arbustos. Este jarro com flores que abandono no campo é minha prova de amor a você. Depois voltei com uma rede para caçar borboletas. A moça disse: "calamidade", "cavalos", "foguetes" e me deu as costas. Suas costas falaram. Como um chiar de grilos na tarde de chalés solitários. Fechei os olhos, os freios chiaram e os policiais desceram rapidamente de seus carros. "Não deixe de olhar pela janela". Sem falar, dois deles foram até a porta e disseram "polícia", o resto eu mal pude escutar. Fechei os olhos, os rapazes morreram na praia. Corpos cheios de furos. Há algo obsceno nisso, disse o enfermeiro quando ninguém o escutava. "Dias agitados, olhei para o céu, gatos", certamente não voltarei ao descampado, nem com flores, nem com rede, nem com um maldito livro para passar a tarde. A boca se abriu mas o autor não conseguiu escutar nada. Pensou no silêncio e depois pensou "não existe", "cavalos", "lua minguante de agosto". Fade out. No vazio, alguém aplaudiu. Eu disse que imaginava que isso era a felicidade.

El baile

En la terraza del bar sólo bailan tres niñas. Dos son delgadas y tienen el pelo largo. La otra es un poco gorda, lleva el pelo más corto y es subnormal... "Canciones para que anochezca con menos crueldad"... El tipo al que perseguía Colan Yar se esfumó como mosquito en invierno... A propósito, supongo que en invierno sólo quedan los huevos de los mosquitos del próximo verano... Tres muchachas y yo muy solo... 7 de agosto de 1980... El muchacho llegó a su cuarto, encendió la luz... Tenía el rostro desencajado... Apagó la luz. No temas, aunque sólo pueda contarte estas historias tristes, no temas...

O baile

No terraço do bar só três meninas dançam. Duas são magras e têm cabelos compridos. A outra é um pouco gorda, tem o cabelo mais curto e é retardada... "Canções para que anoiteça com menos crueldade"... O sujeito que era perseguido por Colan Yar se esfumou como mosquito no inverno... A propósito, imagino que no inverno só restem os *ovos* dos mosquitos do próximo verão... Três moças e eu muito só... 7 de agosto de 1980... O moço chegou ao seu quarto, acendeu a luz... Tinha o rosto transtornado... Apagou a luz. Não tenha medo, ainda que eu só possa lhe contar essas histórias tristes, não tenha medo...

No hay reglas

Las grandes estupideces. Muchacha desconocida retornando a la escena del camping desierto. Bar desierto, recepción desierta, parcelas desiertas. Éste es tu pueblo fantasma del oeste. Dijo: finalmente nos destrozarán a todos. (¿Hasta a las muchachas bonitas?) Me reí de su desamparo. El doble lleno de aprensión hacia sí mismo porque no podía evitar enamorarse una vez al año por lo menos. Después una sucesión de baños, reediciones, muchachos vomitando mientras en la terraza silenciosa baila una muchacha subnormal. Toda escritura en el límite de la tensión esconde una máscara blanca. Eso es todo. El resto: pobre pequeño Roberto escribiendo en un alto del camino. "Coches policiales con las radios encendidas: les llueve información de todos los barrios por donde pasan." "Cartas anónimas, amenazas sutiles, la verdadera espera." "Querida, ahora vivo en una zona turística, la gente es morena, hace sol todos los días, etc." No hay reglas. ("Díganle al estúpido de Arnold Bennett que todas las reglas de construcción siguen siendo válidas sólo para las novelas que son copias de otras.") Y así, y así. Yo también huyo de Colan Yar. He trabajado con subnormales, en un camping, recogiendo piñas, vendimiando, estibando barcos. Todo me empujó hasta este lugar, el descampado donde ya no queda nada que decir... "Estás con muchachas hermosas, sin embargo"... "Creo", dijo, "que lo único hermoso aquí es la lengua"... "Me refiero a su sentido más estricto." (Aplausos.)

Não há regras

As grandes idiotices. Moça desconhecida voltando à cena do camping deserto. Bar deserto, recepção deserta, áreas desertas. Esta é sua cidade fantasma do oeste. Falou: finalmente vão destroçar todos nós. (Até as moças bonitas?) Ri de seu desamparo. Duplamente apreensivo consigo mesmo, porque não conseguia deixar de se apaixonar pelo menos uma vez por ano. Depois uma sucessão de banheiros, reedições, rapazes vomitando enquanto no terraço silencioso uma garota retardada dança. Toda escrita no limite da tensão esconde uma máscara branca. Isso é tudo. O resto: pobre pequeno Roberto escrevendo numa parada do caminho. "Viaturas policiais com os rádios ligados: informações de todos os bairros por onde passam chovem sobre eles." "Cartas anônimas, ameaças sutis, a verdadeira espera." "Querida, agora estou morando numa zona turística, as pessoas são bronzeadas, faz sol todos os dias etc." Não há regras. ("Digam ao estúpido do Arnold Bennett que *todas* as regras de construção continuam sendo válidas só para os romances que são cópias de outros.") E assim por diante, e assim por diante. Eu também fujo de Colan Yar. Trabalhei com retardados, num camping, colhendo abacaxis, colhendo uvas, estivando barcos. Tudo me empurrou para este lugar, o descampado onde já não há mais nada a dizer... "Mas você está com garotas bonitas"... "Acho", ele disse, "que a única coisa bonita aqui é a língua"... "Refiro-me a seu sentido mais estrito." (Aplausos.)

Bar La Pava, autovía de Castelldefels

(¡Todos han comido más de un plato o un plato que vale más de 200 pesetas, menos yo!)

Querida Lisa, hubo una vez que hablé contigo por teléfono más de una hora sin apercibirme de que habías colgado. Fue en un teléfono público de la calle Bucareli, en la esquina del Reloj Chino. Ahora estoy en un bar de la costa catalana, me duele la garganta y tengo poco dinero. La italiana dijo que regresaba a Milán a trabajar, aunque se cansara. Creo que le pediré al enfermero del camping algún antibiótico. La escena se disgrega geométricamente. Aparece una playa solitaria a las 8 de la noche, el día aún anaranjado; a lo lejos caminan, en dirección contraria al que observa, un grupo de cinco personas en fila india. El viento levanta una cortina de arena y los cubre.

Bar La Pava, rodovia de Castelldefels

(Todos comeram mais de um prato ou um prato que vale mais de 200 pesetas, menos eu!)

Querida Lisa, teve uma vez que falei com você por telefone mais de uma hora sem perceber que você tinha desligado. Foi num telefone público da rua Bucareli, na esquina do Reloj Chino. Agora estou num bar da costa catalã, minha garganta dói e tenho pouco dinheiro. A italiana disse que estava voltando a Milão para trabalhar, embora estivesse cansada. Acho que vou pedir algum antibiótico para o enfermeiro do camping. A cena se desagrega geometricamente. Aparece uma praia solitária às 8 da noite, o dia ainda alaranjado; ao longe caminham, em direção contrária ao que observa, um grupo de cinco pessoas em fila indiana. O vento levanta uma cortina de areia e os cobre.

Amberes

En Amberes un hombre murió al ser aplastado su automóvil por un camión cargado de cerdos. Muchos de los cerdos también murieron al volcar el camión, otros tuvieron que ser sacrificados al pie de la carretera y otros se escaparon a toda velocidad… *"Has oído bien, querida, el tipo reventó mientras los cerdos pasaban por encima de su automóvil"*… *"En la noche, por las carreteras oscuras de Bélgica o Catalunya"*… *"Conversamos durante horas en un bar de las Ramblas, era verano y ella hablaba y transpiraba con la misma profusión"*… *"Los cerdos aullaron, no de miedo, sino por"*… *"Ella dijo me gustaría estar sola y yo pese a estar borracho entendí"*… *"No sé, es algo así como la luna llena, chicas que en realidad son como moscas, no es eso lo que quiero decir"*… *"Cerdos aullando en medio de la carretera, heridos o alejándose a toda prisa del camión destrozado"*… *"Cada palabra es inútil, cada frase, cada conversación telefónica"*… *"Dijo que quería estar sola"*… También yo quise estar solo. En Amberes o en Barcelona. La luna. Animales que huyen. Accidente en la carretera. El miedo.

Antuérpia

Na Antuérpia um homem morreu ao ter seu automóvel esmagado por um caminhão carregado de porcos. Muitos dos porcos também morreram quando o caminhão tombou, outros tiveram de ser sacrificados à beira da estrada e outros fugiram a toda a velocidade... "Você ouviu bem, querida, o sujeito se arrebentou enquanto os porcos passavam por cima de seu automóvel"... "De noite, nas estradas escuras da Bélgica ou da Catalunha"... "Conversamos durante algumas horas num bar das Ramblas, era verão e ela falava e suava com a mesma profusão"... "Os porcos uivaram, não de medo, mas por"... "Ela disse eu gostaria de ficar sozinha e eu, apesar de estar bêbado, entendi"... "Não sei, é algo assim como a lua cheia, meninas que na verdade são como moscas, não é isso que eu quero dizer"... "Porcos uivando no meio da estrada, feridos ou se afastando a toda pressa do caminhão destroçado"... "Cada palavra é inútil, cada frase, cada conversa telefônica"... "Disse que queria ficar sozinha"... Eu também quis ficar sozinho. Na Antuérpia ou em Barcelona. A lua. Animais que fogem. Acidente na estrada. O medo.

El verano

Hay una enfermedad secreta llamada Lisa. Es indigna como toda enfermedad y aparece en la noche. En el tejido de un lenguaje misterioso cuyas palabras significan sin excepción que el extranjero "no está bien". Y yo quisiera que ella supiera por algún medio que el extranjero "lo pasa mal", "en tierras desconocidas", "sin grandes posibilidades de escribir poesía épica", "sin grandes posibilidades de nada". La enfermedad me lleva a baños extraños e inmóviles donde el agua funciona con una mecánica imprevista. Baños, sueños, cabellos largos que salen de la ventana hasta el mar. La enfermedad es una estela. (El autor aparece sin camisa, con lentes negros, posando con un perro y una mochila en el verano de algún lugar.) "El verano de algún lugar", frases carentes de tranquilidad aunque la imagen que refractan permanezca quieta, como un ataúd delante de una cámara fija. El escritor es un tipo sucio, con la camisa arremangada y el pelo corto mojado en transpiración acarreando tambores de basura. También es un camarero que se observa filmado mientras camina por una playa desierta, de regreso al hotel... "Viento con arena fina"... "Sin grandes posibilidades"... La enfermedad es estar sentado bajo el faro mirando hacia ninguna parte. El faro es negro, el mar es negro, la chaqueta del escritor también es negra.

O verão

Há uma doença secreta chamada Lisa. É indigna como toda doença e aparece de noite. No tecido de uma linguagem misteriosa cujas palavras significam, sem exceção, que o estrangeiro "não está bem". E eu gostaria que ela soubesse por algum meio que o estrangeiro "está mal", "em terras desconhecidas", "sem grandes possibilidades de escrever poesia épica", "sem grandes possibilidades de nada". A doença me leva a banheiros estranhos e móveis onde a água funciona com uma mecânica imprevista. Banheiros, sonhos, cabelos longos que saem da janela até o mar. A doença é uma esteira. (O autor aparece sem camisa, de óculos escuros, posando com um cão e uma mochila no verão de algum lugar.) "O verão de algum lugar", frases carentes de tranquilidade ainda que a imagem que refratam permaneça quieta, como um ataúde diante de uma câmara estática. O escritor é um sujeito sujo, com a camisa arregaçada e o cabelo curto molhado de suor carregando latões de lixo. Também é um garçom que se observa ser filmado enquanto caminha por uma praia deserta, de volta para o hotel... "Vento com areia fina"... "Sem grandes possibilidades"... A doença é estar sentado sob o farol olhando para lugar nenhum. O farol é negro, o mar é negro, a jaqueta do escritor também é negra.

El brillo de la navaja

En un poema, "Imágenes detenidas", ¿por qué el chileno es el único turista de esa hora? Supongo que en realidad no es una hora nocturna, como se podría colegir al ser el chileno asaltado por el pandillero, sino un atardecer debajo de los arcos de la plaza Vicente Martorell. ¿El chileno, asaltado? No. El chileno encuentra al pandillero, eso es todo. Y el resto obedece a reflejos naturales de ambos personajes; uno ataca, el otro mira. El otro, el chileno, consiente, y mediante ese sacrificio transforma. Rostro mojado que esboza una sonrisa. Brillo de navaja a lo lejos, entre los arcos y las sombras adolescentes. Ojos curiosos que una gasa líquida va velando paulatinamente. La cabeza no llega a golpearse contra el suelo. Mierda, dijo el chileno antes de fijar su pensamiento en una sonrisa. Gángsters pequeñitos, sus siluetas se pierden en el interior de la plaza. No hay dinero. Rostro mojado en transpiración, por fin posa la mejilla izquierda en el suelo.

O brilho da navalha

Num poema, "Imagens estáticas", por que o chileno é o único turista a essa hora? Imagino que não é, na verdade, uma hora noturna, como se poderia depreender do fato de o chileno ser *assaltado* pelo bandido, e sim um entardecer sob os arcos da praça Vicente Martorell. O chileno, assaltado? Não. O chileno encontra o bandido, só isso. E o resto obedece a reflexos naturais de ambos os personagens; um ataca, o outro olha. O outro, o chileno, consente, e mediante esse sacrifício transforma as coisas. Rosto molhado que esboça um sorriso. Brilho de navalha ao longe, entre os arcos e as sombras adolescentes. Olhos curiosos que uma gaze líquida vai velando paulatinamente. A cabeça não chega a bater no chão. Merda, disse o chileno antes de fixar seu pensamento num sorriso. Gângsteres pequeninos, suas silhuetas se perdem no interior da praça. Não há dinheiro. Rosto molhado de suor, por fim pousa a bochecha esquerda no chão.

Noche silenciosa

No puedes regresar. Este mundo de policías y ladrones y muchachos extranjeros sin papeles en regla es demasiado fuerte para ti. La palabra fuerte significa que es cómodo, un mundo liviano, casi vacío, del que no podrías desprenderte. A cambio recuperarías el país natal, una especie de país natal, y el derecho a que una muchacha nuevamente pudiera sonreírte. Una muchacha de pie en la puerta de tu habitación, la camarera que viene a hacer la cama. Me detuve en la palabra "cama" y cerré el cuaderno. Sólo tuve fuerzas para apagar la luz y dejarme caer en la "cama". Inmediatamente empecé a soñar con una ventana de maderas gruesas como aquellas que aparecían en los cuentos infantiles ilustrados. Con el hombro me apoyaba en la ventana y ésta se abría. El ruido producido al quedar de par en par me despertó. Afuera no había nadie. Noche silenciosa entre los bloques de bungalows. El policía había extendido su chapa procurando no tartamudear. Automóvil con matrícula de Madrid. El que estaba al lado del conductor iba con una camiseta con los colores del FC Barcelona horizontales. Un tatuaje de marinero en el brazo izquierdo. Detrás de ellos brilló una masa de niebla y sueño. Pero el poli tartamudeó y yo sonreí. No pu-pu-puedes re-re-regresar. "Regresar."

Noite silenciosa

Você não pode voltar. Este mundo de policiais e ladrões e rapazes estrangeiros sem documentos em ordem é forte demais para você. A palavra forte significa que é cômodo, um mundo leve, quase vazio, do qual você não poderia se desligar. Em compensação, recuperaria o país natal, uma espécie de país natal, e o direito de ter uma garota novamente sorrindo para você. Uma garota de pé na porta do seu quarto, a camareira que vem arrumar a cama. Parei na palavra "cama" e fechei o caderno. Só tive forças para apagar a luz e cair na "cama". Imediatamente comecei a sonhar com uma janela de madeiras grossas como aquelas que apareciam nos contos infantis ilustrados. Eu me apoiava com o ombro na janela e ela se abria. O barulho causado ao ficar de par em par me acordou. Não havia ninguém lá fora. Noite silenciosa entre os blocos de bangalôs. O policial tinha estendido seu distintivo tentando não gaguejar. Automóvel com placa de Madri. O que estava ao lado do motorista vestia uma camiseta com as cores horizontais do Barcelona F. C. Uma tatuagem de marinheiro no braço esquerdo. Atrás deles brilhou uma massa de neblina e sonho. Mas o tira gaguejou e eu sorri. Você não po-po- -pode-vo-voltar. "Voltar."

Monty Alexander

Así es como es, dijo, una ligera sensación de fracaso se va acentuando y el cuerpo se acostumbra a eso. No puedes evitar el vacío de la misma manera que no puedes evitar cruzar calles si vives en la ciudad, con el agravante de que a veces la calle es interminablemente ancha, los edificios parecen bodegas de películas de gángsters y algunos tipos escogen las peores horas para pensar en sus madres. "Gángsters" corresponde a "madres". Nadie pensó en el jorobadito en la hora azul. Así es como es, el nombre de una pieza de Monty Alexander, grabada a principios de los sesenta en un local de Los Ángeles. Tal vez "bodegas" esté junto a "madres", en las sobreimposiciones es dable un amplio margen de error. Todo pensamiento es registrado en la senda de bosque que el extranjero recorrió. Si lo miraras desde arriba tendrías la impresión de una hormiga solitaria. Impulso de desconfianza: siempre hay otra hormiga que la cámara olvida. En todo poema falta un personaje que acecha al lector. "Bodegas", "gángsters", "madres", "para siempre". Tenía la voz dura, dijo, timbre sólido como derrumbe de pesadora de vacas o fardos con forraje de vacas en una piscina. Todo lo decía con doble sentido, algunas frases eran verdaderos jeroglíficos que nadie se daba el trabajo de descifrar. Ray Brown al bajo, Milt Jackson al vibráfono y otros dos más al saxo y a la batería. El propio Monty Alexander tocó el piano. ¿Manne Hole? ¿1961? La última imagen que el tipo vio fue una playa a las nueve de la noche. En julio atardecía muy tarde, a las 21.30 aún estaba claro. Grupo de camareros alejándose del ojo. (Pero el ojo piensa en "bodegas", no en "camareros".) El viento levanta suaves cortinas de arena. Desde aquí parece que intentaran regresar.

Monty Alexander

É assim que é, disse, uma leve sensação de fracasso vai se acentuando e o corpo se acostuma com isso. Você não consegue evitar o vazio, da mesma forma que não consegue evitar atravessar ruas, se mora na cidade, com o agravante de que às vezes a rua é interminavelmente larga, os edifícios parecem bodegas de filmes de gângsteres e alguns sujeitos escolhem as piores horas para pensar em suas mães. "Gângsteres" corresponde a "mães". Ninguém pensou no corcundinha na hora azul. É assim que é, *That's the Way It Is*, o nome de uma peça de Monty Alexander, gravada no início dos anos 60 num local de Los Angeles. Talvez "bodegas" esteja junto a "mães", uma ampla margem de erro é permitida quando você está lidando com sobreposições. Todo pensamento é registrado na trilha do bosque que o estrangeiro percorreu. Se você o olhasse lá de cima, teria a impressão de que era uma formiga solitária. Impulso de desconfiança: há sempre outra formiga que a câmara esquece. Em todo poema falta um personagem, que espreita o leitor. "Bodegas", "gângsteres", "mães", "para sempre". Tinha a voz dura, falou, timbre sólido como a queda de uma pesadora de vacas ou de fardos com forragem de vacas numa piscina. Falava tudo com duplo sentido, algumas frases eram verdadeiros hieroglifos que ninguém se dava ao trabalho de decifrar. Ray Brown no baixo, Milt Jackson no vibrafone e mais outros dois no sax e na bateria. O próprio Monty Alexander tocou piano. Manne Hole? 1961? A última imagem que o sujeito viu foi uma praia às nove da noite. Em julho entardecia muito tarde, às 21h30 ainda estava claro. Grupo de garçons se afastando do olho. (Mas o olho pensa em "bodegas", não em "garçons".) O vento levanta suaves cortinas de areia. Daqui parece que tentaram voltar.

Automóviles vacíos

Muchacha desconocida que camina por barrios obreros de Barcelona. Despertó sobresaltado. ¿Una muchacha de padres españoles, nacida en Francia? La playa se extiende en línea recta hasta tocar el otro pueblo. Abrió la ventana, estaba nublado pero hacía calor. Regresó al baño. Los ojos de ella miraban con curiosidad las hileras de edificios de departamentos que se extendían hasta el fin de la avenida. Todo esto es paranoia, pensó, la muchacha tiene 18 años pero no existe, nació en una ciudad industrial de Francia y se llama Rosario o María Dolores, pero no puede existir puesto que aún estoy aquí. ¿Una broma pesada de las cámaras?, ¿el tipo de control está dormido? Miró el reloj, al volver a la ventana encendió un cigarrillo. Miró por los visillos: abajo los muchachos dormitaban entre las sombras. Siluetas intermitentes, sonido de voces apenas audibles. Observó la luna que aparecía sobre el edificio de enfrente. Desde la calle llegaron las palabras "barco", "olimpia", "restaurante". La muchacha se sentó en la terraza de un "restaurante" y pidió un vaso de vino blanco. Encima de la cabeza de la muchacha estaba la lona verde y un poco más arriba el verano. Así como encima del edificio sobresalía la luna y ella la miraba pensando en los motociclistas y en el nombre del mes: julio. Nacida en Francia de padres españoles, pelo rubio, absolutamente más allá del restaurante y de las palabras con que tratan de distraerla. "Desperté pues tu silueta se confundía con las sombras del dormitorio"... "Una explosión muy fuerte"... "Quedé sordo por el resto del día"... Soñó automóviles vacíos en los solares de un supermercado abandonado. Ya no hay pueblo ni barrios obreros para este actor. 18 años, muy lejos. Regresa al baño. Muchacha kaputt.

Automóveis vazios

Garota desconhecida que caminha por bairros operários de Barcelona. Acordou sobressaltado. Uma garota com pais espanhóis, nascida na França? A praia se estende em linha reta até tocar a outra cidade. Abriu a janela, estava nublado mas fazia calor. Voltou ao banheiro. Os olhos dela fitavam com curiosidade as fileiras de prédios de apartamentos que se estendiam até o fim da avenida. Tudo isso é paranoia, pensou, a garota tem 18 anos mas não existe, nasceu numa cidade industrial da França e se chama Rosario ou María Dolores, mas não pode existir, já que eu ainda estou aqui. Uma brincadeira pesada das câmaras?, o sujeito do controle está dormindo? Olhou o relógio, ao voltar à janela acendeu um cigarro. Olhou pelas cortininhas: lá embaixo os rapazes cochilavam entre as sombras. Silhuetas intermitentes, som de vozes quase inaudíveis. Observou a lua que aparecia sobre o prédio em frente. Da rua chegaram as palavras "barco", "olímpia", "restaurante". A garota se sentou no terraço de um "restaurante" e pediu uma taça de vinho branco. Em cima da cabeça da garota estava a lona verde e um pouco mais acima o verão. Assim como a lua sobressaía em cima do prédio e ela a olhava pensando nos motociclistas e no nome do mês: julho. Nascida na França de pais espanhóis, cabelo loiro, totalmente distante do restaurante e das palavras com que tentam distraí-la. "Acordei pois sua silhueta se confundia com as sombras do quarto"... "Uma explosão muito forte"... "Fiquei surdo pelo resto do dia"... Sonhou com automóveis vazios nos canteiros de um supermercado abandonado. Não há mais cidade nem bairros operários para este ator. 18 anos, muito longe. Volta ao banheiro. Garota kaputt.

Los elementos

Cine entre los pinos del camping ✶ de Mar, los espectadores miran la pantalla y con las manos espantan los mosquitos. Rostro amarillo surge de improviso entre las rocas y pregunta ¿a ti también te persigue Colan Yar? (Rostro amarillo cruzado de anchas cicatrices oscuras, árboles quemados, sillas blancas de plástico duro abandonadas frente a los bungalows, una bicicleta en medio de la maleza.) Colan Yar, por supuesto, y placas iluminadas tenuemente por la luz de la luna. Abandoné el puesto, con pasos lentos me dirigí al restaurante aún abierto a esas horas de la noche. "Colan Yar detrás de mí, justo detrás de mí", escuché que decían a mis espaldas. Al volverme no vi más que siluetas de árboles y tiendas oscuras. En el cine uno de los actores dijo "nos persigue un volcán". Otro personaje, una mujer, en determinado momento afirma: "es difícil llegar a ser mayor del Ejército inglés". Perseguidos por los Nagas, guerreros diabólicos con cascos de cuero negro; adoradores del volcán, tal vez sacerdotes y no guerreros; en todo caso, eliminados pronto. La actriz: estoy cansada de luchar contra estos seres horribles. Un actor le responde: ¿quieres que te lleve en brazos hasta el avión? Cinco figuras corriendo a través de un valle en llamas. Un rompehielos de la Armada los espera a las 20.30 horas, ni un minuto más. El capitán: "si seguimos aquí después no podremos salir". El capitán tiene el pelo completamente cano y lleva uniforme azul de invierno. Modula con lentitud: "no podremos salir". Aparté la mirada de la pantalla. A lo lejos las luces de las pistas de tenis se asemejaban a un aeródromo clandestino. Desde allí el que huye de Colan Yar escribe una carta sentado en una banca al aire libre. Aeródromo clandestino. Espejos. Otros elementos.

Os elementos

Cinema entre os pinheiros do camping ✫ de Mar, os espectadores olham para a tela e espantam os mosquitos com as mãos. Rosto amarelo surge repentinamente entre as rochas e pergunta Colan Yar também persegue você? (Rosto amarelo cruzado por amplas cicatrizes escuras, árvores queimadas, cadeiras brancas de plástico duro abandonadas diante dos bangalôs, uma bicicleta no meio do mato.) Colan Yar, claro, e placas tenuemente iluminadas pela luz da lua. Abandonei o posto, com passos lentos me dirigi ao restaurante ainda aberto a essa hora da noite. "Colan Yar atrás de mim, bem atrás de mim", ouvi que diziam às minhas costas. Ao me virar, não vi senão silhuetas de árvores e barracas escuras. No cinema, um dos atores disse "um vulcão nos persegue". Outro personagem, uma mulher, afirma em determinado momento: "é difícil chegar a ser major do Exército inglês". Perseguidos pelos Nagas, guerreiros diabólicos com capacetes de couro preto; adoradores do vulcão, talvez sacerdotes e não guerreiros; em todo caso, logo eliminados. A atriz: estou cansada de lutar contra esses seres horríveis. Um ator lhe responde: quer que eu te leve nos braços até o avião? Cinco figuras correndo através de um vale em chamas. Um quebra-gelo da Armada os espera às 20h30, nem um minuto a mais. O capitão: "se continuarmos aqui, depois não poderemos sair". O capitão tem o cabelo completamente branco e usa uniforme azul de inverno. Modula com lentidão: "não poderemos sair". Afastei o olhar da tela. Ao longe, as luzes das quadras de tênis se assemelhavam a um campo de aviação clandestino. Dali, aquele que foge de Colan Yar escreve uma carta sentado num banco ao ar livre. Campo de aviação clandestino. Espelhos. Outros elementos.

Nagas

¿Cine entre los árboles? El operador duerme la siesta en el patio de gravilla de su bungalow. La muchacha desconocida desapareció tan suavemente como la primera vez que la vi. Avancé sin temor, mis huellas quedaron marcadas levemente en el polvo, en línea recta de mi bungalow a los baños. Eran las doce de la noche y vi coches policiales detenidos en la carretera. Dejé sin contestar la última carta de Mara. La muchacha caminó de regreso a su tienda y nadie pudo asegurar si realmente había estado en los lavaderos alguna vez. "No puedo escribir nada más"... "Sólo queda una niña pequeña, diez años, que me saluda cada vez que nos encontramos"... "Se sentaba sola en la terraza del bar, junto a la pista de baile, y era difícil encontrarla"... En la pantalla aparecen los nagas. Espectadores rodeados de mosquitos a las 12 de la noche; miré a la derecha: luces lejanas de una cancha de tenis nocturna. Tuve deseos de dormirme allí mismo. Éstos son los elementos: "impasibilidad", "perseverancia", "pelo rubio". A la mañana siguiente ya no estaba en su tienda. Por las carreteras europeas condenadas a la muerte se desliza el automóvil de sus padres, ¿hacia Francia?, ¿Suiza?... El tipo miró para arriba con gesto cansado, luna creciente, copas de pinos recortadas contra el cielo, ruido de sirenas a lo lejos. Pero aquí estoy seguro, dijo, el que venía a matarme no me reconoció y se ha ido. Escena en blanco y negro de hombre que se adentra en el bosque después de la sesión de cine. Últimas imágenes de adultos durmiendo la siesta mientras un automóvil desconocido rueda al encuentro de una luminosidad mayor. "Deseo que te amen y que no conozcas la muerte."

Nagas

Cinema entre as árvores? O projecionista dorme a sesta no pátio de cascalho de seu bangalô. A garota desconhecida desapareceu tão suavemente como da primeira vez que a vi. Avancei sem temor, minhas pegadas ficaram marcadas levemente na poeira, em linha reta de meu bangalô até os banheiros. Era meia-noite e vi viaturas policiais paradas na estrada. Deixei sem resposta a última carta de Mara. A garota caminhou de volta para sua barraca e ninguém pôde garantir se ela realmente estivera na lavanderia alguma vez. "Não consigo escrever mais nada"... "Só resta uma menina pequena, dez anos, que me cumprimenta toda vez que nos encontramos"... "Sentava-se sozinha no terraço do bar, junto à pista de dança, e era difícil encontrá-la"... Na tela aparecem os Nagas. Espectadores rodeados de mosquitos à meia-noite; olhei à direita: luzes distantes de uma quadra de tênis noturna. Tive vontade de dormir ali mesmo. Os elementos são estes: "impassibilidade", "perseverança", "cabelo loiro". Na manhã seguinte já não estava em sua barraca. Pelas estradas europeias condenadas à morte desliza o automóvel de seus pais, para a França, para a Suíça?... O sujeito olhou para cima com um gesto cansado, lua crescente, copas de pinheiros recortadas contra o céu, barulho de sirenes ao longe. Mas aqui estou seguro, falou, quem vinha me matar não me reconheceu e foi embora. Cena em branco e preto de homem que entra no bosque depois da sessão de cinema. Últimas imagens de adultos dormindo a sesta enquanto um automóvel desconhecido roda ao encontro de uma luminosidade maior. "Espero que te amem e que não conheças a morte."

Post Scriptum

De lo perdido, de lo irremediablemente perdido, sólo deseo recuperar la disponibilidad cotidiana de mi escritura, líneas capaces de cogerme del pelo y levantarme cuando mi cuerpo ya no quiera aguantar más. (Significativo, dijo el extranjero.) A lo humano y a lo divino. Como esos versos de Leopardi que Daniel Biga recitaba en un puente nórdico para armarse de coraje, así sea mi escritura.

Post Scriptum

Do perdido, do irremediavelmente perdido, só quero recuperar a disponibilidade cotidiana de minha escrita, linhas capazes de me agarrar pelos cabelos e me levantar quando meu corpo não quiser mais aguentar. (Significativo, disse o estrangeiro.) Ao humano e ao divino. Como esses versos de Leopardi que Daniel Biga recitava numa ponte nórdica para se munir de coragem, que assim seja minha escrita.

Iceberg
Iceberg

Apuntes de una castración

> E pus ma dona m'estranha.
> *Peire Vidal*

Para Fernando X la aventura había comenzado fue como despertar pozo salvaje
Mis sueños dijo son apenas había comenzado no sabía si estaba dormido

Fui sujeto de manos y piernas y la cuchilla como mi espejo cortó allá abajo
En el sueño abajo late como pozo si es de noche ya no puedo temer soy libre

Y del espejo surgió mi pozo para Fernando X las palabras le cortaron
Sentí el corte y me cagué cogí mis huevos y en el espejo la palabra parecía viva

No sé si soñaba fue como un sueño los vecinos salieron del espejo
Sujeto fui por los cuatro extremos y mis gritos cercaron la palabra

Ahora te lo puedo contar soy la Historia ese latido anula a mi muchacha
Ya no eyacula semen Fernando X sino liquor prostático y su hombría resplandece

Dijo mi hombría resplandece porque está atardeciendo y soy la Historia
Un Fernando acorazado que hunde su mano en él y anula a su muchacha

Cercado por palabras los vi salir del espejo eran delgados como espermatozoides
Me reí como mi pozo quiso decir algo había comenzado la técnica nueva

Ahora empuja los dedos hacia el vacío y sus ojos brillan en el espejo
Tardes del alto medievo aquí tenemos solo a un Fernando X acorazado

Anotações sobre uma castração

E pus ma dona m'estranha
Peire Vidal

Para Fernando x a aventura havia começado foi como despertar poço selvagem
Meus sonhos disse são mal havia começado não sabia se estava dormindo

Fui amarrado pelas mãos e pernas e a faca como meu espelho cortou lá embaixo
No sonho lá embaixo pulsa como poço se é noite já não posso temer sou livre

E do espelho surgiu meu poço para Fernando x as palavras o cortaram
Senti o corte e me caguei segurei meus ovos e no espelho a palavra parecia viva

Não sei se estava sonhando foi como um sonho os vizinhos saíram do espelho
Fui amarrado pelos quatro extremos e meus gritos cercaram a palavra

Agora posso lhe contar sou a História essa pulsação anula minha garota
Fernando x já não ejacula sêmen e sim líquido prostático e sua hombridade
[resplandece

Falou minha hombridade resplandece porque está entardecendo e sou a
[História
Um Fernando encouraçado que afunda sua mão nele e anula sua garota

Cercado pelas palavras eu os vi sair do espelho eram finos como
[espermatozoides
Ri como meu poço quis dizer alguma coisa tinha começado a técnica nova

Agora empurra os dedos para o vazio e seus olhos brilham no espelho
Tardes do alto medievo aqui temos só um Fernando x encouraçado

453

La pelirroja

I

Mi idea de la perdedora que la muchacha conozca a la muerte
pierna fuera de las sábanas como su Chile tocado por la luna

Camino astado de conocimiento la puerta se abre
y el tipo sonríe como imbécil su slip abultado por la luna

Como Dios conoce a los perdedores ella ha reconocido
la llegada de la muerte el momento Chile su instante de soledad

Su pelirroja su solidaridad un Chile debajo del toque lunar
un momento puro el encuentro de la desnudez y su soledad

Cuerpo tirado sobre las sábanas mi idea de la perdedora:
por entre las nalgas baja un hilillo de semen como luz propia

Su pelirroja grita en tiempos verbales pasados y ella se viene
a través de la idea dedo que en el culo toca la estalactita

Poética por ascensión pelirroja por ascensión un delta visual
que compone su Chile erecto tocado por la luna que la sujeta

Mientras se viene grita se estremece idea fija otra vez indecible
como cuerpo ensartado que compone transpiración como velo

Las manos bajan el calzoncillo y aparece Chile su horror
su grito blanco como el calzoncillo tocado por la luna

A ruiva

I

Minha ideia da perdedora que a garota conheça a morte
perna fora dos lençóis como seu Chile tocado pela lua

Caminho hastado de conhecimento a porta se abre
e o sujeito sorri como um imbecil sua cueca avolumada pela lua

Como Deus conhece os perdedores ela reconheceu
a chegada da morte o momento Chile seu instante de solidão

Sua ruiva sua solidariedade um Chile sob o toque lunar
um momento puro o encontro da nudez e sua solidão

Corpo jogado sobre os lençóis minha ideia da perdedora:
por entre as nádegas desce um filete de sêmen como luz própria

Sua ruiva grita em tempos verbais passados e ela goza
através da ideia dedo que no cu toca a estalactite

Poética por ascensão ruiva por ascensão um delta visual
que compõe seu Chile ereto tocado pela lua que a sujeita

Enquanto goza estremece ideia fixa outra vez indizível
como corpo espetado que compõe transpiração como véu

As mãos abaixam a cueca e aparece Chile seu horror
seu grito branco como a cueca tocada pela lua

Su ojo azul se voltea y ofrece la grupa un hilillo de semen
como luz alba enferma que cubre la raya rosada y el ojo marrón

Del culo el ojo oscuro cubierto de leche como alba su razón
tocada por la leche como cinta franja línea que aún grita

Sus propios tiempos verbales caóticos para componer la figura
De su pelirroja ensartada que se viene hasta la estalactita

II

Idea fija otra vez indecible el hilo espeso es una luz propia

Su Chile su arco iris inmóvil como pulmón de tiempos verbales oscuros

Tocada por la luna su venida su sujeción de un eje ondulante

El momento Chile el momento erecto de su pelirroja y de su soledad

Camino astado su idea acoge a la perdedora a través de un eje ondulante

Pelirroja por ascensión la espalda las caderas rasguñadas sujeta a soledad

Como una alambrada la idea horizontal ha permitido un eje ondulante

Tocada por la luna su momento Chile que la penetra como pulmón

Reconociendo la fuga la inmóvil que dice toca el cualquier lugar ensangrentado

Seu olho azul se vira e oferece a bunda um filete de sêmen
como luz aurora doente que cobre a risca rosada e o olho marrom

Do cu o olho escuro coberto de leite como aurora sua razão
tocada pelo leite como faixa franja linha que ainda grita

Seus próprios tempos verbais caóticos para compor a figura
De sua ruiva espetada que goza até a estalactite

II

Ideia fixa outra vez indizível o fio espesso é uma luz própria

Seu Chile seu arco-íris imóvel como pulmão de tempos verbais obscuros

Tocada pela lua sua vinda sua sujeição de um eixo ondulante

O momento Chile o momento ereto de sua ruiva e de sua solidão

Caminho hastado sua ideia acolhe a perdedora através de um eixo ondulante

Ruiva por ascensão as costas os quadris arranhados sujeita à solidão

Como um alambrado a ideia horizontal permitiu um eixo ondulante

Tocada pela lua seu momento Chile que a penetra como pulmão

Reconhecendo a fuga imóvel que diz toca qualquer lugar ensanguentado

La victoria

En ningún lugar puedes estar seguro
Has revisado tus posibilidades y ahora
Estás en el vacío esperando un golpe de suerte

Dolce stil nuovo de la frialdad, así
No llegará tu cuerpo real a ninguna parte
Pero tu sombra acorazada acaso huya

Ahora tus posibilidades se llaman ninguna
Pues ya no te ufanas de haber conocido el peligro
Ni un golpe de suerte encenderá esta lámpara

Estás en el secreto de la poesía
Y ya en ningún lugar puedes estar seguro
Ni en las palabras ni en la aventura

Detrás de tu promesa se esconde la Promesa
Un niño volverá a recorrer las guerras
En el reflejo de tu frialdad imaginaria

Bienamado hasta por el peligro, llegó
Tu instante de vacío absoluto mira allí
Entre los árboles tu sombra levanta un cadáver

A vitória

Em nenhum lugar você pode estar seguro
Revisou suas possibilidades e agora
Está no vazio esperando um golpe de sorte

Dolce stil nuovo da frieza, assim
Seu corpo real não chegará a nenhum lugar
Mas sua sombra encouraçada talvez fuja

Agora suas possibilidades se chamam nenhuma
Pois já não se gaba de ter conhecido o perigo
Nem um golpe de sorte acenderá esta lâmpada

Você está no segredo da poesia
E não pode mais estar seguro em nenhum lugar
Nem nas palavras nem na aventura

Por trás de sua promessa se esconde a Promessa
Um menino voltará a percorrer as guerras
No reflexo de sua frieza imaginária

Bem-amado até pelo perigo, chegou
Seu instante de vazio absoluto olhe ali
Entre as árvores sua sombra levanta um cadáver

Prosa del otoño en Gerona
Prosa do outono em Girona

Una persona —debería decir una desconocida— que te acaricia, te hace bromas, es dulce contigo y te lleva hasta la orilla de un precipicio. Allí, el personaje dice ay o empalidece. Como si estuviera dentro de un caleidoscopio y viera el ojo que lo mira. Colores que se ordenan en una geometría ajena a todo lo que tú estás dispuesto a aceptar como bueno. Así empieza el otoño, entre el río Oñar y la colina de las Pedreras.

Uma pessoa — deveria dizer uma desconhecida — que te acaricia, brinca, é doce com você e o leva até a beira de um precipício. Lá, o personagem diz ai ou empalidece. Como se estivesse dentro de um caleidoscópio e visse o olho que o mira. Cores que se ordenam numa geometria alheia a tudo que você está disposto a aceitar como bom. Assim começa o outono, entre o rio Oñar e a colina das Pedreras.

La desconocida está tirada en la cama. A través de escenas sin amor (cuerpos planos, objetos sadomasoquistas, píldoras y muecas de desempleados) llegas al momento que denominas el otoño y descubres a la desconocida.

En el cuarto, además del reflejo que lo chupa todo, observas piedras, lajas amarillas, arena, almohadas con pelos, pijamas abandonados. Luego desaparece todo.

A desconhecida está jogada na cama. Através de cenas sem amor (corpos planos, objetos sadomasoquistas, pílulas e caretas de desempregados) você chega ao momento que chama de *outono* e descobre a desconhecida.

No quarto, além do reflexo que suga tudo, você observa pedras, lajes amarelas, areia, travesseiros com cabelos, pijamas abandonados. Depois tudo desaparece.

Te hace bromas, te acaricia. Un paseo solitario por la plaza de los cines. En el centro una alegoría en bronce: "La batalla contra los franceses". El soldado raso con la pistola levantada, se diría a punto de disparar al aire, es joven; su rostro está conformado para expresar cansancio, el pelo alborotado, y ella te acaricia sin decir nada, aunque la palabra caleidoscopio resbala como saliva de sus labios y entonces las escenas vuelven a transparentarse en algo que puedes llamar el ay del personaje pálido o geometría alrededor de tu ojo desnudo.

Brinca com você, te acaricia. Um passeio solitário pela praça dos cinemas. No centro, uma alegoria em bronze: "A batalha contra os franceses". O soldado raso com a pistola levantada, como se estivesse prestes a disparar no ar, é jovem; seu rosto está moldado para expressar cansaço, o cabelo alvoroçado, e ela te acaricia sem dizer nada, embora a palavra caleidoscópio deslize como saliva de seus lábios e então as cenas voltam a ficar transparentes em algo que você pode chamar de ai do personagem pálido ou de geometria ao redor de teu olho nu.

Después de un sueño (he extrapolado en el sueño la película que vi el día anterior) me digo que el otoño no puede ser otro sino el dinero.

El dinero como el cordón umbilical que te comunica con las muchachas y el paisaje.

El dinero que no tendré jamás y que por exclusión hace de mí un anacoreta, el personaje que de pronto empalidece en el desierto.

Depois de um sonho (no sonho extrapolei o filme que vi no dia anterior) digo para mim mesmo que o outono não pode ser outro senão o dinheiro.

O dinheiro como o cordão umbilical que faz você se comunicar com as garotas e com a paisagem.

O dinheiro que jamais terei e que por exclusão faz de mim um anacoreta, o personagem que de repente empalidece no deserto.

"Esto podría ser el infierno para mí." El caleidoscopio se mueve con la serenidad y el aburrimiento de los días. Para ella, al final, no hubo infierno. Simplemente evitó vivir aquí. Las soluciones sencillas guían nuestros actos. La educación sentimental sólo tiene una divisa: no sufrir. Aquello que se aparta puede ser llamado desierto, roca con apariencia de hombre, el pensador tectónico.

"Isso poderia ser o inferno para mim." O caleidoscópio se move com a serenidade e o tédio dos dias. Para ela, no fim, não houve inferno. Simplesmente evitou viver aqui. As soluções simples guiam nossos atos. A educação sentimental só tem um lema: *não sofrer*. Aquilo que se afasta pode ser chamado de deserto, rocha com aparência de homem, o pensador tectônico.

La pantalla atravesada por franjas se abre y es tu ojo el que se abre alrededor de la franja. Todos los días el estudio del desierto se abre como la palabra "borrado". ¿Un paisaje borrado? ¿Un rostro en primer plano? ¿Unos labios que articulan otra palabra?

La geometría del otoño atravesada por la desconocida solamente para que tus nervios se abran.

Ahora la desconocida vuelve a desaparecer. De nuevo adoptas la apariencia de la soledad.

A tela atravessada por franjas se abre e é seu olho que se abre ao redor da franja. Todo dia o estúdio do deserto se abre como a palavra "apagado". Uma paisagem apagada? Um rosto em primeiro plano? Uns lábios que articulam outra palavra?

A geometria do outono atravessada pela desconhecida apenas para que seus nervos se abram.

Agora a desconhecida desaparece de novo. Você assume novamente a aparência da solidão.

Dice que está bien. Tú dices que estás bien y piensas que ella debe estar realmente bien y que tú estás realmente bien. Su mirada es bellísima, como si viera por primera vez las escenas que deseó toda su vida. Después llega el aliento a podrido, los ojos huecos aunque ella diga (mientras tú permaneces callado, como en una película muda) que el infierno no puede ser el mundo donde vive. ¡Corten este texto de mierda!, grita. El caleidoscopio adopta la apariencia de la soledad. Crac, hace tu corazón.

Ela diz que está bem. Você diz que está bem e pensa que ela deve estar realmente bem e que você está realmente bem. Seu olhar é belíssimo, como se visse pela primeira vez cenas que desejou a vida toda. Depois chega o hálito podre, os olhos vazios ainda que ela diga (enquanto você permanece calado, como num filme mudo) que o inferno não pode ser o mundo onde vive. Cortem este texto de merda!, grita. O caleidoscópio assume a aparência da solidão. Crac, faz seu coração.

Al personaje le queda la aventura y decir "ha empezado a nevar, jefe".

Ao personagem resta a aventura e dizer "começou a nevar, chefe".

De este lado del río todo lo que te interesa mantiene la misma mecánica. Las terrazas abiertas para recibir el máximo sol posible, las muchachas aparcando sus mobilettes, las pantallas cubiertas por cortinas, los jubilados sentados en las plazas. Aquí el texto no tiene conciencia de nada sino de su propia vida. La sombra que provisionalmente llamas autor apenas se molesta en describir cómo la desconocida arregló todo para su momento Atlántida.

Deste lado do rio, tudo o que lhe interessa mantém a mesma mecânica. Os terraços abertos para receber o máximo de sol possível, as garotas estacionando suas mobilettes, as telas cobertas por cortinas, os aposentados sentados nas praças. Aqui o texto não tem consciência de nada, a não ser de sua própria vida. A sombra que você temporariamente chama de autor quase nem se incomoda em descrever como a desconhecida preparou tudo para seu momento Atlântida.

No es de extrañar que la habitación del autor esté llena de carteles alusivos. Desnudo, da vueltas por el centro contemplando las paredes descascaradas, en las cuales asoman signos, dibujos nerviosos, frases fuera de contexto.

Resuenan en el caleidoscopio, como un eco, las voces de todos los que él fue y a eso llama su paciencia.

La paciencia en Gerona antes de la Tercera Guerra.

Un otoño benigno.

Apenas queda olor de ella en el cuarto...

El perfume se llamaba Carnicería Fugaz...

Un médico famoso le había operado el ojo izquierdo...

Não é de estranhar que o quarto do autor esteja cheio de cartazes alusivos. Nu, dá voltas pelo centro contemplando as paredes descascadas, nas quais aparecem signos, desenhos nervosos, frases fora de contexto.

Ressoam no caleidoscópio, como um eco, as vozes de todos os que ele foi, e ele chama isso de sua paciência.

A paciência em Girona antes da Terceira Guerra.

Um outono benévolo.

Pouco resta do cheiro dela no quarto…

O perfume se chamava Carnicería Fugaz…

Um médico famoso tinha operado seu olho esquerdo…

La situación real: estaba solo en mi casa, tenía 28 años, acababa de regresar después de pasar el verano fuera de la provincia, trabajando, y las habitaciones estaban llenas de telarañas. Ya no tenía trabajo y el dinero, a cuentagotas, me alcanzaría para cuatro meses. Tampoco había esperanzas de encontrar otro trabajo. En la policía me habían renovado la permanencia por tres meses. No autorizado para trabajar en España. No sabía qué hacer. Era un otoño benigno.

A situação real: estava sozinho em minha casa, tinha 28 anos, acabara de voltar depois de passar o verão fora da província, trabalhando, e os quartos estavam cheios de teias de aranha. Não tinha mais trabalho e o dinheiro, a conta-gotas, só daria para quatro meses. Tampouco havia esperança de encontrar outro trabalho. Na polícia, tinham renovado meu visto de permanência por três meses. Não autorizado a trabalhar na Espanha. Não sabia o que fazer. Era um outono benévolo.

Las dos de la noche y la pantalla blanca. Mi personaje está sentado en un sillón, en una mano un cigarrillo y en la otra una taza con coñac. Recompone minuciosamente algunas escenas. Así, la desconocida duerme con perfecta calma, luego le acaricia los hombros, luego le dice que no la acompañe a la estación. Allí observas una señal, la punta del iceberg. La desconocida asegura que no pensaba dormir con él. La amistad —su sonrisa entra ahora en la zona de las estrías— no presupone ninguna clase de infierno.

Es extraño, desde aquí parece que mi personaje espanta moscas con su mano izquierda. Podría, ciertamente, transformar su angustia en miedo si levantara la vista y viera entre las vigas en ruinas los ojillos de una rata fijos en él.

Crac, su corazón. La paciencia como una cinta gris dentro del caleidoscopio que empiezas una y otra vez.

¿Y si el personaje hablara de la felicidad? ¿En su cuerpo de 28 años comienza la felicidad?

Duas da madrugada e a tela branca. Meu personagem está sentado numa poltrona, numa das mãos um cigarro e na outra um copo de conhaque. Refaz minuciosamente algumas cenas. Assim, a desconhecida dorme perfeitamente calma, depois lhe acaricia os ombros, depois lhe diz que não a acompanhe até a estação. Ali você observa um sinal, a ponta do iceberg. A desconhecida garante que não planejava dormir com ele. A amizade — seu sorriso agora entra na área das rugas — não pressupõe nenhum tipo de inferno.

É estranho, daqui parece que meu personagem espanta moscas com a mão direita. Poderia, certamente, transformar sua angústia em medo se levantasse a vista e visse entre as vigas em ruínas os olhinhos de um rato fixos nele.

Crac, seu coração. A paciência como uma faixa cinzenta dentro do caleidoscópio que você inicia várias vezes.

E se o personagem falasse da felicidade? A felicidade começa em seu corpo de 28 anos?

Lo que hay detrás cuando hay algo detrás: "llama al jefe y dile que ha empezado a nevar". No hay mucho más que añadir al otoño de Gerona.

Una muchacha que se ducha, su piel enrojecida por el agua caliente; sobre su pelo, como turbante, una toalla vieja, descolorida. De repente, mientras se pinta los labios delante del espejo, me mira (estoy detrás) y dice que no hace falta que la acompañe a la estación.

Repito ahora la misma escena, aunque no hay nadie frente al espejo.

O que há por trás quando há algo por trás: "Ligue para o chefe e diga que começou a nevar". Não há muito mais a acrescentar ao outono de Girona.

Uma garota tomando banho, sua pele avermelhada pela água quente; sobre seu cabelo, como turbante, uma toalha velha, desbotada. De repente, enquanto ela passa batom diante do espelho, me olha (estou atrás) e diz que não é preciso que a acompanhe até a estação.

Repito agora a mesma cena, embora não haja ninguém diante do espelho.

Para acercarse a la desconocida es necesario dejar de ser el hombre invisible. Ella dice, con todos sus actos, que el único misterio es la confidencia futura. ¿La boca del hombre invisible se acerca al espejo?

Sácame de este texto, querré decirle, muéstrame las cosas claras y sencillas, los gritos claros y sencillos, el miedo, la muerte, su instante Atlántida cenando en familia.

Para se aproximar da desconhecida é preciso deixar de ser o homem invisível. Ela diz, com todos os seus atos, que o único mistério é a confidência futura. A boca do homem invisível se aproxima do espelho?

Tire-me deste texto, vou querer lhe dizer, me mostre as coisas claras e simples, os gritos claros e simples, o medo, a morte, seu instante Atlântida jantando em família.

El otoño en Gerona: la Escuela de Bellas Artes, la plaza de los cines, el índice de desempleo en Cataluña, tres meses de permiso para residir en España, los peces en el Oñar (¿carpas?), la invisibilidad, el autor que contempla las luces de la ciudad y por encima de éstas una franja de humo gris sobre la noche azul metálico y al fondo las siluetas de las montañas.

Palabras de un amigo refiriéndose a su compañera con la cual vive desde hace siete años: "es mi patrona".

No tiene sentido escribir poesía, los viejos hablan de una nueva guerra y a veces vuelve el sueño recurrente: autor escribiendo en habitación en penumbras; a lo lejos, rumor de pandillas rivales luchando por un supermercado; hileras de automóviles que nunca volverán a rodar.

La desconocida, pese a todo, me sonríe, aparta los otoños y se sienta a mi lado. Cuando espero gritos o una escena, sólo pregunta por qué me pongo así.

¿Por qué me pongo así?

La pantalla se vuelve blanca como un complot.

O outono em Girona: a Escola de Belas-Artes, a praça dos cinemas, o índice de desemprego na Catalunha, três meses de permissão para residir na Espanha, os peixes no Oñar (carpas?), a invisibilidade, o autor que contempla as luzes da cidade e acima destas uma franja de fumaça cinza sobre a noite azul-metálica e ao fundo as silhuetas das montanhas.

Palavras de um amigo se referindo a sua companheira, com a qual vive há sete anos: "é minha patroa".

Não tem sentido escrever poesia, os velhos falam de uma nova guerra e às vezes o sonho recorrente volta: autor escrevendo no quarto em penumbra; ao longe, barulho de gangues rivais lutando por um supermercado; fileiras de automóveis que nunca voltarão a rodar.

A desconhecida, apesar de tudo, sorri para mim, afasta os outonos e senta-se a meu lado. Quando espero gritos ou uma cena, ela só pergunta por que eu fico assim.

Por que eu *fico* assim?

A tela se torna branca como um complô.

El autor suspende su trabajo en el cuarto oscuro, los muchachos dejan de luchar, los faros de los coches se iluminan como tocados por un incendio. En la pantalla sólo veo unos labios que deletrean su momento Atlántida.

O autor interrompe seu trabalho no quarto escuro, os rapazes param de lutar, os faróis dos carros se iluminam como se tocados por um incêndio. Na tela só vejo uns lábios que soletram seu momento Atlântida.

La muerte también tiene unos sistemas de claridad. No me sirve (lo siento por mí, pero no me sirve) el amor tentacular y solar de John Varley, por ejemplo, si esa mirada lúcida que abraza una situación no puede ser otra mirada lúcida enfrentada con otra situación, etc. Y aun si así fuera, la caída libre que eso supondría tampoco me serviría para lo que de verdad deseo: el espacio que media entre la desconocida y yo, aquello que puedo mal nombrar como otoño de Gerona, las cintas vacías que nos separan pese a todos los riesgos.

El instante prístino que es el pasaporte de R. B. en octubre de 1981, que lo acredita como chileno con permiso para residir en España, sin trabajar, durante otros tres meses. ¡El vacío donde ni siquiera cabe la náusea!

A morte também tem alguns sistemas de clareza. Não me serve (lamento por mim, mas não me serve) o amor tentacular e solar de John Varley, por exemplo, se esse olhar lúcido que *abraça* uma situação não pode ser outro olhar lúcido confrontado com outra situação etc. E mesmo que fosse assim, a queda livre que isso implicaria tampouco serviria para o que desejo de verdade: o espaço que há entre mim e a desconhecida, aquilo que imperfeitamente nomeio como outono em Girona, as fitas vazias que nos separam apesar de todos os riscos.

O instante prístino que é o passaporte de R. B. em outubro de 1981, que o certifica como chileno com permissão para residir na Espanha, sem trabalhar, por mais três meses. O vazio onde nem sequer cabe a náusea!

Así, no es de extrañar la profusión de carteles en el cuarto del autor. Círculos, cubos, cilindros rápidamente fragmentados nos dan una idea de su rostro cuando la luz lo empuja; aquello que es su carencia de dinero se transforma en desesperación del amor; cualquier gesto con las manos se transforma en piedad.

Su rostro, fragmentado alrededor de él, aparece sometido a su ojo que lo reordena, el caleidoscopio ideal. (O sea: la desesperación del amor, la piedad, etc.)

Assim, não é de estranhar a profusão de cartazes no quarto do autor. Círculos, cubos, cilindros rapidamente fragmentados nos dão uma ideia de seu rosto quando a luz o pressiona; aquilo que é sua falta de dinheiro se transforma em desespero do amor; qualquer gesto com as mãos se transforma em piedade.

Seu rosto, fragmentado ao redor dele, aparece submetido a seu olho que o reordena, o caleidoscópio ideal. (Ou seja: o desespero do amor, a piedade etc.)

Mañana de domingo. *La Rambla está vacía, sólo hay algunos viejos sentados en las bancas leyendo el periódico. Por el otro extremo las siluetas de dos policías inician el recorrido.*

Llega Isabel: levanto la vista del periódico y la observo. Sonríe, tiene el pelo rojo. A su lado hay un tipo de pelo corto y barba de cuatro días. Me dice que va a abrir un bar, un lugar barato adonde podrán ir sus amigos. "Estás invitado a la inauguración." En el periódico hay una entrevista a un famoso pintor catalán. "¿Qué se siente al estar en las principales galerías del mundo a los 33 años?" Una gran sonrisa roja. A un lado del texto, dos fotos del pintor con sus cuadros. "Trabajo 12 horas al día, es un horario que yo mismo me he impuesto." Junto a mí, en la misma banca, un viejo con otro periódico empieza a removerse; realidad objetiva, susurra mi cabeza. Isabel y el futuro propietario se despiden, intentarán ir, me dicen, a una fiesta en un pueblo vecino. Por el otro extremo las siluetas de los policías se han agrandado y ya casi están sobre mí. Cierro los ojos.

Mañana de domingo. *Hoy, igual que ayer por la noche y que anteayer, he llamado por teléfono a una amiga de Barcelona. Nadie contestó. Imagino por unos segundos el teléfono sonando en su casa donde no hay nadie, igual que ayer y anteayer, y luego abro los ojos y observo el surco donde se ponen las monedas y no veo ninguna moneda.*

Manhã de domingo. A Rambla está vazia, só há alguns velhos sentados nos bancos lendo jornal. No outro extremo as silhuetas de dois policiais iniciam o percurso.

Isabel chega: levanto a vista do jornal e a observo. Sorri, tem o cabelo vermelho. A seu lado há um sujeito de cabelo curto e barba de quatro dias. Ele me diz que vai abrir um bar, um lugar barato onde seus amigos poderão ir. "Está convidado para a inauguração." No jornal há uma entrevista com um famoso pintor catalão. "O que se sente ao estar nas principais galerias do mundo aos 33 anos?" Um grande sorriso vermelho. A um lado do texto, duas fotos do pintor com seus quadros. "Trabalho doze horas por dia, é um horário que eu mesmo me impus." Junto a mim, no mesmo banco, um velho com outro jornal começa a se mexer; realidade objetiva, sussurra minha cabeça. Isabel e o futuro proprietário se despedem, tentarão ir, me dizem, a uma festa numa cidade vizinha. No outro extremo, as silhuetas dos policiais se ampliaram e já estão quase sobre mim. Fecho os olhos.

Manhã de domingo. Hoje, como ontem à noite e anteontem, liguei para uma amiga de Barcelona. Ninguém atendeu. Imagino por alguns segundos o telefone tocando em sua casa onde não há ninguém, como ontem e anteontem, e depois abro os olhos e observo o sulco onde se põem as moedas e não vejo nenhuma moeda.

El desaliento y la angustia consumen mi corazón.
Aborrezco la aparición del día, que me invita a una
vida, cuya verdad y significación es dudosa para mí.
Paso las noches agitado por continuas pesadillas.

Fichte

En efecto, el desaliento, la angustia, etc.

El personaje pálido aguardando ¿en la salida de un cine?, ¿de un campo deportivo?, la aparición del hoyo inmaculado. (Desde esta perspectiva otoñal su sistema nervioso pareciera estar insertado en una película de propaganda de guerra.)

O desalento e a angústia consomem meu coração.
Odeio o surgimento do dia, que me convida a uma
vida cuja verdade e significação são duvidosas para mim.
Passo as noites agitado por pesadelos contínuos.

Fichte

De fato, o desalento, a angústia etc.

O personagem pálido aguardando na saída de um cinema?, de uma quadra de esportes?, o surgimento da cova imaculada. (Desta perspectiva outonal, seu sistema nervoso poderia parecer inserido num filme de propaganda de guerra.)

Me lavo los dientes, la cara, los brazos, el cuello, las orejas. Todos los días bajo al correo. Todos los días me masturbo. Dedico gran parte de la mañana a preparar la comida del resto del día. Me paso las horas muertas sentado, hojeando revistas. Intento, en las repetidas ocasiones del café, convencerme de que estoy enamorado, pero la falta de dulzura —de una dulzura determinada— me indica lo contrario. A veces pienso que estoy viviendo en otra parte.

Después de comer me duermo con la cabeza sobre la mesa, sentado. Sueño lo siguiente: Giorgio Fox, personaje de un cómic, crítico de arte de 17 años, cena en un restaurante del nivel 30, en Roma. Eso es todo. Al despertar pienso que la luminosidad del arte asumido y reconocido en plena juventud es algo que de una manera absoluta se ha alejado de mí. Cierto, estuve dentro del paraíso, como observador o como náufrago, allí donde el paraíso tenía la forma del laberinto, pero jamás como ejecutante. Ahora, a los 28, el paraíso se ha alejado de mí y lo único que me es dable ver es el primer plano de un joven con todos sus atributos: fama, dinero, es decir capacidad para hablar por sí mismo, moverse, querer. Y el trazo con que está dibujado Giorgio Fox es de una amabilidad y dureza que mi cara (mi cara fotográfica) jamás podrá imitar.

Escovo os dentes, lavo o rosto, os braços, o pescoço, as orelhas. Todos os dias desço até o correio. Todos os dias me masturbo. Dedico grande parte da manhã a preparar a comida do resto do dia. Passo as horas mortas sentado, folheando revistas. Tento, nas repetidas ocasiões do café, me convencer de que estou apaixonado, mas a falta de doçura — de uma doçura *determinada* — me indica o contrário. Às vezes penso que estou vivendo em outro lugar.

Depois de comer, durmo com a cabeça sobre a mesa, sentado. Sonho o seguinte: Giorgio Fox, personagem de um gibi, crítico de arte de 17 anos, janta em um restaurante no 30º andar, em Roma. Isso é tudo. Ao acordar, penso que a luminosidade da arte assumida e reconhecida em plena juventude é algo que se afastou de mim de uma forma absoluta. Certo, estive dentro do paraíso, como observador ou como náufrago, ali onde o paraíso tinha a forma do labirinto, mas jamais como executante. Agora, aos 28, o paraíso se afastou de mim e a única coisa que me é dado ver é o primeiro plano de um jovem com todos os seus atributos: fama, dinheiro, ou seja, capacidade de falar por si mesmo, de se mover, de amar. E o traço com que Giorgio Fox está desenhado é de uma amabilidade e dureza que minha face (minha face fotográfica) jamais poderá imitar.

Quiero decir: allí está Giorgio Fox, el pelo cortado al cepillo, los ojos azul pastel, perfectamente bien dentro de una viñeta trabajada con pulcritud. Y aquí estoy yo, el hoyo inmaculado en el papel momentáneo de masa consumidora de arte, masa que se manipula y observa a sí misma encuadrada en un paisaje de ciudad minera. (El desaliento y la angustia de Fichte, etc.)

Quer dizer: lá está Giorgio Fox, o cabelo cortado rente, os olhos de um azul-pastel, perfeitamente bem dentro de uma ilustração trabalhada com capricho. E cá estou eu, a cova imaculada no papel momentâneo de massa consumidora de arte, massa que se manipula e se observa a si mesma enquadrada numa paisagem de cidade mineradora. (O desalento e a angústia de Fichte etc.)

Recurrente, la desconocida cuelga del caleidoscopio. Le digo: "Soy voluble. Hace una semana te amaba, en momentos de exaltación llegué a pensar que podríamos haber sido una pareja del paraíso. Pero ya sabes que sólo soy un fracasado: esas parejas existen lejos de aquí, en París, en Berlín, en la zona alta de Barcelona. Soy voluble, unas veces deseo la grandeza, otras sólo su sombra. La verdadera pareja, la única, es la que hacen el novelista de izquierda famoso y la bailarina, antes de su momento Atlántida. Yo, en cambio, soy un fracasado, alguien que no será jamás Giorgio Fox, y tú pareces una mujer común y corriente, con muchas ganas de divertirte y ser feliz. Quiero decir: feliz aquí, en Cataluña y no en un avión rumbo a Milán o a la estación nuclear de Lampedusa. Mi volubilidad es fiel a ese instante prístino, el resentimiento feroz de ser lo que soy, el sueño en el ojo, la desnudez ósea de un viejo pasaporte consular expedido en México el año 73, válido hasta el 82, con permiso para residir en España durante tres meses, sin derecho a trabajar. La volubilidad, ya lo ves, permite la fidelidad, una sola fidelidad, pero hasta el fin".

La imagen se funde en negro.

Una voz en off cuenta las hipotéticas causas por las cuales Zurbarán abandonó Sevilla. ¿Lo hizo porque la gente prefería a Murillo? ¿O porque la peste que azotó la ciudad por aquellos años lo dejó sin algunos de sus seres queridos y lleno de deudas?

Recorrente, a desconhecida pende do caleidoscópio. Digo a ela: "Sou volúvel. Há uma semana eu te amava, em momentos de exaltação pensei que poderíamos ter sido um casal do paraíso. Mas você já sabe que sou só um fracassado: esses casais existem longe daqui, em Paris, em Berlim, na zona alta de Barcelona. Sou volúvel, às vezes desejo a grandeza, outras vezes, só sua sombra. O verdadeiro casal, o único, é o formado pelo romancista de esquerda famoso e pela bailarina, antes de seu momento Atlântida. Eu, em compensação, sou um fracassado, alguém que jamais será Giorgio Fox, e você parece simplesmente uma mulher comum, com muita vontade de se divertir e de ser feliz. Quer dizer: feliz aqui, na Catalunha, e não num avião rumo a Milão ou à usina nuclear de Lampedusa. Minha volubilidade é fiel a esse instante prístino, o ressentimento feroz de ser o que sou, o sonho no olho, a nudez óssea de um velho passaporte consular expedido no México em 73, válido até 82, com permissão para residir na Espanha durante três meses, sem direito a trabalhar. A volubilidade, veja, permite a fidelidade, uma só fidelidade, mas até o fim".

A imagem em fade out.

Uma voz em off conta as hipotéticas causas pelas quais Zurbarán abandonou Sevilha. Ele fez isso porque as pessoas preferiam Murillo? Ou porque a peste que fustigou a cidade naqueles anos o deixou sem alguns de seus entes queridos e cheio de dívidas?

El paraíso, por momentos, aparece en la concepción general del caleidoscopio. Una estructura vertical llena de manchas grises. Si cierro los ojos, bailarán dentro de mi cabeza los reflejos de los cascos, el temblor de una llanura de lanzas, aquello que tú llamabas el azabache. También, si quito los efectos dramáticos, me veré a mí mismo caminando por la plaza de los cines en dirección al correo, en donde no encontraré ninguna carta.

O paraíso, às vezes, aparece na concepção geral do caleidoscópio. Uma estrutura vertical cheia de manchas cinza. Se fecho os olhos, dançarão dentro de minha cabeça os reflexos dos capacetes, o tremor de uma planície de lanças, aquilo que você chamava de azeviche. Também, se retiro os efeitos dramáticos, verei a mim mesmo caminhando pela praça dos cinemas em direção ao correio, onde não encontrarei nenhuma carta.

No es de extrañar que el autor pasee desnudo por el centro de su habitación. Los carteles borrados se abren como las palabras que él junta dentro de su cabeza. Después, casi sin transición, veré al autor apoyado en una azotea contemplando el paisaje; o sentado en el suelo, la espalda contra una pared blanca mientras en el cuarto contiguo martirizan a una muchacha; o de pie, delante de una mesa, la mano izquierda sobre el borde de madera, la vista levantada hacia un punto fuera de la escena. En todo caso, el autor se abre, se pasea desnudo dentro de un entorno de carteles que levantan, como en un grito operístico, su otoño en Gerona.

Não é de estranhar que o autor passeie nu pelo centro de seu quarto. Os cartazes apagados se abrem como as palavras que ele junta dentro de sua cabeça. Depois, quase sem transição, verei o autor apoiado num terraço contemplando a paisagem; ou sentado no chão, as costas contra uma parede branca enquanto no quarto contíguo torturam uma moça; ou de pé, diante de uma mesa, a mão esquerda sobre a borda de madeira, a vista levantada para um ponto fora da cena. Em todo caso, o autor se abre, passeia nu dentro de um entorno de cartazes que levantam, como num grito operístico, seu outono em Girona.

Amanecer nublado. *Sentado en el sillón, con una taza de café en las manos, sin lavarme aún, imagino al personaje de la siguiente manera: tiene los ojos cerrados, el rostro muy pálido, el pelo sucio. Está acostado sobre la vía del tren. No. Sólo tiene la cabeza sobre uno de los raíles, el resto del cuerpo reposa a un lado de la vía, sobre el pedregal gris blanquecino. Es curioso: la mitad izquierda de su cuerpo produce la impresión de relajamiento propia del sueño, en cambio la otra mitad aparece rígida, envarada, como si ya estuviera muerto. En la parte superior de este cuadro puedo apreciar las faldas de una colina de abetos (¡sí, de abetos!) y sobre la colina un grupo de nubes rosadas, se diría de un atardecer del Siglo de Oro.*

Amanecer nublado. *Un hombre, mal vestido y sin afeitar, me pregunta qué hago. Le contesto que nada. Me replica que él piensa montar un bar. Un lugar, dice, donde la gente vaya a comer. Habrá pizzas y no serán muy caras. Magnífico, digo. Luego alguien pregunta si está enamorado. Qué quieren decir con eso, dice. Explican: si le gusta seriamente alguna mujer. Responde que sí. Será un bar estupendo, digo yo. Me dice que estoy invitado a la inauguración. Puedes comer lo que quieras sin pagar.*

Amanhecer nublado. Sentado na poltrona, com uma xícara de café nas mãos, ainda sem tomar banho, imagino o personagem da seguinte maneira: tem os olhos fechados, o rosto muito pálido, o cabelo sujo. Está deitado sobre a linha do trem. Não. Só está com a cabeça sobre um dos trilhos, o resto do corpo repousa a um lado da linha, sobre o pedregal cinza esbranquiçado. É curioso: a metade esquerda de seu corpo dá a impressão de relaxamento própria do sonho, já a outra metade aparece rígida, hirta, como se já estivesse morto. Na parte superior deste quadro posso apreciar o sopé de uma colina de abetos (sim, de abetos!) e sobre a colina um grupo de nuvens rosadas como, digamos, as de um entardecer do Século de Ouro.

Amanhecer nublado. Um homem, malvestido e com a barba por fazer, me pergunta o que eu faço. Respondo que nada. Ele retruca e diz que está pensando em montar um bar. Um lugar, diz, para as pessoas irem comer. Vai ter pizzas e não vão ser muito caras. Magnífico, digo. Depois, alguém pergunta se está apaixonado. O que querem dizer com isso?, diz. Explicam: se ele gosta seriamente de alguma mulher. Responde que sim. Vai ser um bar fantástico, digo eu. Ele me diz que estou convidado para a inauguração. Você pode comer o que quiser sem pagar.

Una persona te acaricia, te hace bromas, es dulce contigo y luego nunca más te vuelve a hablar. ¿A qué te refieres, a la Tercera Guerra? La desconocida te ama y luego reconoce la situación matadero. Te besa y luego te dice que la vida consiste precisamente en seguir adelante, en asimilar los alimentos y buscar otros.

Es divertido; en el cuarto, además del reflejo que lo chupa todo (y de ahí el hoyo inmaculado), hay voces de niños, preguntas que llegan como desde muy lejos. Y detrás de las preguntas, lo hubiera adivinado, hay risas nerviosas, bloques que se van deshaciendo pero que antes sueltan su mensaje lo mejor que pueden. "Cuídate." "Adiós, cuídate."

Uma pessoa faz carinho, brinca, é doce com você e depois nunca mais volta a lhe falar. Está se referindo a quê, à Terceira Guerra? A desconhecida o ama e depois reconhece a situação matadouro. Depois de lhe dar um beijo, diz que a vida consiste justamente em seguir em frente, em assimilar os alimentos e procurar outros.

É divertido; no quarto, além do reflexo que suga tudo (e daí a cova imaculada), há vozes de crianças, perguntas que parecem chegar de muito longe. E por trás das perguntas, você poderia adivinhar, há risadas nervosas, blocos que vão se desfazendo, mas que antes soltam sua mensagem o melhor que podem. "Se cuide." "Tchau, se cuide."

El viejo momento denominado "Nel, majo".

O velho momento denominado "Não, meu".

Ahora te deslizas hacia el plan. Llegas al río, allí enciendes un cigarrillo. Al final de la calle, en la esquina, hay una cabina telefónica y ésa es la única luz al final de la calle. Llamas a Barcelona. La desconocida contesta el teléfono. Te dice que no irá. Tras unos segundos, en los cuales dices "bueno" y ella te remeda: "bueno", preguntas por qué. Te dice que el domingo irá a Alella y tú dices que ya la llamarás cuando vayas a Barcelona. Cuelgas y el frío entra en la cabina, de improviso, cuando pensabas lo siguiente: "es como una autobiografía". Ahora te deslizas por calles retorcidas, qué luminosa puede ser Gerona por la noche, piensas, apenas hay dos barrenderos conversando afuera de un bar cerrado y al final de la calle las luces de un automóvil que desaparece. No debo tomar, piensas, no debo dormirme, no debo hacer nada que perturbe el fije. Ahora estás detenido junto al río, en el puente construido por Eiffel, oculto en el entramado de fierros. Con una mano tocas tu cara. Por el otro puente, el puente llamado de los labios, sientes pisadas pero cuando buscas a la persona ya no hay nadie, sólo el murmullo de alguien que baja las escaleras. Piensas: "así que la desconocida era así y asá, así que el único desequilibrado soy yo, así que he tenido un sueño espléndido". El sueño al que te refieres acaba de cruzar delante de ti, en el instante sutil en que te concedías una tregua —y por lo tanto te transparentabas brevemente, como el licenciado Vidriera—, y consistía en la aparición, en el otro extremo del puente, de una población de castrados, comerciantes, profesores, amas de casa, desnudos y enseñando sus testículos y sus vaginas rebanadas en las palmas de las manos. Qué sueño más curioso, te dices. No cabe duda que quieres darte ánimos.

Agora você desliza para o plano. Chega ao rio, lá acende um cigarro. No final da rua, na esquina, há uma cabine telefônica e essa é a única luz no final da rua. Você liga para Barcelona. A desconhecida atende o telefone. Diz que não irá. Depois de alguns segundos, nos quais você diz "bom" e ela o imita: "bom", você pergunta por quê. Ela diz que no domingo irá a Alella e você diz que então ligará para ela quando for a Barcelona. Desliga e o frio entra na cabine, sem aviso, quando você pensava o seguinte: "é como uma autobiografia". Agora você desliza pelas ruas retorcidas, como Girona pode ser luminosa de noite, pensa, só há dois garis conversando do lado de fora de um bar fechado e no final da rua as luzes de um automóvel que desaparece. Não devo beber, pensa, não devo dormir, não devo fazer nada que perturbe o foco. Agora você está parado junto ao rio, na ponte construída por Eiffel, oculto no entramado de ferros. Toca o rosto com uma das mãos. Na outra ponte, a ponte chamada *de los labios*, percebe passos mas quando procura a pessoa já não há ninguém, só o murmúrio de alguém descendo as escadas. Você pensa: "então a desconhecida era assim e assado, então o único desequilibrado aqui sou eu, então tive um sonho esplêndido". O sonho a que você se refere acaba de cruzar à sua frente, no momento sutil em que se concedia uma trégua — e, portanto, ficava transparente por um instante, como o licenciado Vidraça —, e consistia no surgimento, no outro extremo da ponte, de uma multidão de castrados, comerciantes, professores, donas de casa, nus e mostrando seus testículos e suas vaginas fatiadas nas palmas das mãos. Que sonho mais curioso, diz para si mesmo. Não há dúvida de que você quer levantar seu ânimo.

A través de los ventanales de un restaurante veo al librero de una de las principales librerías de Gerona. Es alto, un poco grueso, y tiene el pelo blanco y las cejas negras. Está de pie en la acera, de espaldas a mí. Yo estoy sentado en el fondo del restaurante con un libro sobre la mesa. Al cabo de un rato el librero cruza la calle con pasos lentos, se diría estudiados, y la cabeza inclinada. Me pregunto en quién estará pensando. En cierta ocasión escuché, mientras curioseaba por su establecimiento, que le confesaba a una señora gerundense que él también había cometido locuras. Después alcancé a distinguir palabras sueltas: "trenes", "dos asesinos", "la noche del hotel", "un emisario", "tuberías defectuosas", "nadie estaba al otro lado", "la mirada hipotética de". Llegado ahí tuve que taparme la mitad de la cara con un libro para que no me sorprendieran riendo. ¿La mirada hipotética de su novia, de su esposa? ¿La mirada hipotética de la dueña del hotel? (También puedo preguntarme: ¿la mirada de la pasajera del tren?, ¿la señorita que iba junto a la ventanilla y vio al vagabundo poner la cabeza sobre un raíl?) Y finalmente: ¿por qué una mirada hipotética?

Ahora, en el restaurante, mientras lo veo llegar a la otra vereda y contemplar algo sobre los ventanales, detrás de los cuales estoy, pienso que tal vez no entendiera sus palabras aquel día, en parte por el catalán cerrado de esta región, en parte por la distancia que nos separaba. Pronto un muchacho horrible reemplaza al librero en el espacio que éste ocupaba hace unos segundos. Luego el muchacho se mueve y el lugar lo ocupa un perro, luego otro perro, luego una mujer de unos cuarenta años, rubia, luego el camarero que sale a retirar las mesas porque empieza a llover.

Através das janelas de um restaurante, vejo o livreiro de uma das principais livrarias de Girona. É alto, um pouco gordo, e tem o cabelo branco e as sobrancelhas pretas. Está de pé na calçada, de costas para mim. Estou sentado no fundo do restaurante com um livro sobre a mesa. Depois de um momento, o livreiro atravessa a rua com passos lentos, estudados, poderíamos dizer, e a cabeça inclinada. Pergunto-me em que estará pensando. Certa vez o ouvi, enquanto bisbilhotava em seu estabelecimento, confessar a uma senhora gerundense que ele *também cometera loucuras*. Depois consegui distinguir palavras soltas: "trens", "dois assassinos", "a noite do hotel", "um emissário", "encanamentos com defeito", "ninguém estava do outro lado", "o olhar hipotético de". Nesse ponto, tive de cobrir metade do rosto com um livro para que não me pegassem rindo. O olhar hipotético de sua namorada, de sua esposa? O olhar hipotético da dona do hotel? (Também posso me perguntar: o olhar da passageira do trem?, da senhorita que ia junto à janela e viu o vagabundo pôr a cabeça sobre um trilho?) E finalmente: por que um olhar hipotético?

Agora, no restaurante, enquanto o vejo alcançar a outra calçada e contemplar alguma coisa sobre as janelas, atrás das quais estou, penso que talvez não tenha entendido suas palavras naquele dia, em parte devido ao sotaque cerrado do catalão desta região, em parte pela distância que nos separava. Então um rapaz horrível substitui o livreiro no espaço que este ocupava uns segundos atrás. Então o rapaz se move e o lugar é ocupado por um cão, depois por outro cão, depois por uma mulher de uns quarenta anos, loira, depois pelo garçom que sai para recolher as mesas porque está começando a chover.

Ahora llenas la pantalla —una especie de miniperíodo barroco— con la voz de la desconocida hablándote de sus amigos. En realidad tú también conoces a esa gente, hace tiempo incluso llegaste a escribir dos o cuatro poemas podridamente cínicos sobre la relación terapéutica entre tu verga y tu pasaporte y ellos. Es decir, en la sala de baile fantasmal se reconocían todos los hoyos inmaculados que tú podías poner, en una esquina, y ellos, los Burgueses de Calais de sus propios miedos, en la otra. La voz de la desconocida echa paladas de mierda sobre sus amigos (desde este momento puedes llamarlos los desconocidos). Es tan triste. Paisajes satinados donde la gente se divierte antes de la guerra. La voz de la desconocida describe, explica, aventura causas de efectos nunca desastrosos y siempre anémicos. Un paisaje que jamás necesitará un termómetro, cenas tan amables, maneras tan increíbles de despertar por la mañana. Por favor, sigue hablando, te escucho, dices mientras te escabulles corriendo a través de la habitación negra, del momento de la cena negra, de la ducha negra en el baño negro.

Agora você enche a tela — uma espécie de miniperíodo barroco — com a voz da desconhecida lhe falando de seus amigos. Na verdade, você também conhece essas pessoas, um tempo atrás chegou até a escrever dois ou quatro poemas putridamente cínicos sobre a relação terapêutica entre seu pau e seu passaporte e eles. Ou seja, no salão de baile fantasmagórico se reconheciam todas as covas imaculadas que você conseguia pôr num canto, e eles, os Burgueses de Calais de seus próprios medos, em outro. A voz da desconhecida lança pazadas de merda sobre seus amigos (desse momento em diante você pode denominá-los *os desconhecidos*). É tão triste. Paisagens acetinadas onde as pessoas se divertem antes da guerra. A voz da desconhecida descreve, explica, aventura causas de efeitos nunca desastrosos e sempre anêmicos. Uma paisagem que nunca vai precisar de um termômetro, jantares tão amáveis, maneiras tão incríveis de acordar de manhã. Por favor, continue falando, estou ouvindo, você diz, enquanto sai de fininho, correndo, através do quarto negro, do momento do jantar negro, da ducha negra no banheiro negro.

La realidad. *Había regresado a Gerona, solo, después de tres meses de trabajo. No tenía ninguna posibilidad de conseguir otro y tampoco tenía muchas ganas. La casa, durante mi ausencia, se había llenado de telarañas y las cosas parecían recubiertas por una película verde. Me sentía vacío, sin ganas de escribir y, cuando lo intentaba, incapaz de permanecer sentado durante más de una hora ante una hoja en blanco. Los primeros días ni siquiera me lavaba y pronto me acostumbré a las arañas. Mi actividad se reducía a bajar al correo, donde muy rara vez encontraba una carta de mi hermana, desde México, y en ir al mercado a comprar carne de despojos para la perra.*

La realidad. *De alguna manera que no podría explicar la casa parecía tocada por algo que no tenía en el momento de ausentarme. Las cosas parecían más claras, por ejemplo, mi sillón me parecía claro, brillante, y la cocina, aunque llena de polvo pegado a costras de grasa, daba una impresión de blancura, como si se pudiera ver a través de ella. (¿Ver qué? Nada, más blancura.) De la misma manera, las cosas eran más excluyentes. La cocina era la cocina y la mesa era sólo la mesa. Algún día intentaré explicarlo, pero si entonces, a los dos días de haber regresado, ponía las manos o los codos sobre la mesa, experimentaba un dolor agudo, como si estuviera mordiendo algo irreparable.*

A *realidade*. Tinha voltado para Girona, sozinho, depois de três meses de trabalho. Não tinha a menor possibilidade de conseguir outro e também não tinha muita vontade. Durante minha ausência, a casa se enchera de teias de aranha e as coisas pareciam recobertas por uma película verde. Eu me sentia vazio, sem vontade de escrever e, quando tentava, era incapaz de permanecer sentado por mais de uma hora diante de uma página em branco. Nos primeiros dias eu nem mesmo tomava banho e logo me acostumei com as aranhas. Minha atividade se reduzia a descer até o correio, onde muito raramente encontrava uma carta de minha irmã, do México, e em ir ao mercado comprar carne de segunda para a cadela.

A *realidade*. De um modo que eu não poderia explicar, a casa parecia tocada por algo que não tinha no momento em que me ausentei. As coisas pareciam mais claras, por exemplo, minha poltrona me parecia clara, brilhante, e a cozinha, embora cheia de pó grudado em crostas de gordura, dava uma impressão de brancura, como se fosse possível ver através dela. (Ver o quê? Nada, mais brancura.) Da mesma forma, as coisas eram mais excludentes. A cozinha era a cozinha e a mesa era só a mesa. Um dia tentarei explicar, mas agora, dois dias depois de ter voltado, se eu punha as mãos ou os cotovelos sobre a mesa, experimentava uma dor aguda, como se estivesse *mordendo* algo irreparável.

Llama al jefe y dile que ha empezado a nevar. En la pantalla: la espalda del personaje. Está sentado en el suelo, las rodillas levantadas; delante, como colocados allí por él mismo para estudiarlos, vemos un caleidoscopio, un espejo empañado, una desconocida.

Ligue pro chefe e diga que começou a nevar. Na tela: as costas do personagem. Está sentado no chão, os joelhos levantados; diante dele, como se tivessem sido dispostos ali por ele mesmo para estudá-los, vemos um caleidoscópio, um espelho embaçado, uma desconhecida.

El caleidoscopio observado. *La pasión es geometría. Rombos, cilindros, ángulos latidores. La pasión es geometría que cae al abismo, observada desde el fondo del abismo.*

La desconocida observada. *Senos enrojecidos por el agua caliente. Son las seis de la mañana y la voz en off del hombre todavía dice que la acompañará al tren. No es necesario, dice ella, su cuerpo que se mueve de espaldas a la cámara. Con gestos precisos mete su pijama en la maleta, la cierra, coge un espejo, se mira (allí el espectador tendrá una visión de su rostro: los ojos muy abiertos, aterrorizados), abre la maleta, guarda el espejo, cierra la maleta, se funde...*

O caleidoscópio observado. A paixão é geometria. Losangos, cilindros, ângulos pulsantes. A paixão é geometria que cai no abismo, observada do fundo do abismo.

A desconhecida observada. Seios avermelhados pela água quente. São seis horas da manhã e a voz em off do homem ainda diz que a acompanhará até o trem. Não é necessário, diz ela, seu corpo que se move de costas para a câmara. Com gestos precisos enfia o pijama na mala, fecha-a, pega um espelho, se olha (ali o espectador terá uma visão de seu rosto: os olhos muito abertos, aterrorizados), abre a mala, guarda o espelho, fecha a mala, fade out...

Esta esperanza yo no la he buscado. Este pabellón silencioso de la Universidad Desconocida.

Não procurei esta esperança. Esta ala silenciosa da Universidade Desconhecida.

Manifiestos y posiciones
Manifestos e posições

La poesía chilena es un gas

Nada que añadir. Buddy huele a pedo.

¿A quién coño le importará lo que escriba?

¿A quién le servirá de algo lo que yo escriba?
Sin contarme a mí, por otra parte arruinado por mi propia escritura.

El fracaso. La miseria. La degeneración. La angustia.
El deterioro. La derrota. Dos artículos masculinos
y cuatro femeninos.

Yo soy un gas.

A poesia chilena é um gás

Nada a acrescentar. Buddy tem cheiro de peido.

Quem diabos vai se importar com o que escrevo?

A quem servirá de algo o que eu escrever?
Sem contar eu mesmo, por outro lado arruinado por minha própria escrita.

O fracasso. A miséria. A degeneração. A angústia.
O declínio. A derrota. Dois artigos masculinos
e quatro femininos.

Eu sou um gás.

Horda

Poetas de España y de Latinoamérica, lo más infame
De la literatura, surgieron como ratas del fondo de mi sueño
Y enfilaron sus chillidos en un coro de voces blancas:
No te preocupes, Roberto, dijeron, nosotros nos encargaremos
De hacerte desaparecer, ni tus huesos inmaculados
Ni tus escritos que escupimos y plagiamos hábilmente
Emergerán del naufragio. Ni tus ojos, ni tus huevos
Se salvarán de este ensayo general del hundimiento. Y vi
Sus caritas satisfechas, graves agregados culturales y sonrosados
Directores de revistas, lectores de editorial y pobres
Correctores, los poetas de lengua española, cuyo nombre es
Horda, los mejores, las ratas apestosas, duchas
En el duro arte de sobrevivir a cambio de excrementos,
De ejercicios públicos de terror, los Neruda
Y los Octavio Paz de bolsillo, los cerdos fríos, ábside
O rasguño en el Gran Edificio del Poder.
Horda que detenta el sueño del adolescente y la escritura.
¡Dios mío! Bajo este sol gordo y seboso que nos mata
Y nos empequeñece.

Horda

Poetas da Espanha e da América Latina, o mais infame
Da literatura, surgiram como ratos das profundezas de meu sonho
E alinharam seus guinchos num coro de vozes brancas:
Não se preocupe, Roberto, disseram, vamos nos encarregar
De fazê-lo desaparecer, nem seus ossos imaculados
Nem seus escritos que cuspimos e plagiamos habilmente
Emergirão do naufrágio. Nem seus olhos, nem seus colhões
Irão salvar-se deste ensaio geral do naufrágio. E vi
Suas carinhas satisfeitas, sérios adidos culturais e corados
Diretores de revistas, leitores de editora e pobres
Revisores, os poetas de língua espanhola, cujo nome é
Horda, os melhores, os ratos pestilentos, especialistas
Na dura arte de sobreviver em troca de excrementos,
De exercícios públicos de terror, os Neruda
E os Octavio Paz de bolso, os porcos frios, abside
Ou arranhão no Grande Edifício do Poder.
Horda que detém o sonho do adolescente e a escrita.
Meu Deus! Sob este sol gordo e seboso que nos mata
E nos empequenece.

La poesía latinoamericana

Algo horrible, caballeros. La vacuidad y el espanto.
Paisaje de hormigas
En el vacío. Pero en el fondo, útiles.
Leamos y contemplemos su diario discurrir:
Allí están los poetas de México y Argentina, de
Perú y Colombia, de Chile, Brasil
Y Bolivia
Empeñados en sus parcelas de poder,
En pie de guerra (permanentemente), dispuestos a defender
Sus castillos de la acometida de la Nada
O de los jóvenes. Dispuestos a pactar, a ignorar,
A ejercer la violencia (verbal), a hacer desaparecer
De las antologías a los elementos subversivos:
Algunos viejos cucú.
Una actividad que es el fiel reflejo de nuestro continente.
Pobres y débiles, son nuestros poetas
Quienes mejor escenifican esa contingencia.
Pobres y débiles, ni europeos
Ni norteamericanos,
Patéticamente orgullosos y patéticamente cultos
(Aunque más nos valdría aprender matemáticas o mecánica,
¡Más nos valdría arar y sembrar! ¡Más nos valdría
Hacer de putos y putas!),
Pavos rellenos de pedos dispuestos a hablar de la muerte
En cualquier universidad, en cualquier barra de bar.
Así somos, vanidosos y lamentables,
Como América Latina, estrictamente jerárquicos, todos
En la fila, todos con nuestras obras completas
Y un curso de inglés o francés,

A poesia latino-americana

Uma coisa horrível, cavalheiros. A vacuidade e o espanto.
Paisagem de formigas
No vazio. Mas no fundo, úteis.
Vamos ler e contemplar sua reflexão diária:
Lá estão os poetas do México e da Argentina, do
Peru e da Colômbia, do Chile, do Brasil
E da Bolívia
Empenhados em suas áreas de poder,
Em pé de guerra (permanentemente), dispostos a defender
Seus castelos da investida do Nada
Ou dos jovens. Dispostos a pactuar, a ignorar,
A exercer a violência (verbal), a fazer desaparecer
Das antologias os elementos subversivos:
Alguns velhos caducos.
Uma atividade que é o reflexo fiel de nosso continente.
Pobres e fracos, nossos poetas são
Os que melhor encenam essa contingência.
Pobres e fracos, nem europeus
Nem norte-americanos,
Pateticamente orgulhosos e pateticamente cultos
(Embora valesse mais a pena aprender matemática ou mecânica,
Valesse mais a pena arar e semear! Valesse mais a pena
Dar uma de putos e de putas!),
Pavões recheados de peidos dispostos a falar da morte
Em qualquer universidade, em qualquer balcão de bar.
Somos assim, vaidosos e lamentáveis,
Como a América Latina, estritamente hierárquicos, todos
Na fila, todos com nossas obras completas
E um curso de inglês ou de francês,

Haciendo cola en las puertas
De lo Desconocido:
Un Premio o una patada
En nuestros culos de cemento.
Epílogo: Y uno y dos y tres, mi corazón al revés, y cuatro y cinco y seis, está
roto, ya lo veis, y siete y ocho y nueve, llueve, llueve, llueve…

Fazendo fila nas portas
Do Desconhecido:
Um Prêmio ou um pontapé
Em nossas bundas de cimento.
Epílogo: E um e dois e três, meu coração está triste, e quatro e cinco e seis,
pois se quebrou de vez, e sete e oito e nove, chove, chove, chove...

Manifiesto mexicano

Laura y yo no hicimos el amor aquella tarde. Lo intentamos, es verdad, pero no resultó. O al menos eso fue lo que creí entonces. Ahora no estoy tan seguro. Probablemente hicimos el amor. Eso fue lo que dijo Laura y de paso me introdujo en el mundo de los baños públicos, a los que desde entonces y durante mucho tiempo asociaría al placer y al juego. El primero fue sin duda el mejor. Se llamaba Gimnasio Moctezuma y en el recibidor algún artista desconocido había realizado un mural en donde se veía al emperador azteca sumergido hasta el cuello en una piscina. En los bordes, cercanos al monarca, pero mucho más pequeños, se lavan hombres y mujeres sonrientes. Todo el mundo parece despreocupado excepto el rey, que mira con fijeza hacia afuera del mural, como si persiguiera al improbable espectador, con unos ojos oscuros y muy abiertos en donde muchas veces creí ver el terror. El agua de la piscina era verde. Las piedras eran grises. En el fondo se aprecian montañas y nubarrones de tormenta. El muchacho que atendía el Gimnasio Moctezuma era huérfano y ése era su principal tema de conversación. A la tercera visita nos hicimos amigos. No tenía más de 18 años, deseaba comprar un automóvil y para eso ahorraba todo lo que podía: las propinas, escasas. Según Laura era medio subnormal. A mí me caía simpático. En todos los baños públicos suele haber alguna bronca de vez en cuando. Allí nunca vimos o escuchamos ninguna. Los clientes, condicionados por algún mecanismo desconocido, respetaban y obedecían al pie de la letra las instrucciones del huérfano. Tampoco, es cierto, iba demasiada gente, y eso es algo que jamás sabré explicarme pues era un sitio limpio, relativamente moderno, con cabinas individuales para tomar baños de vapor, servicio de bar en las cabinas y, sobre todo, barato. Allí, en la cabina 10, vi a Laura desnuda por vez primera y sólo atiné a sonreír y a tocarle el hombro y decir que no sabía qué llave debía mover para que saliera el vapor. Las cabinas, aunque más correcto sería decir los reservados, eran un conjunto de dos cuartos diminutos unidos por una puerta de cristal; en el primero solía haber un diván, un diván viejo con reminiscencia de psicoanálisis y de burdel,

Manifesto mexicano

Laura e eu não fizemos amor naquela tarde. Tentamos, é verdade, mas não rolou. Ou pelo menos foi isso que pensei, na época. Agora não tenho tanta certeza. Provavelmente fizemos amor. Foi isso que Laura disse e de passagem me introduziu no mundo dos banhos públicos, que, desde aquela época e durante muito tempo, eu associaria ao prazer e ao jogo. O primeiro foi sem dúvida o melhor. Chamava-se Gimnasio Moctezuma e no vestíbulo algum artista desconhecido tinha feito um mural onde se via o imperador asteca submerso até o pescoço numa piscina. Nas bordas, próximos do monarca, mas muito menores, homens e mulheres sorridentes se banham. Todo mundo parece despreocupado, exceto o rei, que olha fixamente para fora do mural, como se perseguisse o improvável espectador, com uns olhos escuros e muito abertos onde muitas vezes pensei ter visto o terror. A água da piscina era verde. As pedras eram cinzentas. No fundo se avistam montanhas e nuvens de tempestade. O rapaz que cuidava do Gimnasio Moctezuma era órfão e esse era seu principal tema de conversa. Na terceira visita ficamos amigos. Ele não tinha mais de 18 anos, queria comprar um carro, e por isso economizava tudo que podia: as gorjetas, escassas. Segundo Laura, era meio retardado. Eu o achava simpático. Em todos os banhos públicos costuma haver alguma briga de vez em quando. Lá nós nunca vimos nem escutamos nenhuma. Os clientes, condicionados por algum mecanismo desconhecido, respeitavam e obedeciam ao pé da letra as instruções do órfão. Também é verdade que não ia muita gente lá, e isso é uma coisa que eu jamais conseguirei entender, pois era um lugar limpo, relativamente moderno, com cabines individuais para tomar banhos de vapor, serviço de bar nas cabines e, principalmente, barato. Lá, na cabine 10, vi Laura nua pela primeira vez, e só consegui sorrir e tocar seu ombro e dizer que não sabia que chave eu devia mover para que o vapor saísse. As cabines, embora fosse mais correto dizer os reservados, eram um conjunto de dois quartos diminutos unidos por uma porta de vidro: no primeiro costumava haver um divã, um divã velho com reminiscência de psicanálise e de bordel, uma mesa

una mesa plegable y un perchero; el segundo cuarto era el baño de vapor propiamente dicho, con una ducha de agua caliente y fría y una banca de azulejos adosada a la pared, debajo de la cual se disimulaban los tubos por donde salía el vapor. Pasar de una habitación a otra era extraordinario, sobre todo si en una el vapor ya era tal que nos impedía vernos. Entonces abríamos la puerta y entrábamos al cuarto del diván, donde todo era nítido, y detrás de nosotros, como los filamentos de un sueño, se colaban nubes de vapor que no tardaban en desaparecer. Tendidos allí, tomados de la mano, escuchábamos o intentábamos escuchar los ruidos apenas perceptibles del gimnasio mientras nuestros cuerpos se iban enfriando. Casi helados, sumidos en el silencio, podíamos oír, por fin, el run run que brotaba del piso y de las paredes, el murmullo gatuno de las cañerías calientes y de las calderas que en algún lugar secreto del edificio alimentaban el negocio. Un día me perderé por aquí, dijo Laura. Su experiencia en incursiones a baños públicos era mayor que la mía, cosa bastante fácil, pues hasta entonces yo jamás había cruzado el umbral de un establecimiento semejante. No obstante ella decía que de baños no sabía nada. No lo suficiente. Con X había estado un par de veces y antes de X con un tipo que la doblaba en edad y al que siempre se refería con frases misteriosas. En total no había ido más de diez veces, todas al mismo lugar, el Gimnasio Moctezuma. Juntos, montados en la Benelli que por entonces ya dominaba, intentamos recorrer todos los baños del DF, guiados por un afán absoluto que era una mezcla de amor y de juego. Nunca lo logramos. Por el contrario, a medida que avanzábamos se fue abriendo alrededor nuestro el abismo, la gran escenografía negra de los baños públicos. Así como el rostro oculto de otras ciudades son los teatros, los parques, los muelles, las playas, los laberintos, las iglesias, los burdeles, los bares, los cines baratos, los edificios viejos y hasta los supermercados, el rostro oculto del DF se hallaba en la enorme red de baños públicos, legales, semilegales y clandestinos. El método empleado al inicio de la travesía fue sencillo: le pedí al muchacho del Gimnasio Moctezuma que me diera un par de direcciones de baños baratos. Obtuve cinco tarjetas y anotó en un papel las señas de una decena de establecimientos. Éstos fueron los primeros. A partir de cada uno de ellos la búsqueda se bifurcó innumerables veces. Los horarios variaban tanto como los edificios. A algunos llegábamos a las diez de la mañana y nos íbamos a la hora de comer. Éstos, por regla general, eran locales claros, desconchados, donde a veces podíamos escuchar risas de

dobrável e um cabideiro; o segundo quarto era o banho de vapor propriamente dito, com uma ducha de água quente e fria e um banco de azulejos encostado na parede, sob o qual se dissimulavam os tubos por onde o vapor saía. Passar de um quarto para o outro era extraordinário, principalmente se num deles o vapor já era tanto que impedia que nos víssemos. Então abríamos a porta e entrávamos no quarto do divã, onde tudo era nítido, e atrás de nós, como os filamentos de um sonho, filtravam-se nuvens de vapor que não demoravam a desaparecer. Deitados ali, de mãos dadas, escutávamos ou tentávamos escutar os ruídos quase imperceptíveis do Gimnasio, enquanto nossos corpos iam esfriando. Quase gelados, sumidos no silêncio, podíamos ouvir, por fim, o ronronar que brotava do chão e das paredes, o murmúrio felino dos encanamentos quentes e das caldeiras que em algum lugar secreto do edifício alimentavam o negócio. Um dia vou me perder por aqui, disse Laura. Sua experiência em incursões a banhos públicos era maior que a minha, coisa bastante fácil, pois até então eu jamais tinha cruzado o umbral de um estabelecimento como esse. Não obstante, ela dizia que não sabia nada de banhos. Não o suficiente. Com X ela estivera lá um par de vezes e antes de X com um sujeito com o dobro de sua idade e a quem sempre se referia com frases misteriosas. No total, não tinha ido lá mais de dez vezes, todas no mesmo lugar, o Gimnasio Moctezuma. Juntos, montados na Benelli que na época já dominava, tentamos percorrer todos os banhos da Cidade do México, guiados por um desejo absoluto que era um misto de amor e de jogo. Nunca conseguimos. Ao contrário, à medida que avançávamos foi se abrindo ao redor de nós o abismo, a grande cenografia negra dos banhos públicos. Assim como o rosto oculto de outras cidades são os teatros, os parques, os molhes, as praias, os labirintos, as igrejas, os bordéis, os bares, os cinemas baratos, os edifícios velhos e até os supermercados, o rosto oculto da Cidade do México se encontrava na enorme rede de banhos públicos, legais, semilegais e clandestinos. O método empregado no início da travessia foi simples: pedi ao rapaz do Gimnasio Moctezuma que me indicasse alguns endereços de banhos baratos. Peguei cinco cartões e ele anotou num papel os dados de uma dezena de estabelecimentos. Esses foram os primeiros. A partir de cada um deles, a busca se bifurcou inumeráveis vezes. Os horários variavam tanto como os edifícios. Chegávamos a alguns às dez da manhã e íamos embora na hora do almoço. Esses, geralmente, eram locais claros, descascados, onde às vezes podíamos escutar

adolescentes y toses de tipos solitarios y perdidos, los mismos que al poco rato, repuestos, se ponían a cantar boleros. Allí la divisa parecía ser el limbo, los ojos cerrados del niño muerto. No eran sitios muy limpios o puede que la limpieza la hicieran pasado el mediodía. En otros hacíamos nuestra aparición a las 4 o 5 de la tarde y no nos íbamos hasta que anochecía. Ése era nuestro horario más usual. Los baños a esa hora parecían disfrutar, o padecer, una sombra permanente. Quiero decir, una sombra de artificio, un domo o una palmera, lo más parecido a una bolsa marsupial, que al principio uno agradecía pero que al cabo terminaba pesando más que una losa fúnebre. Los baños de las 7 de la tarde, 7.30, 8 de la noche eran los más concurridos. En la vereda, junto a la puerta, montaban guardia los jóvenes hablando de béisbol y de canciones de moda. Los pasillos resonaban con las bromas siniestras de los obreros recién salidos de las fábricas y talleres. En el recibidor, aves de paso, los viejos maricas saludaban por su nombre de pila o de guerra a los recepcionistas y a los que mataban el tiempo sentados en los sillones. Perderse por los pasillos, alimentar una cierta indiscreción en dosis pequeñas, como pellizcos, no dejaba de ser altamente instructivo. Las puertas abiertas o semiabiertas, semejantes a corrimientos de tierra, grietas de terremoto, solían ofrecer cuadros vivos al feliz observador: grupos de hombres desnudos donde el movimiento, la acción, corría a cargo del vapor; adolescentes perdidos como jaguares en un laberinto de duchas; gestos, mínimos pero terroríficos, de atletas, culturistas y solitarios; las ropas colgadas de un leproso; viejitos bebiendo Lulú y sonriendo apoyados en la puerta de madera del baño turco. Era fácil hacer amistades y las hicimos. Las parejas, si se cruzaban un par de veces por los pasillos, ya se creían con la obligación de saludarse. Esto era debido a una especie de solidaridad heterosexual; las mujeres, en muchos baños públicos, estaban en absoluta minoría y no era raro oír historias extravagantes de ataques y de acosos, aunque, la verdad, esas historias no eran nada fiables. Las amistades de esta clase no pasaban de una cerveza en el bar o una copa. En los baños nos saludábamos y como máximo tomábamos cabinas vecinas. Al cabo de un rato los primeros en terminar tocaban la puerta de la pareja amiga y sin esperar respuesta avisaban que estarían en el restaurante tal, aguardando. Luego los otros salían, iban al restaurante, se tomaban un par de copas y se despedían hasta la próxima. A veces la pareja hacía confidencias, la mujer o el hombre, sobre todo si estaban casados, pero no entre sí, contaban su vida y uno tenía

risadas de adolescentes e tosses de sujeitos solitários e perdidos, os mesmos que em pouco tempo, repostos, punham-se a cantar boleros. Ali a divisa parecia ser o limbo, os olhos fechados do menino morto. Não eram lugares muito limpos, ou talvez a limpeza fosse feita depois do meio-dia. Em outros aparecíamos às 4 ou 5 da tarde e não íamos embora até anoitecer. Esse era nosso horário mais usual. A essa hora os banhos pareciam desfrutar, ou padecer, de uma sombra permanente. Quer dizer, uma sombra artificial, um domo ou uma palmeira, a coisa mais próxima de uma bolsa marsupial, que no começo a gente agradecia mas que no fim acabava pesando mais do que uma lousa fúnebre. Os banhos das 7 da tarde, 7h30, 8 da noite eram os mais concorridos. Na calçada, junto da porta, montavam guarda os jovens falando de beisebol e de canções da moda. Os corredores ressoavam com as piadas sinistras dos operários recém-saídos das fábricas e das oficinas. No vestíbulo, aves de arribação, os velhos maricas cumprimentavam por seu primeiro nome ou seu nome de guerra os recepcionistas e os que matavam o tempo sentados nas poltronas. Perder-se pelos corredores, alimentar uma certa indiscrição em doses pequenas, como beliscões, não deixava de ser altamente instrutivo. As portas abertas ou semiabertas, semelhantes a deslizamentos de terras, gretas de terremoto, costumavam oferecer quadros vivos ao feliz observador: grupos de homens nus onde o movimento, a ação, corria a cargo do vapor; adolescentes perdidos como jaguares num labirinto de duchas; gestos, mínimos mas aterrorizantes, de atletas, fisioculturistas e solitários; as roupas penduradas de um leproso; velhinhos bebendo Lulú e sorrindo apoiados na porta de madeira do banho turco. Era fácil fazer amizades, e fizemos. Os casais, caso se cruzassem algumas vezes pelos corredores, já pensavam ter a obrigação de se cumprimentar. Isso era devido a uma espécie de solidariedade heterossexual; as mulheres, em muitos banhos públicos, estavam em absoluta minoria e não era raro ouvir histórias extravagantes de ataques e de assédios, ainda que, na verdade, essas histórias não fossem nada confiáveis. As amizades desse tipo não passavam de uma cerveja no bar ou de um drinque. Nos banhos nos cumprimentávamos e no máximo pegávamos cabines vizinhas. Depois de um tempo, os que terminavam primeiro batiam à porta do casal amigo e sem esperar resposta avisavam que estariam no restaurante tal, esperando. Depois os outros saíam, iam ao restaurante, tomavam alguns drinques e se despediam até a próxima. Às vezes o casal fazia confidências, a mulher ou o homem, principalmente se

que asentir, decir que el amor, que una pena, que el destino, que los niños. Tierno pero aburrido. Las otras amistades, más turbulentas, eran de las que visitaban tu propio reservado. Éstas podían llegar a ser tan aburridas como las primeras, pero muchísimo más peligrosas. Se presentaban sin preámbulos, simplemente llamaban a la puerta, un toque extraño y rápido, y decían ábreme. Pocas veces iban solos, casi siempre eran tres, dos hombres y una mujer, o tres hombres; los motivos que esgrimían para semejante visita solían ser poco creíbles o estúpidos: fumar un poco de hierba, cosa que no podían hacer en las duchas colectivas, o vender lo que fuera. Laura siempre los dejaba pasar. Las primeras veces yo me ponía tenso, dispuesto a pelear y a caer manchado de sangre sobre las losas del reservado. Pensaba que lo más lógico era que entraran a robarnos o a violar a Laura, e incluso a violarme a mí, y los nervios los tenía a flor de piel. Los visitantes, de alguna manera, eso lo sabían y sólo se dirigían a mí cuando la necesidad o los buenos modales lo hacían indispensable. Todas las proposiciones, tratos y cuchicheos iban dirigidos a Laura. Era ella quien les abría, era ella quien les preguntaba qué chingados se les ofrecía, era ella quien los hacía pasar al cuartito del diván (yo escuchaba, desde el vapor, cómo se sentaban, primero uno, luego otro, luego el siguiente, y la espalda de Laura, quieta, se traslucía a través de la puerta de vidrio esmerilado que separaba el vapor de aquella antesala convertida de pronto en un misterio). Finalmente me levantaba, me ponía una toalla en la cintura y entraba. Los visitantes solían ser dos hombres y una mujer. O un hombre, un muchacho y una muchacha que al verme saludaban indecisos, como si contra toda razón desde el principio hubieran ido allí por Laura y no por los dos; como si sólo hubieran esperado encontrarla a ella. Sentados en el diván sus ojos oscuros no se perdían ni uno solo de sus gestos mientras con las manos, autónomas, liaban la hierba. Las conversaciones parecían cifradas en un lenguaje que no conocía, ciertamente no en el argot de los jóvenes, que por entonces dominaba, aunque ahora apenas recuerde un par de términos, sino en una jerga mucho más ominosa en donde cada verbo y cada frase tenían un deje de funeral y de hoyo. Tal vez el Hoyo Aéreo. Tal vez una de las caras deformes del Hoyo Inmaculado. Puede que sí. Puede que no. En cualquier caso yo también conversaba o intentaba hacerlo. No era fácil, pero lo intentaba. A veces, junto con la mota, sacaban botellas de alcohol. Las botellas no eran gratis, sin embargo nosotros no pagábamos. El negocio de los visitantes consistía en vender marihuana, whisky, huevos de

fossem casados, mas não entre si, contavam sua vida e a gente tinha de assentir, dizer que o amor, que uma pena, que o destino, que as crianças. Terno mas tedioso. As outras amizades, mais turbulentas, eram das que visitavam seu próprio reservado. Essas podiam ser tão tediosas como as primeiras, mas muitíssimo mais perigosas. Apresentavam-se sem preâmbulos, simplesmente batiam à porta, um toque estranho e rápido, e diziam abra. Poucas vezes iam sozinhos, quase sempre eram três, dois homens e uma mulher, ou três homens; os motivos que esgrimiam para tal visita costumavam ser pouco dignos de crédito ou estúpidos: fumar um pouco de erva, o que não podiam fazer nas duchas coletivas, ou vender o que quer que fosse. Laura sempre deixava que entrassem. Nas primeiras vezes eu ficava tenso, disposto a brigar e a cair manchado de sangue sobre os azulejos do reservado. Pensava que o mais lógico era que entrassem para nos roubar ou para violar Laura, e até me violar, e eu ficava com os nervos à flor da pele. Os visitantes, de alguma forma, sabiam disso e só se dirigiam a mim quando a necessidade ou os bons modos tornavam isso indispensável. Todas as proposições, tratos e cochichos eram dirigidos a Laura. Era ela quem abria a porta para eles, era ela quem perguntava que diabos eles estavam oferecendo, era ela quem os fazia passar ao quartinho do divã (do vapor, eu escutava como se sentavam, primeiro um, depois o outro, depois o seguinte, e as costas de Laura, quieta, distinguiam-se através da porta de vidro esmerilado que separava o vapor daquela antessala de repente transformada num mistério). Finalmente eu me levantava, punha uma toalha na cintura e entrava. Os visitantes costumavam ser dois homens e uma mulher. Ou um homem, um rapaz e uma moça que ao me ver cumprimentavam indecisos, como se, contra toda razão, desde o início tivessem ido lá só por Laura, não pelos dois; como se só esperassem encontrá-la. Sentados no divã, seus olhos escuros não perdiam nem um único gesto dela, enquanto com as mãos, autônomas, enrolavam a erva. As conversas pareciam cifradas numa linguagem que eu não conhecia, certamente não na gíria dos jovens, que na época eu dominava, ainda que agora eu só lembre de alguns termos, mas numa gíria muito mais ominosa onde cada verbo e cada frase tinham um toque de funeral e de cova. Talvez a Cova Aérea. Talvez uma das caras disformes da Cova Imaculada. Talvez sim. Talvez não. Em todo caso, eu também conversava ou tentava conversar. Não era fácil, mas eu tentava. Às vezes, junto com o baseado, pegavam garrafas de álcool. As garrafas não eram de graça, mas nós

tortuga en las cabinas, pocas veces con el beneplácito del recepcionista o de los encargados de la limpieza, que los perseguían implacables; por tal motivo era de suma importancia que alguien los cobijara; también vendían teatro, la pasta, en realidad, salía de allí, o concertaban representaciones privadas en los departamentos de soltero de los contratantes. El repertorio de estas compañías ambulantes podía ser raquítico o variadísimo, pero el eje dramático de su puesta en escena siempre era el mismo: el hombre mayor se quedaba en el diván (pensando, supongo) mientras el muchacho y la muchacha, o los dos muchachos, seguían a los espectadores a la cámara de vapor. La representación, por regla general, no duraba más de media hora o tres cuartos de hora, con o sin participación de los espectadores. Terminado el plazo, el hombre del diván abría la puerta y anunciaba al respetable público, entre toses producidas por el vapor que de inmediato intentaba colarse al otro cuarto, el fin del espectáculo. Los bis bis se pagaban caros aunque sólo duraran diez minutos. Los muchachos se duchaban de prisa y luego recibían sus ropas de manos del hombre. Recuerdo que se vestían aún mojados. Los últimos minutos los aprovechaba el cabizbajo pero emprendedor director artístico en ofrecer a los satisfechos espectadores los manjares de su cesto o maleta: whisky servido en vasitos de papel, canutos de maría liados con mano experta, y huevos de tortuga que abría valiéndose de la uña enorme que festoneaba su pulgar, y que, ya en el vaso, rociaba con jugo de limón y chile. En nuestro reservado las cosas eran distintas. Hablaban a media voz. Fumaban marihuana. Dejaban que el tiempo pasara consultando de vez en cuando sus relojes mientras los rostros se iban cubriendo de gotitas de sudor. A veces se tocaban, nos tocábamos, cosa por lo demás inevitable si todos estábamos sentados en el diván, y el roce de las piernas, de los brazos, podía llegar a ser doloroso. No el dolor del sexo sino el de lo irremisiblemente perdido o el de la única pequeña esperanza vagando por el país Imposible. A los conocidos, Laura los invitaba a desnudarse y entrar con nosotros en el vapor. Raras veces aceptaron. Preferían fumar y beber y oír historias. Descansar. Al cabo de un rato cerraban la maleta y se marchaban. Luego, dos o tres veces en la misma tarde, volvían y la rutina era la misma. Laura, si estaba de humor, les abría, si no ni siquiera se molestaba en decirles a través de la puerta que no jodieran. Las relaciones, salvo uno o dos altercados aislados, fueron en todo momento armoniosas. A veces creo que ellos apreciaban a Laura mucho antes de conocerla. Una noche, el viejo que los llevaba (aquella vez eran tres, un

não pagávamos. O negócio dos visitantes consistia em vender maconha, uísque, ovos de tartaruga nas cabines, poucas vezes com o beneplácito do recepcionista ou dos encarregados da limpeza, que os perseguiam, implacáveis; por esse motivo, era de suma importância que alguém os acobertasse; também vendiam teatro, na verdade a grana vinha daí, ou combinavam apresentações privadas nos apartamentos de solteiro dos contratantes. O repertório dessas companhias ambulantes podia ser raquítico ou variadíssimo, mas o eixo dramático de sua mise en scène era sempre o mesmo: o homem mais velho ficava no divã (pensando, imagino) enquanto o rapaz e a moça, ou os dois rapazes, seguiam os espectadores até a câmara de vapor. A representação, em geral, não durava mais do que meia hora ou quinze minutos, com ou sem participação dos espectadores. Terminado o prazo, o homem do divã abria a porta e anunciava ao respeitável público, entre tosses causadas pelo vapor que imediatamente tentava se infiltrar no outro quarto, o fim do espetáculo. Os bis bis custavam caro, embora só durassem dez minutos. Os rapazes tomavam uma ducha rápida e depois recebiam suas roupas das mãos do homem. Lembro que se vestiam ainda molhados. O cabisbaixo mas empreendedor diretor de arte aproveitava os últimos minutos para oferecer aos satisfeitos espectadores as delícias de sua cesta ou mala: uísque servido em copinhos de papel, canudos de fumo enrolados com mão especialista, e ovos de tartaruga que ele abria servindo-se da unha enorme que decorava seu polegar, e que, já no copo, ele orvalhava com suco de limão e pimenta. Em nosso reservado as coisas eram diferentes. Falavam à meia-voz. Fumavam maconha. Deixavam que o tempo passasse consultando de vez em quando seus relógios enquanto os rostos iam se cobrindo de gotinhas de suor. Às vezes se tocavam, nos tocávamos, o que era, aliás, inevitável se todos estávamos sentados no divã, e o roçar das pernas, dos braços, podia até ser doloroso. Não a dor do sexo, mas a do irremissivelmente perdido ou da única pequena esperança vagando pelo país Impossível. Laura convidava os conhecidos a tirar a roupa e entrar no vapor conosco. Raras vezes aceitavam. Preferiam fumar e beber e ouvir histórias. Descansar. Passado um tempo, fechavam a mala e iam embora. Depois, dois ou três na mesma tarde, voltavam e a rotina era a mesma. Laura, se estivesse de bom humor, abria a porta para eles, se não, nem se dava ao trabalho de lhes dizer através da porta que não incomodassem. As relações, exceto uma ou duas altercações isoladas, foram harmoniosas o tempo todo. Às vezes, acho que eles gostavam de Laura muito

viejo y dos muchachos) nos ofreció una función. Nunca habíamos visto una.
¿Cuánto cuesta?, dije. Nada. Laura dijo que pasaran. El cuarto del vapor
estaba frío. Laura se quitó la toalla y giró la llave de entrada: el vapor comenzó
a salir desde el suelo. Tuve la sensación de que estábamos en un baño nazi y
que nos iban a gasear; la sensación se acentuó al ver entrar a los dos muchachos,
muy flacos y morenos, y cerrando la marcha el viejo alcahuete cubierto sólo
con unos calzoncillos indescriptiblemente sucios. Laura se rio. Los muchachos
la miraron, un poco cohibidos, de pie en medio del cuarto. Luego también se
rieron. Entre Laura y yo, y sin quitarse su horrorosa prenda íntima, se sentó el
viejo. ¿Quieren mirar, no más, o mirar y participar? Mirar, dije. Ya veremos,
dijo Laura, muy dada a estos albures. Los muchachos, entonces, como si
hubieran escuchado una voz de mando, se arrodillaron y comenzaron a
enjabonarse mutuamente los sexos. En sus gestos, aprendidos y mecánicos, se
traslucía el cansancio y una serie de temblores que era fácil relacionar con la
presencia de Laura. Pasó el tiempo. El cuarto recobró su espesura de vapor. Los
actores, inmóviles en la postura inicial, parecían, no obstante, helados:
arrodillados frente a frente, pero arrodillados de una manera grotescamente
artística, con la mano izquierda se masturbaban mientras con la derecha
mantenían el equilibrio. Semejaban pájaros. Pájaros de láminas de metal.
Deben estar cansados, no se les levanta, dijo el viejo. En efecto, las vergas
enjabonadas sólo tímidamente apuntaban hacia arriba. Chavos, no la amuelen,
dijo el viejo. Laura volvió a reírse. ¿Cómo quieres que nos concentremos si te
estás riendo a cada rato?, dijo uno de los muchachos. Laura se levantó, pasó
junto a ellos y se apoyó en la pared. Ahora, entre ella y yo estaban los cansados
ejecutantes. Sentí que el tiempo, dentro de mí, se rajaba. El viejo murmuró
algo. Lo miré. Tenía los ojos cerrados y parecía dormido. Desde hace un
montón de tiempo no dormimos, dijo uno de los muchachos soltando el pene de
su compañero. Laura le sonrió. A mi lado el viejo empezó a roncar. Los
muchachos sonrieron aliviados y adoptaron una postura más cómoda. Oí cómo
les crujían los huesos. Laura se dejó resbalar por la pared hasta dar con las
nalgas en las baldosas. Estás muy flaco, le dijo a uno. ¿Yo? Éste también, y tú,
respondió el muchacho. En realidad todos estábamos flacos. El silbido del
vapor, en ocasiones, hacía difícil distinguir las voces, demasiado bajas. El
cuerpo de Laura, la espalda apoyada en la pared, las rodillas levantadas,
estaba cubierto de transpiración: las gotas resbalaban por su nariz, por su

antes de conhecê-la. Uma noite, o velho que os levava (daquela vez eram três, um velho e dois rapazes) nos ofereceu uma função. Nunca tínhamos visto uma. Quanto custa?, falei. Nada. Laura disse para eles entrarem. O quarto do vapor estava frio. Laura tirou a toalha e girou a chave de entrada: o vapor começou a sair do chão. Tive a sensação de que estávamos num banho nazista e de que iam soltar gás em nós; a sensação se acentuou quando vi os dois rapazes entrarem, muito magros e morenos, e fechando a marcha o velho proxeneta coberto apenas com umas cuecas indescritivelmente sujas. Laura riu. Os rapazes a olharam, um pouco inibidos, de pé no meio do quarto. Depois também riram. Entre mim e Laura, e sem tirar sua horrorosa roupa íntima, sentou-se o velho. Querem olhar, só, ou olhar e participar? Olhar, falei. Vamos ver, disse Laura, muito dada a jogos de palavras. Então os rapazes, como se tivessem ouvido uma voz de comando, se ajoelharam e começaram a ensaboar mutuamente os sexos. Em seus gestos, aprendidos e mecânicos, transparecia o cansaço e uma série de tremores que era fácil relacionar com a presença de Laura. O tempo passou. O quarto recuperou sua espessura de vapor. Os atores, imóveis na postura inicial, pareciam, não obstante, gelados: ajoelhados frente a frente, mas ajoelhados de uma forma grotescamente artística, com a mão esquerda se masturbavam enquanto com a direita mantinham o equilíbrio. Pareciam pássaros. Pássaros de lâminas de metal. Devem estar cansados, não estão levantando, disse o velho. De fato, os paus ensaboados só apontavam timidamente para cima. Garotos, não amoleçam, disse o velho. Laura riu novamente. Como você quer que a gente se concentre se fica rindo o tempo todo?, disse um dos rapazes. Laura se levantou, passou ao lado deles e se apoiou na parede. Agora, entre mim e ela estavam os cansados executantes. Senti que o tempo, dentro de mim, se fendia. O velho murmurou alguma coisa. Olhei para ele. Estava com os olhos fechados e parecia dormir. Já faz um tempão que não dormimos, disse um dos rapazes, soltando o pênis de seu companheiro. Laura sorriu para ele. A meu lado, o velho começou a roncar. Os rapazes sorriram aliviados e adotaram uma postura mais confortável. Ouvi seus ossos rangerem. Laura foi escorregando pela parede até dar com as nádegas nos azulejos. Você está muito magro, disse para um deles. Eu? Ele também, e você, respondeu o rapaz. Na verdade, todos nós estávamos magros. O assovio do vapor, às vezes, tornava difícil distinguir as vozes, baixas demais. O corpo de Laura, as costas apoiadas na parede, os joelhos levantados, estava coberto de

cuello, se acanalaban entre sus senos e incluso colgaban de los pelos del pubis antes de caer sobre las baldosas calientes. Nos estamos derritiendo, murmuré, y de inmediato me sentí triste. Laura asintió con la cabeza. Qué dulce pareció en aquel instante. ¿En dónde estamos?, pensé. Con el dorso me limpié las gotitas que resbalaban de las cejas a los ojos y no me dejaban ver. Uno de los muchachos suspiró. Qué sueño, dijo. Duerme, aconsejó Laura. Era extraño: creí que las luces decrecían, perdían intensidad; temí desmayarme; luego supuse que sería el excesivo vapor el causante del cambio de colores y tonos, ahora mucho más oscuros. Como si estuviéramos viendo el atardecer, aquí, encerrados, sin ventanas, pensé. Whisky y maría no son buena compañía. Laura, como si leyera mi pensamiento, dijo no te preocupes, todo está bien. Y luego volvió a sonreír, no una sonrisa burlona, no como si se divirtiera, sino una sonrisa terminal, una sonrisa anudada entre una sensación de belleza y miseria, pero ni siquiera belleza y miseria tal cual, sino Pequeña Belleza y Pequeña Miseria, enanas paradójicas, enanas caminantes e inaprehensibles. Tranquilo, sólo es vapor, dijo Laura. Los muchachos, dispuestos a considerar irrebatible todo lo que Laura dijera, asintieron repetidas veces. Luego uno de ellos se dejó caer sobre las baldosas, la cabeza apoyada en un brazo, y se durmió. Me levanté, cuidando no despertar al viejo, y me acerqué a Laura; en cuclillas junto a ella hundí la cara en su cabellera húmeda y olorosa. Sentí los dedos de Laura que me acariciaban el hombro. Al poco rato me di cuenta de que Laura jugaba, muy suavemente, pero era un juego: el meñique tomaba el sol sobre mi hombro, luego pasaba el anular y se saludaban con un beso, luego aparecía el pulgar y ambos, meñique y anular, huían brazo abajo. El pulgar quedaba dueño del hombro y se ponía a dormir, incluso, me parece a mí, comía alguna verdura que crecía por allí pues la uña se clavaba en mi carne, hasta que retornaban el meñique y el anular acompañados por el dedo medio y el dedo índice y entre todos espantaban al pulgar, que se escondía detrás de una oreja y desde allí espiaba a los otros dedos, sin comprender por qué lo habían echado, mientras los otros bailaban en el hombro, y bebían, y hacían el amor, y perdían, de puro borrachos, el equilibrio, despeñándose espalda abajo, accidente que Laura aprovechó para abrazarme y tocar apenas mis labios con sus labios, en tanto los cuatro dedos, magulladísimos, volvían a subir agarrados de mis vértebras, y el pulgar los observaba sin ocurrírsele en ningún momento dejar su oreja. Te brilla la cara, susurré. Los ojos. La punta de los pezones. Tú

suor: as gotas escorriam por seu nariz, seu pescoço, faziam sulcos entre seus seios e até pendiam dos pelos do púbis antes de cair sobre os azulejos quentes. Estamos derretendo, murmurei, e imediatamente me senti triste. Laura assentiu com a cabeça. Como aquele instante pareceu doce. Onde estamos?, pensei. Com o dorso, limpei as gotinhas que deslizavam das sobrancelhas para os olhos e não me deixavam ver. Um dos rapazes suspirou. Que sono, disse. Durma, aconselhou Laura. Era estranho: pensei que as luzes diminuíam, perdiam intensidade; tive medo de desmaiar; depois supus que o vapor excessivo devia ser a causa da mudança de cores e tons, agora muito mais escuros. Como se estivéssemos vendo o entardecer, aqui, fechados, sem janelas, pensei. Uísque e maconha não são boa companhia. Laura, como se lesse meu pensamento, disse não se preocupe, está tudo bem. E depois voltou a sorrir, não um sorriso zombeteiro, não como se estivesse se divertindo, mas um sorriso terminal, um sorriso amarrado entre uma sensação de beleza e de miséria, mas nem mesmo beleza e miséria tal e qual, e sim Pequena Beleza e Pequena Miséria, anãs paradoxais, anãs caminhantes e inapreensíveis. Calma, é só vapor, disse Laura. Os rapazes, dispostos a considerar irretorquível tudo que Laura dissesse, assentiram repetidas vezes. Depois um deles deixou-se cair sobre os azulejos, a cabeça apoiada num braço, e dormiu. Levantei-me com cuidado para não acordar o velho, e me aproximei de Laura; de cócoras junto dela, afundei o rosto em sua cabeleira úmida e cheirosa. Senti os dedos de Laura acariciarem meu ombro. Pouco depois percebi que Laura brincava, muito suavemente, mas era uma brincadeira: o mindinho tomava sol sobre meu ombro, depois vinha o anular e se cumprimentavam com um beijo, depois aparecia o polegar e ambos, mindinho e anular, fugiam braço abaixo. O polegar ficava dono do ombro e adormecia, até, é o que me parece, comia alguma verdura que crescia por ali, pois a unha se cravava em minha carne, até que o mindinho e o anular voltavam acompanhados pelo dedo médio e o indicador e todos juntos espantavam o polegar, que se escondia atrás de uma orelha e dali espiava os outros dedos, sem entender por que o haviam expulsado, enquanto os outros dançavam no ombro, e bebiam, e faziam amor, e perdiam, bêbados que estavam, o equilíbrio, despencando costas abaixo, acidente que Laura aproveitou para me abraçar e tocar meus lábios de leve com seus lábios, enquanto os quatro dedos, machucadíssimos, voltavam a subir agarrados a minhas vértebras, e o polegar os observava sem que lhe ocorresse, em nenhum momento, deixar sua orelha. Seu

también, dijo Laura, un poco pálido tal vez, pero brillas. Es el vapor mezclado con el sudor. Uno de los muchachos nos observaba en silencio. ¿Lo quieres de verdad?, le preguntó a Laura. Sus ojos eran enormes y negros. Me senté en el suelo. Sí, dijo Laura. Él te debe querer con frenesí, dijo el muchacho. Laura se rio como un ama de casa. Sí, dije yo. No es para menos, dijo el muchacho. No, no es para menos, dije yo. ¿Sabes qué gusto tiene el vapor mezclado con el sudor? Depende del sabor particular de cada uno. El muchacho se recostó junto a su compañero, de lado, la sien apoyada directamente sobre la baldosa, sin cerrar los ojos. Su verga, ahora, estaba dura. Con las rodillas tocaba las piernas de Laura. Parpadeó un par de veces antes de hablar. Cojamos un poco, dijo. Laura no contestó. El muchacho parecía hablar para sí mismo. ¿Sabes a qué sabe el vaporcete mezclado con sudorcete? ¿A qué sabrá, realmente? ¿Cuál será su gusto? El calor nos estaba adormeciendo. El viejo resbaló hasta quedar acostado del todo sobre la banca. El cuerpo del muchacho dormido se había ovillado y uno de sus brazos pasaba por encima de la cintura del que estaba despierto. Laura se levantó y nos contempló largamente desde arriba. Pensé que iba a abrir la ducha con resultados funestos para los que dormían. Hace calor, dijo. Hace un calor insoportable. Si no estuvieran aquí (se refería al trío) pediría que me trajeran un refresco del bar. Puedes hacerlo, dije yo, nadie se va a meter hasta aquí. No, dijo Laura, no es eso. ¿Corto el vapor? No, dijo Laura. El muchacho, la cabeza ladeada, miraba fijamente mis pies. Tal vez quiera hacer el amor contigo, dijo Laura. Antes que pudiera responder el muchacho, casi sin mover los labios, pronunció un lacónico no. Bromeaba, dijo Laura. Luego se arrodilló junto a él y con una mano le acarició las nalgas. Vi, fue una visión fugaz y perturbadora, cómo las gotas de sudor del muchacho pasaban al cuerpo de Laura y viceversa. Los largos dedos de la mano de mi amiga y las nalgas del muchacho brillaban húmedas e idénticas. Debes estar cansado, dijo Laura, ese viejo está loco, cómo podía pretender que se pusieran a coger aquí. Su mano resbalaba por las nalgas del muchacho. No es culpa suya, susurró éste, el pobre ya ha olvidado lo que es una cama. Y lo que es ponerse calzoncillos limpios, añadió Laura. Más le valiera no llevar nada. Sí, dije, es más cómodo. Menos comprometido, dijo el muchacho, pero qué maravilla ponerse calzoncillos limpios y blancos. Y estrechos, pero que no aprieten. Laura y yo nos reímos. El muchacho nos reprendió con suavidad: no se rían, es algo serio. Sus ojos parecían borrados, ojos grises como de cemento bajo la lluvia. Laura

rosto está brilhando, sussurrei. Os olhos. A ponta dos mamilos. Você também, disse Laura, um pouco pálido, talvez, mas está brilhando. É o vapor misturado com o suor. Um dos rapazes nos observava em silêncio. Você gosta dele de verdade?, perguntou para Laura. Seus olhos eram enormes e negros. Me sentei no chão. Sim, disse Laura. Ele deve te amar com loucura, disse o rapaz. Laura riu como uma dona de casa. Sim, disse eu. Não é pra menos, disse o rapaz. Não, não é pra menos, disse eu. Você sabe que gosto tem o vapor misturado com o suor? Depende do sabor particular de cada um. O rapaz se recostou junto a seu companheiro, de lado, a têmpora apoiada diretamente sobre o azulejo, sem fechar os olhos. Seu pau, agora, estava duro. Tocava com os joelhos as pernas de Laura. Piscou algumas vezes antes de falar. Vamos transar um pouco, disse. Laura não respondeu. O rapaz parecia falar para si mesmo. Você sabe que gosto tem o vaporzinho misturado com o suorzinho? Que gosto terá, realmente? Qual será seu sabor? O calor estava nos adormecendo. O velho deslizou até ficar completamente deitado no banco. O corpo do rapaz adormecido tinha se enovelado e um de seus braços passava por cima da cintura do que estava acordado. Laura se levantou e nos contemplou demoradamente, lá de cima. Pensei que ia abrir o chuveiro, com resultados funestos para os que dormiam. Está quente, disse. Está insuportavelmente quente. Se eles não estivessem aqui (se referia ao trio) eu pediria que me trouxessem um refresco lá do bar. Pode ir, disse eu, ninguém vai se meter aqui. Não, disse Laura, não é isso. Corto o vapor? Não, disse Laura. O rapaz, a cabeça inclinada, olhava fixamente para meus pés. Talvez queira fazer amor com você, disse Laura. Antes que eu pudesse responder, o rapaz, quase sem mover os lábios, pronunciou um lacônico não. Estava brincando, disse Laura. Depois se ajoelhou junto dele e com uma das mãos lhe acariciou as nádegas. Vi, foi uma visão fugaz e perturbadora, como as gotas de suor do rapaz passavam para o corpo de Laura e vice-versa. Os longos dedos da mão de minha amiga e as nádegas do rapaz brilhavam úmidas e idênticas. Você deve estar cansado, disse Laura, esse velho está louco, como podia pretender que começassem a transar aqui. Sua mão deslizava pelas nádegas do rapaz. Não é culpa sua, sussurrou ele, o coitado já esqueceu o que é uma cama. E o que é vestir cuecas limpas, acrescentou Laura. Seria melhor não usar nada. Sim, disse eu, é mais confortável. Menos comprometedor, disse o rapaz, mas que maravilha vestir cuecas limpas e brancas. E justas, mas que não apertem. Laura e eu rimos. O

cogió su verga con las dos manos y la estiró. Me escuché diciendo ¿corto el vapor?, pero la voz era débil y lejana. ¿Dónde chingados duerme tu mánager?, dijo Laura. El muchacho se encogió de hombros; me haces un poco de daño, susurró. Sujeté a Laura de un tobillo, con la otra mano limpié el sudor que se me metía en los ojos. El muchacho se irguió hasta quedar sentado, con gestos medidos, evitando despertar a su compañero, y besó a Laura. Incliné la cabeza para verlos mejor: los labios del muchacho, gruesos, succionaron los labios de Laura, cerrados, en donde se insinuaba, apenas, una sonrisa. Entrecerré los ojos. Nunca la había visto sonreír tan pacíficamente. De pronto el vapor la ocultó. Sentí una especie de terror ajeno, ¿miedo a que el vapor matara a Laura? Cuando los labios se separaron, el muchacho dijo que no sabía dónde dormía el viejo. Se llevó una mano al cuello e hizo el gesto de rebanarlo. Luego acarició el cuello de Laura y la atrajo aún más. El cuerpo de Laura, elástico, se adaptó a la nueva postura. Su mirada estaba fija en la pared, en lo que el vapor permitía ver de la pared, el torso hacia adelante, los senos rozando el pecho del muchacho o presionándolo con una suave firmeza. El vapor, por momentos, los hacía invisibles, o los cubría a medias, o los plateaba, o los hundía en algo parecido a un sueño. Finalmente me fue imposible verla. Primero una sombra encima de otra sombra. Luego nada. La cámara parecía a punto de estallar. Esperé unos segundos pero nada cambió, al contrario, tuve la impresión de que cada vez se espesaba más el vapor. Extendí una mano y toqué la espalda de Laura, arqueada encima de lo que supuse era el cuerpo del muchacho. Me levanté y di dos pasos siguiendo la pared. Sentí que Laura me llamaba. Una Laura con la boca llena. ¿Qué quieres?, dije. Me estoy ahogando. Retrocedí, con menos precaución que al avanzar, y me incliné tanteando en el sitio donde supuse que debía estar. Sólo toqué las baldosas calientes. Pensé que estaba soñando o volviéndome loco. Me mordí una mano para no gritar. ¿Laura?, gemí. Junto a mí sonó como un trueno lejano la voz del muchacho: según quién, el sabor del vapor mezclado con el sudor es distinto. Volví a levantarme, esta vez dispuesto a tirar patadas a ciegas, pero me contuve. Detén el vapor, dijo Laura desde alguna parte. A tropezones pude llegar hasta la banqueta. Al agacharme para buscar las llaves de paso, casi pegado a mi oreja, oí los ronquidos del viejo. Aún vive, pensé, y apagué el vapor. Al principio no ocurrió nada. Luego, antes de que las siluetas recobraran su visibilidad, alguien abrió la puerta y abandonó la cámara de vapor. Esperé, quienquiera

rapaz nos repreendeu com suavidade: não riam, é uma coisa séria. Seus olhos pareciam apagados, olhos cinza como de cimento sob a chuva. Laura pegou o pau dele com as duas mãos e o esticou. Me ouvi dizendo corto o vapor?, mas a voz era fraca e distante. Onde diabos dorme seu agente?, disse Laura. O rapaz deu de ombros; está me machucando um pouco, sussurrou. Segurei Laura por um tornozelo, com a outra mão limpei o suor que entrava em meus olhos. O rapaz se ergueu até ficar sentado, com gestos medidos, evitando acordar seu companheiro, e beijou Laura. Inclinei a cabeça para vê-los melhor: os lábios do rapaz, grossos, sugaram os lábios de Laura, fechados, onde se insinuava, de leve, um sorriso. Semicerrei os olhos. Nunca a vira sorrir tão pacificamente. De repente, o vapor a ocultou. Senti uma espécie de terror alheio, medo de que o vapor matasse Laura? Quando os lábios se separaram, o rapaz disse que não sabia onde o velho dormia. Levou a mão ao pescoço e encenou cortá-lo. Depois acariciou o pescoço de Laura e a puxou ainda mais perto. O corpo de Laura, elástico, adaptou-se à nova postura. Seu olhar estava fixo na parede, no que o vapor permitia ver da parede, o torso para a frente, os seios roçando o peito do rapaz ou pressionando-o com suave firmeza. Às vezes o vapor os tornava invisíveis, ou os cobria parcialmente, ou os prateava, ou os afundava em algo parecido com um sonho. Por fim me foi impossível vê-la. Primeiro uma sombra em cima de outra sombra. Depois nada. A câmara parecia prestes a explodir. Esperei alguns segundos mas nada mudou, ao contrário, tive a impressão de que o vapor se espessava cada vez mais. Estendi a mão e toquei as costas de Laura, arqueadas em cima do que supus ser o corpo do rapaz. Me levantei e dei dois passos seguindo a parede. Senti que Laura me chamava. Uma Laura com a boca cheia. O que você quer?, falei. Estou sufocando. Recuei, com menos cuidado que ao avançar, e me inclinei tenteando no lugar onde imaginei que ela devia estar. Só toquei os azulejos quentes. Pensei que estivesse sonhando ou enlouquecendo. Mordi a mão para não gritar, Laura?, gemi. Junto a mim, soou como um trovão distante a voz do rapaz: segundo o qual, o gosto do vapor misturado com o suor é diferente. Me levantei novamente, desta vez disposto a dar pontapés às cegas, mas me contive. Detenha o vapor, disse Laura de algum lugar. Consegui chegar até a banqueta aos tropeços. Ao me agachar para procurar as chaves liga-desliga, quase colado a minha orelha, ouvi os roncos do velho. Ainda está vivo, pensei, e desliguei o vapor. A princípio não aconteceu nada. Depois, antes que as silhuetas recuperassem sua visibilidade, alguém

que fuese estaba en el otro cuarto y hacía bastante ruido. Laura, llamé muy bajito. Nadie respondió. Por fin pude ver al viejo, que seguía durmiendo. En el suelo, uno en posición fetal y el otro extendido, los dos actores. El insomne parecía dormir de verdad. Salté por encima de ellos. En el cuarto del diván Laura ya estaba vestida. Me tiró las ropas sin decir una palabra. ¿Qué pasó?, dije. Vámonos, dijo Laura. Volvimos a encontrar a este trío un par de veces, una en aquellos mismos baños, la otra en unos de Azcapotzalco, los baños del infierno, como los llamaba Laura, pero las cosas nunca volvieron a ser iguales. A lo sumo nos fumábamos un cigarrillo y adiós. Durante mucho tiempo seguimos frecuentando estos lugares. Podíamos haber hecho el amor en otros sitios, pero había algo en la ruta de los baños públicos que nos atraía como un imán. No faltaron, como era lógico, otro tipo de incidentes, carreras por los pasillos de tipos poseídos por la desesperación, un intento de estupro, una redada que supimos sortear con fortuna y astucia; astucia, la de Laura; fortuna, la solidaridad de bronce de los bañistas. De la suma de todos los establecimientos, ahora ya una amalgama que se confunde con el rostro de Laura sonriendo, extrajimos la certeza de nuestro amor. El mejor de todos, tal vez porque allí lo hicimos por primera vez, fue el Gimnasio Moctezuma, al que siempre volvíamos. El peor, un local de Casas Alemán llamado convenientemente El Holandés Errante, que era lo más parecido que he visto a una morgue. Triple morgue: de la higiene, del proletariado y de los cuerpos. No así del deseo. Dos son los recuerdos más indelebles que aún conservo de aquellos días. El primero es una sucesión de imágenes de Laura desnuda (sentada en la banqueta, en mis brazos, bajo la ducha, tirada en el diván, pensando) hasta que el vapor que gradualmente va creciendo la hace desaparecer del todo. Fin. Imagen blanca. El segundo es el mural del Gimnasio Moctezuma. Los ojos de Moctezuma, insondables. El cuello de Moctezuma suspendido sobre la superficie de la piscina. Los cortesanos (o tal vez no eran cortesanos) que ríen y conversan intentando con todas sus fuerzas ignorar aquello que el emperador ve. Las bandadas de pájaros y de nubes que se confunden en el fondo. El color de las piedras de la piscina, sin duda el color más triste que vi a lo largo de nuestras expediciones, tan sólo comparable al color de algunas miradas, obreros en los pasillos, que ya no recuerdo pero que sin duda existieron.

abriu a porta e saiu da câmara de vapor. Esperei, quem quer que fosse, estava no outro quarto e fazia bastante barulho. Laura, chamei bem baixinho. Ninguém respondeu. Por fim, pude ver que o velho continuava dormindo. No chão, um em posição fetal e o outro estendido, os dois atores. O insone parecia dormir de verdade. Pulei por cima deles. No quarto do divã, Laura já estava vestida. Jogou-me minhas roupas sem me dizer uma só palavra. O que houve?, falei. Vamos, disse Laura. Voltamos a encontrar esse trio algumas vezes, uma naqueles mesmos banhos, outra nuns de Azcapotzalco, os banhos do inferno, como Laura os chamava, mas as coisas nunca mais foram as mesmas. No máximo fumávamos um cigarro e tchau. Durante muito tempo continuamos frequentando esses lugares. Podíamos ter feito amor em outros locais, mas havia alguma coisa na rota dos banhos públicos que nos atraía como um ímã. Não faltaram, logicamente, outros tipos de incidentes, correria, nos corredores, de sujeitos tomados pelo desespero, uma tentativa de estupro, uma batida policial que soubemos driblar com sorte e astúcia; astúcia, a de Laura; sorte, a solidariedade de bronze dos banhistas. Da soma de todos os estabelecimentos, agora há um amálgama que se confunde com o rosto de Laura sorrindo, extraímos a certeza de nosso amor. O melhor de todos, talvez porque tenha sido lá que fizemos amor pela primeira vez, foi o Gimnasio Moctezuma, ao qual sempre voltávamos. O pior, um local em Casas Alemán convenientemente chamado de O Holandês Voador, que era a coisa mais parecida com uma morgue que eu já havia visto. Tripla morgue: da higiene, do proletariado e dos corpos. Não do desejo. São duas as lembranças mais indeléveis que ainda guardo daqueles dias. A primeira é uma sucessão de imagens de Laura nua (sentada na banqueta, em meus braços, sob a ducha, jogada no divã, pensando) até que o vapor que vai aumentando gradualmente a faz desaparecer por completo. Fim. Imagem branca. A segunda é o mural do Gimnasio Moctezuma. Os olhos de Moctezuma, insondáveis. O pescoço de Moctezuma suspenso sobre a superfície da piscina. Os cortesãos (ou talvez não fossem cortesãos) que riem e conversam tentando com todas as suas forças ignorar aquilo que o imperador vê. As bandadas de pássaros e de nuvens que se confundem no fundo. A cor das pedras da piscina, sem dúvida a cor mais triste que vi ao longo de nossas expedições, comparável somente à cor de alguns olhares, operários nos corredores, de quem não lembro mais, mas que sem dúvida existiram.

TERCEIRA PARTE

Poemas perdidos
Poemas perdidos

Las pulsaciones de tu corazón

La Belleza. Tema de Composición.
Una muchacha abre los ojos, se levanta,
abre la ventana, sale al patio.
En el patio hay hierba y rocío y basura,
hay ruedas pinchadas, roídas
por ácidos, esqueletos de bicicletas,
grandes trancas podridas en el suelo.
La Belleza. Tema de Composición.
La muchacha sale de la oscuridad
al patio, camina
tres o cinco pasos en dirección
a la cerca, levanta
los brazos, un escalofrío
la sacude, junta
las cejas en un gesto de disgusto,
se pasa el dorso de la mano
por la cara, vuelve
a la casa. La Belleza.
Tema para una franja.
Un pedazo de algo
iluminado por una cosa
parecida a la luz.
Pero que no es luz.
Algo parecido al gris,
siempre que el gris fuera luz,
o que la muchacha
estuviera un poco más quieta,
o que pudiéramos ordenar por bloques
el granito y las arpilleras.

As batidas do seu coração

A Beleza. Tema de Composição.
Uma moça abre os olhos, se levanta,
abre a janela, sai para o pátio.
No pátio há relva e orvalho e lixo,
há pneus furados, roídos
por ácidos, esqueletos de bicicletas,
grandes trancas apodrecidas no chão.
A Beleza. Tema de Composição.
A moça sai da obscuridade
para o pátio, caminha
três ou cinco passos em direção
à cerca, levanta
os braços, um calafrio
a estremece, franze
as sobrancelhas num gesto de desgosto,
passa o dorso da mão
no rosto, volta
para a casa. A Beleza.
Tema para uma faixa.
Um pedaço de alguma coisa
iluminado por algo
parecido com a luz.
Mas que não é luz.
Algo parecido com o cinza,
desde que o cinza fosse luz,
ou que a moça
ficasse um pouco mais quieta,
ou que pudéssemos organizar por blocos
o granito e as serapilheiras.

Tema de Composición. La Belleza.
Un momento bucólico.
Todo el desorden se cuela
por una fisura llamada muchacha.
En ella hay dos o tres cosas
—dos o tres islas—
negociables. Pero no
la razón o el desencanto.
Pese a todos los inconvenientes:
un paisaje sólido.
La muchacha pone agua
en la tetera, enciende el gas,
pone la tetera a calentar,
se sienta sobre una silla de paja
y mientras espera
tal vez piense
en la luz que se mueve
ganando y perdiendo baldosas.
La Belleza no suspirará: querrá verlo
todo. Pero los regalos y la paciencia
son para ella:
cauce inevitable.
Tema. Espacio donde los ojos luchan.
Espacio, palabra, donde los ojos
imponen su voluntad.
La muchacha sale al patio.
La muchacha toma té. La muchacha
busca los terrones de azúcar.
A través de ese espejo ella busca
las colinas con costras de bosques verdes,
oscuros, los más distantes casi azules.
Tema de Composición. El Oxígeno.
Prepara sus arpilleras. Se sienta.
Hay rocas redondas como bacinicas.
Toma té. Remoja

Tema de Composição. A Beleza.
Um momento bucólico.
Toda a desordem desliza
por uma fissura chamada moça.
Há nela duas ou três coisas
— duas ou três ilhas —
negociáveis. Mas não
a razão nem o desencanto.
Apesar de todos os inconvenientes:
uma paisagem sólida.
A moça põe água
na chaleira, liga o gás,
põe a chaleira para aquecer,
senta numa cadeira de palha
e enquanto espera
talvez pense
na luz que se move
ganhando e perdendo lajotas.
A Beleza não irá suspirar: vai querer ver
tudo. Mas os presentes e a paciência
são para ela:
leito de rio inevitável.
Tema. Espaço onde os olhos lutam.
Espaço, palavra, onde os olhos
impõem sua vontade.
A moça sai para o pátio.
A moça toma chá. A moça
busca os torrões de açúcar.
Através desse espelho ela procura
as colinas com crostas de bosques verdes,
escuros, os mais distantes quase azuis.
Tema de Composição. O Oxigênio.
Prepara sua serapilheira. Senta.
Há rochas redondas como penicos.
Toma chá. Enche

la taza en un lavatorio de porcelana
que está sobre una banqueta de madera
sin desbastar. Bebe agua.
Luego bebe té.
Mira la lejanía: nubes.
Junto a ella emerge el esqueleto
de una bicicleta,
oxidado, pero firme aún el cuadro.
Tema de Composición. Una bicicleta
que es la Belleza y no la muerte.
No la amante salvaje
—la muerte—
corriendo por las calles
del sueño
simplemente porque ya no queda nada
por hacer. No los golpes
en la puerta de la cabaña abandonada.
La muchacha bebe té, lava
el vaso en el lavatorio, tira
el agua en el patio.
Luego entra en la casa
y tras un instante sale
con una chaqueta de lana
sobre la espalda. Como una santa
atraviesa la cerca
y empieza a diluirse
entre los abrojos y la hierba alta.
Ése es el tema de la composición:
la Belleza aparece, se pierde,
reaparece, se pierde,
vuelve a aparecer, se diluye.
Al final sólo escuchas
las pulsaciones de un pozo,
que es tu corazón.

a xícara numa pia de porcelana
que está sobre uma banqueta de madeira
tosca. Bebe água.
Depois bebe chá.
Olha para a distância: nuvens.
Junto dela emerge o esqueleto
de uma bicicleta,
oxidado, mas ainda firme no quadro.
Tema de Composição. Uma bicicleta
que é a Beleza e não a morte.
Não a amante selvagem
— a morte —
correndo pelas ruas
do sonho
simplesmente porque já não há mais nada
a fazer. Não as batidas
na porta da cabana abandonada.
A moça bebe chá, lava
o copo na pia, joga
a água no pátio.
Depois entra na casa
e um instante depois sai
com uma jaqueta de lã
sobre as costas. Como uma santa
atravessa a cerca
e começa a se diluir
entre os abrolhos e a grama alta.
É este o tema da composição:
a Beleza aparece, se perde,
reaparece, se perde,
aparece de novo, se dilui.
No final você só escuta
as batidas de um poço,
que é o seu coração.

Napo

Allá va hacia su última campaña
Envuelto en nubes o en niebla
El careto serio como si masticara
Los grandes funerales la maroma definitiva
En el espacio negro de los campos
Donde desplegará su imaginación ya lenta
Envuelto en adoquines o en fajas de cemento
El gran ojo que tira las campañas
Hacia el olvido

Posdata:
No te asustes soy el ojo de Napo arrastrando las nubes
Hacia la última campaña soy el ojo en el espacio negro envuelto
En neblina y misterios planificando la pesadilla (pero al mismo
Tiempo intentando escapar de ella) envuelto en un careto
Demasiado grave soy el ojo que tira las campañas
Hacia el olvido

Napo

Lá vai para sua última campanha
Envolto em nuvens ou em neblina
A cara séria como se mastigasse
Os grandes funerais a acrobacia definitiva
No grande espaço negro dos campos
Onde desdobrará sua imaginação já lenta
Envolto em paralelepípedos ou em faixas de cimento
O grande olho que joga as campanhas
No esquecimento

P.S.:
Não se assuste sou o olho do Napo arrastando as nuvens
Para a última campanha sou o olho no espaço negro envolto
Em neblina e mistérios planejando o pesadelo (mas ao mesmo
Tempo tentando fugir dele) envolto numa cara
Séria demais sou o olho que joga as campanhas
No esquecimento

Gitanos

Insoportablemente libres, dice la voz.
Detrás del paisaje cercado, en la curva,
Junto a los matorrales, justo en ese hueco
Tuve el sueño de los cadáveres. Algo
Muy sencillo. Un montón de fiambres
En el atardecer. Pero entonces uno de ellos
Dijo: no te asustes, soy el libro de
Los gitanos, voy a revelarte dos cosas
Antes de seguir por la línea.
Te lo resumo: la libertad y la pobreza
Eran una bandera. La bandera de quienes
Cayeron en la curva.

Gitanos

Insuportavelmente livres, diz a voz.
Por trás da paisagem cercada, na curva,
Junto aos arbustos, justo nesse buraco
Tive o sonho dos cadáveres. Uma coisa
Muito simples. Um monte de presuntos
No entardecer. Mas então um deles
Disse: não se assuste, sou o livro dos
Gitanos, vou lhe revelar duas coisas
Antes de seguir pela linha.
Vou resumir: a liberdade e a pobreza
Eram uma bandeira. A bandeira dos que
Caíram na curva.

Bruno Montané cumple treinta años

Vi pasar a B. M. por la veintena
Lo vi amar y caminar
Lo vi emborracharse y ser generoso
Lo vi meter sus ojos azules en el balde del terror
Y ver el paso rápido de la luna
Como si estuviéramos otra vez en una calle mexicana
Y oí sus ruegos por la felicidad
De una muchacha desaparecida
Aunque no puedo afirmar a quién se refería
Tal vez a Alejandra
Más posible: Inma

Bruno Montané faz trinta anos

Vi B. M. passar por seus vinte anos
Vi-o amar e caminhar
Vi-o se embebedar e ser generoso
Vi-o meter seus olhos azuis no balde do terror
E ver a passagem rápida da lua
Como se estivéssemos outra vez numa rua mexicana
E ouvi suas preces pela felicidade
De uma moça desaparecida
Embora não possa afirmar a quem se referia
Talvez a Alejandra
Mais provável: Inma

En algún lugar seco y enorme, 1949

Tú y yo vestidos confortablemente observando la línea recta
mientras en el cielo las nubes corren como en la película
que a veces sueñas hacer Tú y yo sin hijos observando
la línea recta entre dos amarillos que antes fueron
la masa amarilla y que nunca sabremos en qué demonios se
convertirán (¡ni nos importa!) Tú y yo en una casa alquilada
sentados junto al ventanal la verdad dices es que podría
llorar toda la tarde la verdad es que no tengo hambre y sí
un poco de miedo a emborracharme otra vez sentados junto
a un ventanal recto ¿no? mientras a nuestras espaldas
los pájaros saltan de rama en rama y la luz de la cocina
parpadea Tú y yo en una cama ¡allí estamos! observando
las paredes blancas —dos perfiles que se continúan— ayudados
por la luz de la calle y por la luz de nuestros corazones fríos
que se niegan a morir

Em algum lugar seco e enorme, 1949

Você e eu vestidos confortavelmente observando a linha reta
enquanto no céu as nuvens correm como no filme
que às vezes você sonha fazer Você e eu sem filhos observando
a linha reta entre dois amarelos que antes foram
a massa amarela e que nunca saberemos em que diabos se
transformarão (nem nos importa!) Você e eu numa casa alugada
sentados junto ao janelão a verdade você diz é que poderia
chorar a tarde toda é que estou sem fome e sim com
um pouco de medo de me embebedar outra vez sentados junto
de um janelão reto, não? enquanto a nossas costas
os pássaros saltam de galho em galho e a luz da cozinha
pisca Você e eu numa cama, lá estamos! observando
as paredes brancas — dois perfis que se continuam — ajudados
pela luz da rua e pela luz de nossos corações frios
que se negam a morrer

La suerte

Él venía de una semana de trabajo en el campo
en casa de un hijo de puta y era diciembre o enero,
no lo recuerdo, pero hacía frío y al llegar a Barcelona la nieve
comenzó a caer y él tomó el metro y llegó hasta la esquina
de la casa de su amiga y la llamó por teléfono para que
bajara y viera la nieve. Una noche hermosa, sin duda,
y su amiga lo invitó a tomar café y luego hicieron el amor
y conversaron y mucho después él se quedó dormido y soñó
que llegaba a una casa en el campo y caía la nieve
detrás de la casa, detrás de las montañas caía la nieve
y él se encontraba atrapado en el valle y llamaba por teléfono
a su amiga y la voz fría (¡fría pero amable!) le decía
que de ese hoyo inmaculado no salía ni el más valiente
a menos que tuviera mucha suerte

A sorte

Ele estava voltando de uma semana de trabalho no campo
na casa de um filho da puta e era dezembro ou janeiro,
não me lembro, mas fazia frio e ao chegar a Barcelona a neve
começou a cair e ele pegou o metrô e foi até a esquina
da casa de sua amiga e telefonou para que ela
descesse e visse a neve. Uma noite bonita, sem dúvida,
e sua amiga o convidou para tomar um café e depois fizeram amor
e conversaram e muito depois ele adormeceu no sofá e sonhou
que estava chegando a uma casa no campo e a neve caía
atrás da casa, atrás das montanhas caía a neve
e ele estava preso no vale e telefonava
para sua amiga e a voz fria (fria mas amável!) lhe dizia
que dessa cova imaculada nem o mais corajoso sairia
a menos que tivesse muita sorte

A sorte...

Nueve poemas
Nove poemas

Procura no dormir, Roberto, me digo… Aunque el sueño te cierre
los párpados, procura no quedarte dormido… Recuerda imágenes felices,
los cromos de México DF, los poetas de hierro en el Café La Habana…
Pero no te duermas…
No dejes que el sueño cierre la puerta… Piensa en películas de terror: Freddy,
Jason, Norman, ¡el Demonio!… Pero no te duermas… Piensa en Drácula,
en Frankenstein, en el Doctor Sinuoso… Las sombras que recorrían
los párpados de aquella muchacha… Tirada sobre un sofá-cama… Y sólo
un biombo de seda la separaba de los Ojos… Recuerda adolescentes vagando
por los alrededores de Guadalupe: los tacos de carnita, el manto
de Juan Diego, los implorantes de rodillas… ¿Qué hacías allí? Mirabas…
El tráfico de mota, los autobuses repletos, las tiendas de electrodomésticos,
los bares… Como entonces, haz un esfuerzo y vence al sueño… No dejes
que las sombras cierren (o abran) las puertas…

Tente não dormir, Roberto, digo para mim mesmo… Embora o sono feche
suas pálpebras, tente não cair no sono… Lembre de imagens felizes,
dos cromos da Cidade do México, dos poetas de ferro no Café La Habana…
Mas não durma…
Não deixe o sono fechar a porta… Pense em filmes de terror: Freddy,
Jason, Norman, o Demônio!… Mas não durma… Pense no Drácula,
no Frankenstein, no Doutor Sinuoso… Nas sombras que percorriam
as pálpebras daquela moça… Jogada sobre um sofá-cama… E só
um biombo de seda a separava dos Olhos… Lembre dos adolescentes vagando
pelos arredores de Guadalupe: dos tacos de carnitas, do manto
de Juan Diego, dos implorantes de joelhos… O que você estava fazendo lá?
[Olhava…
O tráfico de maconha, os ônibus lotados, as lojas de eletrodomésticos,
os bares… Como naquela época, faça um esforço e vença o sono… Não deixe
que as sombras fechem (ou abram) as portas…

La muerte es un automóvil con dos o tres amigos lejanos. Rostros
que no puedo olvidar: cerúleos, fríos, a un paso tan sólo del atardecer.
La muerte es un automóvil en marcha por las avenidas de Ciudad de México
buscando inútilmente tu casa: una estela de carbón, una cola de
carbón, unos dedos de carbón que se hunden en la oscuridad. La muerte
son los labios de R. B. y L. J. en el asiento posterior de un pesero: ahora sé
que de esas avenidas no escapa nadie. Te lo dejo como prenda:
el final de mi infancia.

A morte é um automóvel com dois ou três amigos distantes. Rostos
que não consigo esquecer: cerúleos, frios, a um passo, apenas, do entardecer.
A morte é um automóvel em marcha pelas avenidas da Cidade do México
procurando inutilmente sua casa: uma trilha de carvão, uma cauda
de carvão, uns dedos de carvão que afundam na escuridão. A morte
são os lábios de R. B. e L. J. no assento traseiro de um micro-ônibus: agora sei
que dessas avenidas ninguém escapa. Deixo a você como garantia:
o final da minha infância.

*La vi caminar calle abajo. El viento pasaba por encima de ella: movía
las hojas de los árboles y la ropa tendida, pero su pelo parecía
el de una estatua. Calle abajo, con pasos regulares, en línea recta
hacia el azul del cruce. Luego ya no la vi más. Cerré los ojos y recordé
a una muchacha tirada sobre una estera en el rincón de un cuarto
oscuro, como un garaje... Hola, dije, acabo de llegar y no conozco a nadie
en este pueblo encantador... El viento golpeó la puerta, removió las ventanas:
su sombra, como una peonza, se perdió en el cruce, imperturbable. Sólo*
                                                              [entonces
*me di cuenta de que había llegado a la Ciudad Fantasma. Helado, cerré
los ojos y volví a verla... Reina de los reflejos... Reina de las calles que*
                                                    [descienden...

Eu a vi caminhar rua abaixo. O vento passava por cima dela: movia
as folhas das árvores e a roupa estendida, mas seu cabelo parecia
o de uma estátua. Rua abaixo, com passos regulares, em linha reta
rumo ao azul do cruzamento. Depois não a vi mais. Fechei os olhos e lembrei
de uma moça jogada sobre uma esteira no canto de um quarto
escuro, como uma garagem... Oi, falei, acabo de chegar e não conheço
[ninguém
nesta cidade encantadora... O vento bateu a porta, agitou as janelas:
sua sombra, como um pião, se perdeu no cruzamento, imperturbável. Só então
percebi que havia chegado à Cidade Fantasma. Gelado, fechei
os olhos e voltei a vê-la... Rainha dos reflexos... Rainha das ruas que descem...

*En coches perdidos, con dos o tres amigos lejanos, vimos de cerca
a la muerte.*
*Borrachos y sucios, al despertar, en suburbios pintados de amarillo,
vimos a la Pelona bajo la sombra de un tenderete.*
¡Qué clase de duelo es éste!, gritó mi amigo.
La vimos desaparecer y aparecer como una estatua griega.
La vimos estirarse.
Pero sobre todo la vimos fundirse con las colinas y el horizonte.

Em carros perdidos, com dois ou três amigos distantes, vimos de perto
a morte.
Bêbados e sujos, ao acordar, em subúrbios pintados de amarelo,
vimos a Ceifadeira sob a sombra de uma barraca de feira.
Que tipo de duelo é este?!, gritou meu amigo.
Nós a vimos desaparecer e aparecer como uma estátua grega.
E a vimos estirar-se.
Mas sobretudo a vimos se fundir com as colinas e o horizonte.

Cada día los veo, junto a sus motos, en el otro lado del río.
Con buen o mal tiempo ellos siempre están ahí, confabulando
o jugando a ser estatuas. Bajo las nubes y bajo las sombras:
nunca cambian. Esperan y desesperan, dicen las viejitas en este lado
del río. Pero se equivocan: nada esperan, su serenidad metálica
es la bandera secreta de su pueblo.

Eu os vejo todo dia, junto de suas motos, do outro lado do rio.
Com bom ou mau tempo eles sempre estão lá, confabulando
ou brincando de ser estátuas. Sob as nuvens e sob as sombras:
nunca mudam. Esperam e se desesperam, dizem as velhinhas deste lado
do rio. Mas se enganam: não esperam nada, sua serenidade metálica
é a bandeira secreta de seu povo.

Llegué a los Estadios con mucho frío, patrón, y los Estadios
comenzaron a moverse.
Llovía a cántaros y yo estaba parado en una esquina, que es
como decir que estaba parado en medio del desierto
y los Estadios se alejaban de aquel lugar para no volver.
¿Se mueven por el Sonido?, me pregunté.
¿Y hacia dónde se dirigen, hacia donde el Sonido disponga?
Tenía frío y tenía miedo, patrón, pero comprendí
que los Estadios, los compartimentos estancos,
marchaban de cabeza rumbo al pasado.
Todo lo que un día poseímos o quisimos poseer
marchaba de cabeza rumbo al pasado.
Después cesó la lluvia, patrón, y en el horizonte
aparecieron las agujas.

Cheguei aos Estádios com muito frio, patrão, e os Estádios
começaram a se mover.
Chovia a cântaros e eu estava parado numa esquina, que é
o mesmo que dizer que estava parado no meio do deserto
e os Estádios se afastavam daquele lugar para não mais voltar.
Movem-se pelo Som?, perguntei-me.
E para onde se dirigem, para onde o Som mandar?
Eu estava com frio e com medo, patrão, mas compreendi
que os Estádios, os compartimentos estanques,
seguiam com tudo em direção ao passado.
Tudo o que um dia possuímos ou quisemos possuir
seguia com tudo em direção ao passado.
Depois a chuva parou, patrão, e os campanários
apareceram no horizonte.

En la película de la tele el gángster toma un avión
que se eleva lentamente contra un atardecer en blanco y negro.
Sentado en tu sillón mueves la cabeza: en la ventana
ves el mismo atardecer, las mismas nubes en blanco
y negro. Te levantas y pegas las manos en el cristal:
el reactor del gángster se abre paso entre las nubes,
nubes increíblemente hermosas, ondas de la cabellera
de tu primer amor, labios ideales que formulan
una promesa para ti, pero que no entiendes.
La imagen que se desplaza por el cielo, la imagen
del televisor, son idénticas, el mismo anhelo, la misma
mirada. Y sin embargo tiemblas y no entiendes.

No filme da tevê o gângster pega um avião
que se eleva lentamente contra um entardecer em branco e preto.
Sentado em sua poltrona você move a cabeça: na janela
vê o mesmo entardecer, as mesmas nuvens em branco
e preto. Levanta-se e encosta as mãos no vidro:
o jato do gângster abre caminho entre as nuvens,
nuvens incrivelmente belas, ondas da cabeleira
de seu primeiro amor, lábios ideais que lhe formulam
uma promessa, mas que você não entende.
A imagem que se desloca pelo céu, a imagem
do televisor, são idênticas, o mesmo anseio, o mesmo
olhar. E no entanto você treme e não entende.

Volví en sueños al país de la infancia. En el cielo
había una espada azul. Una gran espada azul sobrevolando
los tejados marrones y rojos de Quilpué.
Entré caminando, con las manos en los bolsillos, y busqué
las viejas películas: el riachuelo, el caballo, la plaza
cubierta de hojas, el porche de mi casa. No vi
a nadie. Hasta el Duque había desaparecido.
De alguna manera intuí que el pueblo había entrado
en una suerte de operación geométrica sin fin. La espada
se reproducía en el cielo mas siempre era una e indivisible.

Voltei em sonhos ao país da infância. No céu
havia uma espada azul. Uma grande espada azul sobrevoando
os telhados marrons e vermelhos de Quilpué.
Entrei caminhando, com as mãos nos bolsos, e procurei
os velhos filmes: o riacho, o cavalo, a praça
coberta de folhas, a varanda de minha casa. Não vi
ninguém. Até o Duque tinha desaparecido.
Intuí, de algum modo, que a cidade tinha entrado
numa espécie de operação geométrica sem fim. A espada
se reproduzia no céu, mas sempre era uma e indivisível.

El Último Salvaj

1

Salí de la última función a las calles vacías. El esqueleto
pasó junto a mí, temblando, colgado del asta
de un camión de basura. Grandes gorros amarillos
ocultaban el rostro de los basureros, aun así creí reconocerlo:
un viejo amigo. ¡Aquí estamos!, me dije a mí mismo
unas doscientas veces,
hasta que el camión desapareció en una esquina.

2

No tenía adonde ir. Durante mucho tiempo
vagué por los alrededores del cine
buscando una cafetería, un bar abierto.
Todo estaba cerrado, puertas y contraventanas, pero
lo más curioso era que los edificios parecían vacíos, como
si la gente ya no viviera allí. No tenía nada que hacer
salvo dar vueltas y recordar
pero incluso la memoria comenzó a fallarme.

3

Me vi a mí mismo como "El Último Salvaje" montado en
una motocicleta blanca, recorriendo los caminos
de Baja California. A mi izquierda el mar, a mi derecha el mar,
y en mi centro la caja llena de imágenes que paulatinamente
se iban desvaneciendo. ¿Al final la caja quedaría vacía?
¿Al final la moto se iría junto con las nubes?

O Último Selvagem

1

Saí da última função para as ruas vazias. O esqueleto
passou a meu lado, tremendo, pendurado na antena
de um caminhão de lixo. Grandes bonés amarelos
ocultavam o rosto dos lixeiros, mesmo assim pensei reconhecê-lo:
um velho amigo. Cá estamos nós!, disse a mim mesmo
umas duzentas vezes,
até que o caminhão desapareceu numa esquina.

2

Não tinha para onde ir. Durante muito tempo
vaguei pelos arredores do cinema
em busca de uma cafeteria, de um bar aberto.
Estava tudo fechado, portas e venezianas, porém
o mais curioso era que os edifícios pareciam vazios, como
se as pessoas não morassem mais lá. Não tinha nada a fazer
senão dar voltas e lembrar
mas até minha memória começou a falhar.

3

Vi a mim mesmo como "O Último Selvagem" montado
numa motocicleta branca, percorrendo os caminhos
da Baixa Califórnia. À minha esquerda o mar, à minha direita o mar,
e em meu centro a caixa cheia de imagens que paulatinamente
iam se desvanecendo. No fim a caixa ficaria vazia?
No fim a moto iria embora junto com as nuvens?

¿Al final Baja California y "El Último Salvaje" se fundirían
con el Universo, con la Nada?

4

Creí reconocerlo: debajo del gorro amarillo de basurero un amigo
de la juventud. Nunca quieto. Nunca demasiado tiempo en un solo
registro. De sus ojos oscuros decían los poetas: son como dos volantines
suspendidos sobre la ciudad. Sin duda el más valiente. Y sus ojos
como dos volantines negros en la noche negra. Colgado
del asta del camión el esqueleto bailaba con la letra de nuestra
juventud. El esqueleto bailaba con los volantines y con las sombras.

5

Las calles estaban vacías. Tenía frío y en mi cerebro se sucedían
las escenas de El Último Salvaje. Una película de acción, con trampa:
las cosas sólo ocurrían aparentemente. En el fondo: un valle quieto,
petrificado, a salvo del viento y de la historia. Las motos, el fuego
de las ametralladoras, los sabotajes, los 300 terroristas muertos, en realidad
estaban hechos de una sustancia más leve que los sueños. Resplandor
visto y no visto. Ojo visto y no visto. Hasta que la pantalla
volvió al blanco, y salí a la calle.

6

Los alrededores del cine, los edificios, los árboles, los buzones de correo,
las bocas del alcantarillado, todo parecía más grande que antes
de ver la película. Los artesonados eran como calles suspendidas en el aire.
¿Había salido de una película de la fijeza y entrado en una ciudad
de gigantes? Por un momento creí que los volúmenes y las perspectivas
enloquecían. Una locura natural. Sin aristas. ¡Incluso mi ropa
había sido objeto de una mutación! Temblando, metí las manos
en los bolsillos de mi guerrera negra y eché a andar.

No fim Baixa Califórnia e "O Último Selvagem" se fundiriam
com o Universo, com o Nada?

4

Pensei reconhecê-lo: debaixo do boné amarelo de lixeiro um amigo
da juventude. Nunca quieto. Nunca tempo demais num só
registro. De seus olhos escuros diziam os poetas: são como duas pipas
suspensas sobre a cidade. Sem dúvida o mais corajoso. E seus olhos
como duas pipas negras na noite negra. Pendurado
na antena do caminhão o esqueleto dançava com a letra de nossa
juventude. O esqueleto dançava com as pipas e com as sombras.

5

As ruas estavam vazias. Eu estava com frio e em meu cérebro se sucediam
as cenas de O Último Selvagem. Um filme de ação, com intriga:
as coisas só aconteciam aparentemente. No fundo: um vale quieto,
petrificado, a salvo do vento e da história. As motos, o fogo
das metralhadoras, as sabotagens, os 300 terroristas mortos, na verdade
eram feitos de uma substância mais leve que os sonhos. Resplendor
visto e não visto. Olho visto e não visto. Até que a tela
voltou ao branco, e fui para a rua.

6

Os arredores do cinema, os edifícios, as árvores, as caixas de correio,
as bocas dos esgotos, tudo parecia maior do que antes
de ver o filme. Os artesoados eram como ruas suspensas no ar.
Tinha saído de um filme da fixidez e entrado numa cidade
de gigantes? Por um momento pensei que os volumes e as perspectivas
tinham enlouquecido. Uma loucura natural. Sem arestas. Até minha roupa
tinha sido objeto de uma mutação! Tremendo, meti as mãos
nos bolsos de minha jaqueta preta e saí andando.

7

Seguí el rastro de los camiones de basura sin saber a ciencia cierta
qué esperaba encontrar. Todas las avenidas
desembocaban en un Estadio Olímpico de magnitudes colosales.
Un Estadio Olímpico dibujado en el vacío del universo.
Recordé noches sin estrellas, los ojos de una mexicana, un adolescente
con el torso desnudo y una navaja. Estoy en el lugar donde sólo
se ve con la punta de los dedos, pensé. Aquí no hay nadie.

8

Había ido a ver El Último Salvaje y al salir del cine
no tenía adonde ir. De alguna manera yo era
el personaje de la película y mi motocicleta negra me conducía
directamente hacia la destrucción. No más lunas rielando
sobre las vitrinas, no más camiones de basura, no más
desaparecidos. Había visto a la muerte copular con el sueño
y ahora estaba seco.

7

Segui o rastro dos caminhões de lixo sem saber direito
o que esperava encontrar. Todas as avenidas
desembocavam num Estádio Olímpico de magnitudes colossais.
Um Estádio Olímpico desenhado no vazio do universo.
Lembrei-me de noites sem estrelas, dos olhos de uma mexicana, de um
                                                        [adolescente
com o torso nu e uma navalha. Estou no lugar onde só
se vê com a ponta dos dedos, pensei. Não tem ninguém aqui.

8

Tinha ido ver *O Último Selvagem* e ao sair do cinema
não tinha para onde ir. De algum modo eu era
o personagem do filme e minha motocicleta preta me conduzia
diretamente para a destruição. Não mais luas cintilando
sobre as vitrines, não mais caminhões de lixo, não mais
desaparecidos. Tinha visto a morte copular com o sonho
e agora estava seco.

Mi vida en los tubos de supervivencia
Minha vida nos tubos de sobrevivência

Follow, poet, follow right
To the bottom of the night
Auden

Resurrección dijo el viajero en la posada, tal vez un árabe
o un sudamericano
y se durmió junto al fuego.
En la hoguera crepitaban los Arnolfini:
estela que atraviesa los campos y las lluvias,
los períodos de fecundación y de cosecha, la historia
es inasible
pero a veces el misterio cae en nuestros sueños
como un pájaro en el regazo de una niña.
Los Arnolfini, amor mío, la resurrección
dijo el viajero,
nuestro tiempo no tiene fin.

Ressurreição, disse o viajante na pousada, talvez um árabe
ou um sul-americano
e dormiu junto ao fogo.
Na fogueira crepitavam os Arnolfini:
trilha que atravessa os campos e as chuvas,
os períodos de fecundação e de colheita, a história
é inapreensível
mas às vezes o mistério cai em nossos sonhos
como um pássaro no colo de uma menina.
Os Arnolfini, meu amor, a ressurreição
disse o viajante,
nosso tempo não tem fim.

Policías

Romeo y Julieta en un sistema policiaco
Todo Dante todo Boccaccio todo Ariosto
Marlowe en un sistema policiaco
El fulgor oculto de Velázquez
Acuático desértico arbóreo aéreo mi cuerpo en un sistema
de comisarías y coches patrulla y la radio
a medianoche
sólo diciendo que algo marcha mal en el Distrito V
entre la calle Hospital y la calle del Carmen
¡bloqueen Jerusalén, saquen a los negros
del bar Jerusalén!
Y entre los pescados y los puestos de fruta
y los puestos de verdura y los puestos de carne
pasean los hombros y las rodillas de los polis
¡Cada vez más jóvenes!
Busca en Arquíloco la presencia inevitable
de los detectives
busca en Anacreonte las estelas de los policías
Armados hasta los dientes o desnudos
son los únicos capaces de mirar
como si sólo ellos tuvieran ojos
son los únicos que podrán reconocernos
más allá de cualquier gesto:
brazo inmovilizado en indicaciones
que ya nada querrán decir

Policiais

Romeu e Julieta num sistema policial
Todo Dante todo Boccaccio todo Ariosto
Marlowe num sistema policial
O fulgor oculto de Velázquez
Aquático desértico arbóreo aéreo meu corpo num sistema
de delegacias e viaturas policiais e o rádio
à meia-noite
só dizendo que alguma coisa vai mal no Distrito v
entre a rua Hospital e a rua del Carmen
bloqueiem Jerusalén, tirem os negros
do bar Jerusalén!
E entre os pescados e as bancas de fruta
e as bancas de verdura e as bancas de carne
passeiam os ombros e os joelhos dos tiras
Cada vez mais jovens!
Busca em Arquíloco a presença inevitável
dos detetives
busca em Anacreonte os rastros dos policiais
Armados até os dentes ou nus
são os únicos capazes de olhar
como se só eles tivessem olhos
são os únicos que poderão nos reconhecer
para além de qualquer gesto:
braço imobilizado em indicações
que já nada querem dizer

*Soñé con detectives helados en el gran
refrigerador de Los Ángeles
en el gran refrigerador de México DF.*

Sonhei com detetives gelados no grande
refrigerador de Los Angeles
no grande refrigerador da Cidade do México.

Los detectives

Soñé con detectives perdidos en la ciudad oscura
Oí sus gemidos, sus náuseas, la delicadeza
De sus fugas
Soñé con dos pintores que aún no tenían
40 años cuando Colón
Descubrió América
(Uno clásico, intemporal, el otro
Moderno siempre
Como la mierda)
Soñé con una huella luminosa
La senda de las serpientes
Recorrida una y otra vez
Por detectives
Absolutamente desesperados
Soñé con un caso difícil,
Vi los pasillos llenos de policías
Vi los cuestionarios que nadie resuelve
Los archivos ignominiosos
Y luego vi al detective
Volver al lugar del crimen
Solo y tranquilo
Como en las peores pesadillas
Lo vi sentarse en el suelo y fumar
En un dormitorio con sangre seca
Mientras las agujas del reloj
Viajaban encogidas por la noche
Interminable

Os detetives

Sonhei com detetives perdidos na cidade escura
Ouvi seus gemidos, suas náuseas, a delicadeza
De suas fugas
Sonhei com dois pintores que ainda não tinham
40 anos quando Colombo
Descobriu a América
(Um clássico, atemporal, o outro
Moderno sempre,
Como a merda)
Sonhei com um rastro luminoso
A trilha das serpentes
Percorrida várias vezes
Por detetives
Absolutamente desesperados
Sonhei com um caso difícil,
Vi os corredores cheios de policiais
Vi os questionários que ninguém resolve
Os arquivos ignominiosos
E depois vi o detetive
Voltar ao local do crime
Sozinho e tranquilo
Como nos piores pesadelos
Vi-o sentar-se no chão e fumar
Num quarto com sangue seco
Enquanto os ponteiros do relógio
Viajavam encolhidos pela noite
Interminável

Los detectives perdidos

Los detectives perdidos en la ciudad oscura
Oí sus gemidos
Oí sus pasos en el Teatro de la Juventud
Una voz que avanza como una flecha
Sombra de cafés y parques
Frecuentados en la adolescencia
Los detectives que observan
Sus manos abiertas
El destino manchado con la propia sangre
Y tú no puedes ni siquiera recordar
En dónde estuvo la herida
Los rostros que una vez amaste
La mujer que te salvó la vida

Os detetives perdidos

Os detetives perdidos na cidade escura
Ouvi seus gemidos
Ouvi seus passos no Teatro da Juventude
Uma voz que avança como uma flecha
Sombra de cafés e parques
Frequentados na adolescência
Os detetives que observam
Suas mãos abertas
O destino manchado com o próprio sangue
E você não consegue nem lembrar
Onde esteve a ferida
Os rostos que uma vez amou
A mulher que salvou sua vida

Los detectives helados

Soñé con detectives helados, detectives latinoamericanos
que intentaban mantener los ojos abiertos
en medio del sueño.
Soñé con crímenes horribles
y con tipos cuidadosos
que procuraban no pisar los charcos de sangre
y al mismo tiempo abarcar con una sola mirada
el escenario del crimen.
Soñé con detectives perdidos
en el espejo convexo de los Arnolfini:
nuestra época, nuestras perspectivas,
nuestros modelos del Espanto.

Os detetives gelados

Sonhei com detetives gelados, detetives latino-americanos
que tentavam manter os olhos abertos
em meio ao sonho.
Sonhei com crimes horríveis
e com sujeitos cuidadosos
que procuravam não pisar nas poças de sangue
e ao mesmo tempo abarcar com um único olhar
a cena do crime.
Sonhei com detetives perdidos
no espelho convexo dos Arnolfini:
nossa época, nossas perspectivas,
nossos modelos do Espanto.

Los hombres duros no bailan

Una estructura de sombras en el continente americano

Dirigida por Norman Mailer

Los hombres duros no bailan
Los hombres duros llegan a pueblos limítrofes en horas oscuras
Los hombres duros no tienen dinero, malgastan el dinero, buscan un poco de
                              [dinero en habitaciones minúsculas y húmedas
Los hombres duros no usan pijama
Los hombres duros tienen vergas grandes y duras que el tiempo va cuarteando y
                                                          [emblandeciendo
Los hombres duros cogen sus vergas con una mano y mean largamente sobre
                                                    [acantilados y desiertos
Los hombres duros viajan en trenes de carga por los grandes espacios de
                                                          [Norteamérica
Los grandes espacios de las películas de serie B
Películas violentas en donde el alcalde es infame y el sheriff es un hijo de puta y
                                              [las cosas van de mal en peor
Hasta que aparece el hombre duro disparando a diestra y siniestra
Pechos reventados por balas de grueso calibre se proyectan
Hacia nosotros
Como hostias de redención definitiva
Los hombres duros hacen el amor con camareras
En habitaciones femeninas pobremente decoradas
Y se marchan antes de que amanezca
Los hombres duros viajan en transportes miserables por los grandes espacios de
                                                          [Latinoamérica
Los hombres duros comparten el paisaje del viaje y la melancolía del viaje com
                                                    [cerdos y gallinas

Os homens duros não dançam

Uma estrutura de sombras no continente americano

Dirigido por Norman Mailer

Os homens duros não dançam
Os homens duros chegam a cidades limítrofes em horas obscuras
Os homens duros não têm dinheiro, desperdiçam o dinheiro, procuram um
                    [pouco de dinheiro em quartos minúsculos e úmidos
Os homens duros não usam pijama
Os homens duros têm paus grandes e duros que o tempo vai encolhendo e
                                        [amolecendo
Os homens duros seguram os paus com a mão e mijam longamente sobre
                                    [alcantilados e desertos
Os homens duros viajam em trens de carga pelos grandes espaços da América
                                        [do Norte
Os grandes espaços dos filmes B
Filmes violentos onde o prefeito é infame e o xerife é um filho da puta e as
                                [coisas vão de mal a pior
Até que aparece o homem duro disparando a torto e a direito
Peitos arrebentados por balas de grosso calibre se projetam
Em nossa direção
Como hóstias de redenção definitiva
Os homens duros fazem amor com camareiras
Em quartos femininos pobremente decorados
E vão embora antes do amanhecer
Os homens duros viajam em transportes miseráveis pelos grandes espaços da
                                    [América Latina
Os homens duros compartilham a paisagem da viagem e a melancolia da
                            [viagem com porcos e galinhas

Atrás quedan bosques, llanuras, montañas como dientes de tiburón, ríos sin
[nombre, esfuerzos vanos
Los hombres duros recogen las migajas de la memoria sin una queja
Hemos comido, dicen, hemos culeado, nos hemos drogado, hemos conversado
[hasta el amanecer con amigos de verdad
¿Qué más podemos pedir?
Los hombres duros dejan a sus hijos desperdigados por los grandes espacios de
[Norteamérica y Latinoamérica
Antes de enfrentarse con la muerte
Antes de recibir con el rostro vaciado de esperanzas la visita de la Flaca, de la
[Calaca
Antes de recibir con el rostro arrugado por la indiferencia la visita de la
[Madrina de la Soberana
De la Pingüina, de la Peluda, de la Más Fea del Baile
De la Más Fea y la Más Señalada del Baile

Para trás ficam os bosques, planícies, montanhas como dentes de tubarão,
[rios sem nome, esforços vãos
Os homens duros catam as migalhas da memória sem uma queixa
Já comemos, dizem, já fodemos, já nos drogamos, já conversamos até
[amanhecer com amigos de verdade
O que mais podemos pedir?
Os homens duros deixam seus filhos espalhados pelos grandes espaços da
[América do Norte e da América Latina
Antes de se enfrentarem com a morte
Antes de receberem com o rosto esvaziado de esperanças a visita da Flaca, da
[Calaca
Antes de receber com o rosto enrugado pela indiferença a visita da Madrinha,
[da Soberana
Da Pinguim, da Peluda, da Mais Feia do Baile
Da Mais Feia e Mais Destacada do Baile

Los hombres duros

Comentario crítico y etnográfico

¿Una estructura de sombras chinas en el continente americano?
¿Una estructura de sombras checas? ¿Una estructura de sombras gallegas
Surgidas de la pura nada y que se han multiplicado
Simplemente porque América es un Espejo?
Los vi en el sueño, les dije cuidado, esta tierra feraz es um espejo,
El espejo buscado en la leyenda, la copa-espejo de Jesucristo,
El gran plano-espejo donde se buscó y no se halló Cabeza de Vaca:
Una alucinación que nos comprende.
Pero mi padre y sus amigos no me escucharon.

Os homens duros

Comentário crítico e etnográfico

Uma estrutura de sombras *chinesas* no continente americano?
Uma estrutura de sombras *tchecas*? Uma estrutura de sombras *galegas*
Surgidas do puro nada e que se multiplicaram
Simplesmente porque a América é um Espelho?
Eu os vi em sonho, disse-lhes cuidado, esta terra feraz é um espelho,
O espelho buscado na lenda, a taça-espelho de Jesus Cristo,
O grande plano-espelho onde se procurou e não se encontrou Cabeza de Vaca:
Uma alucinação que nos compreende.
Mas meu pai e seus amigos não me ouviram.

El nómade

El mismo. Sin brazos.
Con la boca abierta.
¿Qué demonios intenta decirme?
El nómade. El sin esperanzas.
Con pictogramas en lugar de ojos.
Con historias negras en lugar de rodillas.
Ligero como el viento,
pero odia el viento.
¿Qué demonios intenta decirme?
Sólo escucho el ruido lejano de una televisión.
Sólo intento dormir o leer en paz,
pero allí está él.
Sin brazos.
La boca abierta.
Saltando.
De la sartén al fuego.
Del fuego a la sartén.

O nômade

O mesmo. Sem braços.
Com a boca aberta.
Que diabos tenta me dizer?
O nômade. O sem esperanças.
Com pictogramas em lugar de olhos.
Com histórias sombrias em vez de joelhos.
Ligeiro como o vento,
mas odeia o vento.
Que diabos tenta me dizer?
Só escuto o ruído distante de uma televisão.
Só tento dormir ou ler em paz,
mas lá está ele.
Sem braços.
A boca aberta.
Saltando.
Da frigideira para o fogo.
Do fogo para a frigideira.

El atardecer

Ese atardecer vio pasar al padre de Lisa
hacia abajo
hacia México DF.
Ese atardecer vio a mi padre poniéndose los guantes
antes de su última pelea.
Ese atardecer vio al padre de Carolina
derrotado y enfermo tras la guerra. El mismo
atardecer sin brazos
y con los labios
delgados como un gemido.
El que vio al padre de Lola trabajando en una
fábrica de Bilbao y el que vio
al padre de Edna buscando las palabras
exactas de su plegaria.
¡Ese atardecer fantástico!
El que contempló al padre de Jennifer
en un barco en el Pacífico
durante la Segunda Guerra Mundial
y el que contempló al padre de Margarita
a la salida de una taberna
sin nombre.
Ese atardecer valeroso y tembloroso, ¡indivisible!
como una flecha lanzada al corazón.

O entardecer

Esse entardecer viu o pai de Lisa
ir para baixo
para a Cidade do México.
Esse entardecer viu meu pai pondo as luvas
antes de sua última luta.
Esse entardecer viu o pai de Carolina
derrotado e doente após a guerra. O mesmo
entardecer sem braços
e com os lábios
finos como um gemido.
O que viu o pai de Lola trabalhando numa
fábrica de Bilbao e o que viu
o pai de Edna procurando as palavras
exatas de sua prece.
Esse entardecer fantástico!
O que contemplou o pai de Jennifer
num barco no Pacífico
durante a Segunda Guerra Mundial
e o que contemplou o pai de Margarita
na saída de uma taberna
sem nome.
Esse entardecer valoroso e trêmulo, indivisível!
como uma flecha atirada no coração.

Autorretrato a los veinte años

Me dejé ir, lo tomé en marcha y no supe nunca
hacia dónde hubiera podido llevarme. Iba lleno de miedo,
se me aflojó el estómago y me zumbaba la cabeza:
yo creo que era el aire frío de los muertos.
No sé. Me dejé ir, pensé que era una pena
acabar tan pronto, pero por otra parte
escuché aquella llamada misteriosa y convincente.
O la escuchas o no la escuchas, y yo la escuché
y casi me eché a llorar: un sonido terrible,
nacido en el aire y en el mar.
Un escudo y una espada. Entonces,
pese al miedo, me dejé ir, puse mi mejilla
junto a la mejilla de la muerte.
Y me fue imposible cerrar los ojos y no ver
aquel espectáculo extraño, lento y extraño,
aunque empotrado en una realidad velocísima:
miles de muchachos como yo, lampiños
o barbudos, pero latinoamericanos todos,
juntando sus mejillas con la muerte.

Autorretrato aos vinte anos

Me deixei levar, saí andando e nunca soube
para onde poderia me levar. Estava cheio de medo,
o estômago doía, a cabeça zunia:
acho que era o ar frio dos mortos.
Não sei. Me deixei levar, pensei que era uma pena
acabar tão depressa, mas, por outro lado
escutei aquele chamado misterioso e convincente.
Ou você o escuta ou não o escuta, e eu o escutei
e quase comecei a chorar: um som terrível,
nascido no ar e no mar.
Um escudo e uma espada. Então,
apesar do medo, me deixei levar, pus minha face
junto à face da morte.
E me foi impossível fechar os olhos e não ver
aquele espetáculo estranho, lento e estranho,
ainda que embutido numa realidade velocíssima:
milhares de rapazes como eu, imberbes
ou barbudos, mas todos latino-americanos,
juntando suas faces com a morte.

El sudamericano

Hay algo que golpea el corazón, jefe. El tipo alto y pálido
se volvió. ¿Qué demonios intentas decir? Hay algo como una nube
que de repente bajó hasta esta zona y se puso a latir
al mismo ritmo que nosotros, jefe.
El tipo cerró la cámara. No pienso quedarme atrapado
en esta historia.
Una nube larga extendida desde Castelldefels hasta Barcelona
y ¡muy baja!
Movimiento del ojo ocupando toda la pantalla.
Después el corazón salta.
Saca tu pistola, dijo mientras se echaba a rodar por el suelo
de la galería.
Olor a sopas putrefactas, jefe, como si ya estuviéramos
atrapados.
El corazón ha descendido esta noche.
No me cogerán vivo.

O sul-americano

Tem uma coisa golpeando meu coração, chefe. O sujeito alto e pálido
se virou. Que diabos está querendo dizer? Tem uma coisa como uma nuvem
que de repente desceu até essa zona e começou a pulsar
no mesmo ritmo que nós, chefe.
O sujeito fechou a câmara. Não pretendo ficar preso
nesta história.
Uma nuvem comprida estendida de Castelldefels a Barcelona
e muito baixa!
Movimento do olho ocupando toda a tela.
Depois o coração pula.
Saque sua pistola, falou enquanto começava a rolar pelo chão
da galeria.
Cheiro de sopas podres, chefe, como se já estivéssemos
presos.
O coração desceu esta noite.
Não vão me pegar vivo.

Lupe

Trabajaba en la Guerrero, a pocas calles de la casa de Julián
y tenía 17 años y había perdido un hijo.
El recuerdo la hacía llorar en aquel cuarto del Hotel Trébol,
espacioso y oscuro, con baño y bidet, el sitio ideal
para vivir durante algunos años. El sitio ideal para escribir
un libro de memorias apócrifas o un ramillete
de poemas de terror. Lupe
era delgada y tenía las piernas largas y manchadas
como los leopardos.
La primera vez ni siquiera tuve una erección:
tampoco esperaba tener una erección. Lupe habló de su vida
y de lo que para ella era la felicidad.
Al cabo de una semana nos volvimos a ver. La encontré
en una esquina junto a otras putitas adolescentes,
apoyada en los guardabarros de un viejo Cadillac.
Creo que nos alegramos de vernos. A partir de entonces
Lupe empezó a contarme cosas de su vida, a veces llorando,
a veces cogiendo, casi siempre desnudos en la cama,
mirando el cielo raso tomados de la mano.
Su hijo nació enfermo y Lupe prometió a la Virgen
que dejaría el oficio si su bebé se curaba.
Mantuvo la promesa un mes o dos y luego tuvo que volver.
Poco después su hijo murió y Lupe decía que la culpa
era suya por no cumplir con la Virgen.
La Virgen se llevó al angelito por una promesa no sostenida.
Yo no sabía qué decirle. Me gustaban los niños, seguro,
pero aún faltaban muchos años para que supiera
lo que era tener un hijo.

Lupe

Trabalhava na Guerrero, a poucas ruas da casa de Julián
e tinha 17 anos e perdera um filho.
A lembrança a fazia chorar naquele quarto do Hotel Trébol,
espaçoso e escuro, com banheira e bidê, o lugar ideal
para viver durante alguns anos. O lugar ideal para escrever
um livro de memórias apócrifas ou uma série
de poemas de terror. Lupe
era esguia e tinha as pernas longas e manchadas
como os leopardos.
Na primeira vez nem sequer tive uma ereção:
nem esperava ter uma ereção. Lupe falou de sua vida
e do que era para ela a felicidade.
No fim de uma semana nos vimos novamente. Encontrei-a
numa esquina junto de outras putinhas adolescentes,
apoiada no para-lama de um velho Cadillac.
Acho que ficamos alegres de nos ver. A partir daí
Lupe começou a me contar coisas de sua vida, às vezes chorando,
às vezes transando, quase sempre nus na cama,
olhando para o teto de mãos dadas.
Seu filho nasceu doente e Lupe prometeu à Virgem
que largaria esse ofício se seu bebê se curasse.
Manteve a promessa um mês ou dois e teve de voltar.
Pouco depois seu filho morreu e Lupe dizia que a culpa
era dela por não cumprir a promessa.
A Virgem levou o anjinho por uma promessa não cumprida.
Eu não sabia o que lhe dizer. Gostava de crianças, claro,
mas ainda faltavam muitos anos para que eu soubesse
o que era ter um filho.

Así que me quedaba callado y pensaba en lo extraño
que resultaba el silencio de aquel hotel.
O tenía las paredes muy gruesas o éramos los únicos ocupantes
o los demás no abrían la boca ni para gemir.
Era tan fácil manejar a Lupe y sentirte hombre
y sentirte desgraciado. Era fácil acompasarla
a tu ritmo y era fácil escucharla referir
las últimas películas de terror que había visto
en el cine Bucareli.
Sus piernas de leopardo se anudaban en mi cintura
y hundía su cabeza en mi pecho buscando mis pezones
o el latido de mi corazón.
Eso es lo que quiero chuparte, me dijo una noche.
¿Qué, Lupe? El corazón.

Então ficava calado e pensava em como era estranho
o silêncio daquele hotel.
Ou tinha as paredes muito grossas ou éramos os únicos ocupantes
ou os demais não abriam a boca nem para gemer.
Era tão fácil a gente lidar com a Lupe e se sentir homem
e se sentir infeliz. Era fácil fazê-la acompanhar
seu ritmo e era fácil ouvi-la comentar
os últimos filmes de terror que tinha visto
no cine Bucareli.
Suas pernas de leopardo se enlaçavam em minha cintura
e ela afundava a cabeça em meu peito procurando meus mamilos
ou as batidas do meu coração.
É essa parte sua que eu quero chupar, me disse uma noite.
O quê, Lupe? O coração.

Lisa

Cuando Lisa me dijo que había hecho el amor
con otro, en la vieja cabina telefónica de aquel
almacén de la Tepeyac, creí que el mundo
se acababa para mí. Un tipo alto y flaco y
con el pelo largo y una verga larga que no esperó
más de una cita para penetrarla hasta el fondo.
No es algo serio, dijo ella, pero es
la mejor manera de sacarte de mi vida.
Parménides García Saldaña tenía el pelo largo y hubiera
podido ser el amante de Lisa, pero algunos
años después supe que había muerto en una clínica psiquiátrica
o que se había suicidado. Lisa ya no quería
acostarse más con perdedores. A veces sueño
con ella y la veo feliz y fría en un México
diseñado por Lovecraft. Escuchamos música
(Canned Heat, uno de los grupos preferidos
de Parménides García Saldaña) y luego hicimos
el amor tres veces. La primera se vino dentro de mí,
la segunda se vino en mi boca y la tercera, apenas un hilo
de agua, un corto hilo de pescar, entre mis pechos. Y todo
en dos horas, dijo Lisa. Las dos peores horas de mi vida,
dije desde el otro lado del teléfono.

Lisa

Quando Lisa me disse que tinha feito amor
com outro, na velha cabine telefônica daquele
armazém da Tepeyac, pensei que o mundo
tinha acabado para mim. Um sujeito alto e magro e
de cabelo comprido e um pau comprido que não esperou
mais do que um encontro para penetrá-la profundamente.
Não é nada sério, disse ela, mas é
o melhor jeito de tirar você da minha vida.
Parménides García Saldaña tinha o cabelo comprido e poderia
ter sido amante de Lisa, mas alguns
anos depois soube que ele tinha morrido numa clínica psiquiátrica
ou que tinha se suicidado. Lisa não queria
mais dormir com perdedores. Às vezes sonho
com ela e a vejo feliz e fria num México
desenhado por Lovecraft. Ouvimos música
(Canned Heat, um dos grupos preferidos
de Parménides García Saldaña) e depois fizemos
amor três vezes. Na primeira gozou dentro de mim,
na segunda gozou na minha boca e na terceira, apenas um fio
de água, uma curta linha de pesca, entre meus peitos. E tudo
em duas horas, disse Lisa. As duas piores horas da minha vida,
falei lá do outro lado do telefone.

El recuerdo de Lisa se descuelga otra vez
por el agujero de la noche.
Una cuerda, un haz de luz
y ya está:
la aldea mexicana ideal.
En medio de la barbarie, la sonrisa de Lisa,
la película helada de Lisa,
el refrigerador de Lisa con la puerta abierta
rociando con un poco de luz
este cuarto desordenado que yo,
próximo a cumplir cuarenta años,
llamo México, llamo DF,
llamo Roberto Bolaño buscando un teléfono público
en medio del caos y la belleza
para llamar a su único y verdadero amor.

A lembrança de Lisa desce outra vez
pelo buraco da noite.
Uma corda, um feixe de luz
e pronto:
a aldeia mexicana ideal.
Em meio à barbárie, o sorriso de Lisa,
o filme gelado de Lisa,
a geladeira de Lisa com a porta aberta
orvalhando com um pouco de luz
este quarto desarrumado que eu,
perto de completar quarenta anos,
chamo de México, chamo de Cidade do México,
chamo de Roberto Bolaño procurando um telefone público
em meio ao caos e à beleza
para ligar para seu único e verdadeiro amor.

Te regalaré un abismo, dijo ella,
pero de tan sutil manera que sólo lo percibirás
cuando hayan pasado muchos años
y estés lejos de México y de mí.
Cuando más lo necesites lo descubrirás,
y ése no será
el final feliz,
pero sí un instante de vacío y de felicidad.
Y tal vez entonces te acuerdes de mí,
aunque no mucho.

Vou lhe dar um abismo de presente, disse ela,
mas de um modo tão sutil que você só vai perceber
quando já tiverem se passado muitos anos
e estiver longe do México e de mim.
Quando mais precisar você o descobrirá,
e esse não será
o final feliz,
e sim um instante de vazio e de felicidade.
E então talvez se lembre de mim,
mesmo que pouco.

La francesa

Una mujer inteligente
Una mujer hermosa
Conocía todas las variantes, todas las posibilidades
Lectora de los aforismos de Duchamp y de los relatos de Defoe
En general con un autocontrol envidiable
Salvo cuando se deprimía y se emborrachaba
Algo que podía durar dos o tres días
Una sucesión de burdeos y valiums
Que te ponía la carne de gallina
Entonces solía contarte las historias que le sucedieron
Entre los 15 y los 18
Una película de sexo y de terror
Cuerpos desnudos y negocios en los límites de la ley
Una actriz vocacional y al mismo tiempo una chica con extraños rasgos de
[avaricia

La conocí cuando acababa de cumplir los 25
En una época tranquila
Supongo que tenía miedo de la vejez y de la muerte
La vejez para ella eran los treinta años
La guerra de los Treinta Años
Los treinta años de Cristo cuando empezó a predicar
Una edad como cualquier otra, le decía mientras cenábamos
A la luz de las velas
Contemplando el discurrir del río más literario del planeta
Pero para nosotros el prestigio estaba en otra parte
En las bandas poseídas por la lentitud, en los gestos exquisitamente lentos del
[desarreglo nervioso

En las camas oscuras
En la multiplicación geométrica de las vitrinas vacías

A francesa

Uma mulher inteligente
Uma mulher bonita
Conhecia todas as variantes, todas as possibilidades
Leitora dos aforismos de Duchamp e dos relatos de Defoe
Em geral com um autocontrole invejável
Salvo quando se deprimia e se embebedava
O que podia durar dois ou três dias
Uma sucessão de Bordeaux e Valium
De deixar a gente arrepiado
Então costumava lhe contar as histórias que lhe sucederam
Entre os 15 e os 18
Um filme de sexo e de terror
Corpos nus e negócios nos limites da lei
Uma atriz profissional e ao mesmo tempo uma garota com estranhos traços
                                                   [de avareza
Eu a conheci quando tinha acabado de fazer 25
Numa época tranquila
Acho que tinha medo da velhice e da morte
Para ela a velhice eram os trinta anos
A Guerra dos Trinta Anos
Os trinta anos de Cristo quando começou a pregar
Uma idade como outra qualquer, eu lhe dizia enquanto jantávamos
À luz de velas
Contemplando o correr do rio mais literário do planeta
Mas para nós o prestígio estava em outro lugar
Nas bandas possuídas pela lentidão, nos gestos refinadamente lentos da
                                                   [desordem nervosa
Nas camas escuras
Na multiplicação geométrica das vitrines vazias

Y en el hoyo de la realidad
Nuestro lujo
Nuestro absoluto
Nuestro Voltaire
Nuestra filosofía de dormitorio y tocador
Como decía, una muchacha inteligente
Con esa rara virtud previsora
(Rara para nosotros latinoamericanos)
Que es tan común en su patria
En donde hasta los asesinos tienen una cartilla de ahorros
Y ella no iba a ser menos
Una cartilla de ahorros y una foto de Tristan Cabral,
La nostalgia de lo no vivido
Mientras aquel prestigioso río arrastraba un sol moribundo
Y sobre sus mejillas rodaban lágrimas aparentemente gratuitas
No me quiero morir susurraba mientras se corría
En la perspicaz oscuridad del dormitorio
Y yo no sabía qué decir
En verdad no sabía qué decir
Salvo acariciarla y sostenerla mientras se movía
Arriba y abajo como la vida
Arriba y abajo como las poetas de Francia
Inocentes y castigadas
Hasta que volvía al planeta Tierra
Y de sus labios brotaban
Pasajes de la adolescencia que de improviso llenaban nuestra habitación
Con duplicados que lloraban en las escaleras automáticas del metro
Con duplicados que hacían el amor con dos tipos a la vez mientras afuera caía
                                                                [la lluvia
Sobre las bolsas de basura y sobre las pistolas abandonadas en las bolsas de
                                                                [basura
La lluvia que todo lo lava
Menos la memoria y la razón
Vestidos, chaquetas de cuero, botas italianas, lencería para volverse loco
Para volverla loca

E na cova da realidade
Nosso luxo
Nosso absoluto
Nosso Voltaire
Nossa filosofia de quarto e boudoir
Como eu dizia, uma moça inteligente
Com essa rara virtude previdente
(Rara para nós, latino-americanos)
Que é tão comum em sua pátria
Onde até os assassinos têm uma caderneta de poupança
E ela não deixaria por menos
Uma caderneta de poupança e uma foto de Tristan Cabral,
A nostalgia do não vivido
Enquanto aquele rio prestigioso arrastava um sol moribundo
E sobre suas faces rolavam lágrimas aparentemente gratuitas
Não quero morrer sussurrava enquanto gozava
Na perspicaz obscuridade do quarto
E eu não sabia o que dizer
Realmente não sabia o que dizer
Salvo acariciá-la e segurá-la enquanto se movia
Para cima e para baixo como a vida
Para cima e para baixo como as poetas da França
Inocentes e castigadas
Até que voltava ao planeta Terra
E de seus lábios brotavam
Passagens da adolescência que sem aviso enchiam nosso quarto
Com cópias que choravam nas escadas rolantes do metrô
Com cópias que faziam amor com dois caras ao mesmo tempo enquanto a
[chuva caía lá fora
Sobre os sacos de lixo e sobre as pistolas abandonadas nos sacos
[de lixo
A chuva que lava tudo
Menos a memória e a razão
Vestidos, jaquetas de couro, botas italianas, lingerie para deixar você louco
Para deixá-la louca

Aparecían y desaparecían en nuestra habitación fosforescente y pulsátil
Y trazos rápidos de otras aventuras menos íntimas
Fulguraban en sus ojos heridos como luciérnagas
Un amor que no iba a durar mucho
Pero que a la postre resultaría inolvidable
Eso dijo
Sentada junto a la ventana
Su rostro suspendido en el tiempo
Sus labios: los labios de una estatua
Un amor inolvidable
Bajo la lluvia
Bajo ese cielo erizado de antenas en donde convivían
Los artesonados del siglo XVII
Con las cagadas de palomas del siglo XX
Y en medio
Toda la inextinguible capacidad de provocar dolor
Invicta a través de los años
Invicta a través de los amores
Inolvidables
Eso dijo, sí
Un amor inolvidable
Y breve
¿Como un huracán?
No, un amor breve como el suspiro de una cabeza guillotinada
La cabeza de un rey o un conde bretón
Breve como la belleza
La belleza absoluta
La que contiene toda la grandeza y la miseria del mundo
Y que sólo es visible para quienes aman

Apareciam e desapareciam em nosso quarto fosforescente e pulsátil
E traços rápidos de outras aventuras menos íntimas
Fulguravam em seus olhos feridos como vaga-lumes
Um amor que não ia durar muito
Mas que por fim seria inesquecível
Foi o que ela disse
Sentada junto à janela
Seu rosto suspenso no tempo
Seus lábios: os lábios de uma estátua
Um amor inesquecível
Sob a chuva
Sob esse céu eriçado de antenas onde conviviam
Os artesoados do século XVII
Com as cagadas de pombos do século XX
E no meio
Toda a inesgotável capacidade de causar dor
Invicta através dos anos
Invicta através dos amores
Inesquecíveis
Foi o que disse, sim
Um amor inesquecível
E breve
Como um furacão?
Não, um amor breve como o suspiro de uma cabeça guilhotinada
A cabeça de um rei ou de um conde bretão
Breve como a beleza
A beleza absoluta
A que contém toda a grandeza e a miséria do mundo
E que só é visível para os que amam

Ojos

Nunca te enamores de una jodida drogadicta:
Las primeras luces del día te sorprenderán
Con sangre en los nudillos y empapado de orines.
Ese meado cada vez más oscuro, cada vez
Más preocupante. Como cuando en una isla griega
Ella se escondía entre las rocas o en un cuarto
De pensión en Barcelona, recitando a Ferrater
En catalán y de memoria mientras calentaba
La heroína en una cuchara que se doblaba
Como si el cabrón de Uri Geller estuviera
En la habitación vecina. Nunca, nunca te encoñes
De una jodida puta suicida: al alba tu rostro
Se dividirá en figuras geométricas semejantes
A la muerte. Inútil y con los bolsillos vacíos
Vagarás entre la luz cenicienta de la mañana
Y entonces el deseo, extinguido, te parecerá
Una broma que nadie se tomó la molestia
De explicarte, una frase vacía, una clave
Grabada en el aire. Y luego el azur. El jodido
Azur. Y el recuerdo de sus piernas sobre tus
Hombros. Su olor penetrante y extraño. Su mano
Extendida esperando el dinero. Ajena a las confesiones
Y a los gestos establecidos del amor. Ajena al dictado
De la tribu. Un brazo y unos pies pinchados
Una y otra vez: espejeantes en la raya que separaba
O que unía lo esperado de lo inesperado, el sueño
Y la pesadilla que se deslizaba por las baldosas
Como la orina cada vez más negra: whisky, coca-cola
Y finalmente un grito de miedo o de sorpresa, pero no

Olhos

Nunca se apaixone por uma maldita viciada:
As primeiras luzes do dia irão surpreendê-lo
Com sangue nos nós dos dedos e encharcado de urina.
Esse mijo cada vez mais escuro, cada vez
Mais preocupante. Como quando numa ilha grega
Ela se escondia entre as rochas ou num quarto
De pensão em Barcelona, recitando Ferrater
Em catalão e de memória enquanto aquecia
A heroína numa colher que se dobrava
Como se o imbecil do Uri Geller estivesse
No quarto vizinho. Nunca, nunca se inflame
Por uma maldita puta suicida: ao amanhecer seu rosto
Se dividirá em figuras geométricas semelhantes
À morte. Inútil e com os bolsos vazios
Você vagará entre a luz cinzenta da manhã
E então o desejo, extinto, irá parecer
Uma piada que ninguém se deu ao trabalho
De lhe explicar, uma frase vazia, uma chave
Gravada no ar. E depois o azul. O maldito
Azul. E a lembrança das pernas dela sobre seus
Ombros. Seu cheiro penetrante e estranho. Sua mão
Estendida esperando o dinheiro. Alheia às confissões
E aos gestos estabelecidos do amor. Alheia ao ditado
Da tribo. Um braço e uns pés picados
Várias vezes: espelhados na linha que separava
Ou que unia o esperado do inesperado, o sonho
E o pesadelo que deslizava pelas lajotas
Como a urina cada vez mais negra: uísque, coca-cola
E finalmente um grito de medo ou de surpresa, mas não

Una llamada de auxilio, no un gesto de amor,
Un jodido gesto de amor a la manera de Hollywood
O del Vaticano. ¿Y sus ojos, recuerdas sus ojos detrás
De aquella cabellera rubia? ¿Recuerdas sus dedos sucios restregando
Esos ojos limpios, esos ojos que parecían mirarte desde otro
Tiempo? ¿Recuerdas esos ojos que te hacían llorar
De amor, retorcerte de amor en la cama sin hacer
O en el suelo, como si el mono lo tuvieras tú y no ella?
Ni siquiera deberías recordar esos ojos. Ni un segundo.
Esos ojos como borrados que parecían seguir con interés
Los movimientos de una pasión que no era de este jodido planeta:
La verdadera belleza de los fuertes brillaba allí,
En sus pupilas dilatadas, en las palpitaciones de su
Corazón mientras la tarde se retiraba como en cámara rápida,
Y en nuestra pensión de mierda se oían de nuevo los ruidos,
Los vagidos de la noche, y sus ojos se cerraban.

Um pedido de ajuda, não um gesto de amor,
Um maldito gesto de amor à moda de Hollywood
Ou do Vaticano. E seus olhos, lembra dos olhos dela atrás
Daquele cabeleira loira? Lembra de seus dedos sujos esfregando
Esses olhos limpos, esses olhos que pareciam olhá-lo de outro
Tempo? Lembra desses olhos que o faziam chorar
De amor, se retorcer de amor na cama desarrumada
Ou no chão, como se o fissurado fosse você e não ela?
Não devia nem lembrar desses olhos. Nem por um segundo.
Esses olhos meio apagados que pareciam seguir com interesse
Os movimentos de uma paixão que não era deste maldito planeta:
A verdadeira beleza dos fortes brilhava ali,
Em suas pupilas dilatadas, nas palpitações de seu
Coração enquanto a tarde se retirava como em câmara rápida,
E em nossa pensão de merda se ouviam novamente os ruídos,
Os vagidos da noite, e seus olhos se fechavam.

Ella reina sobre las destrucciones

Qué me lleva hacia ti.
El sueño que se convierte en pesadilla.
El rumor del mar y de las ratas
En la fábrica abandonada.
Saber que después de todo estás allí,
En la oscuridad. Sola y con los ojos abiertos.
Como el pájaro leproso, el pájaro cagado
De las historias de terror de nuestra infancia.
Firme. No: ondulante, como las luces
Más allá del bosque, más allá de las dunas.
Las luces de los automóviles
Que toman la curva y luego desaparecen.
Pero tus ojos no son como los ojos
De los conductores. Ellos
Se deslizan plácidamente hacia el hogar
O la muerte. Tú estás fija en la oscuridad:
Sin luces ni promesas. Las ratas velan tu mirada.
Las olas velan tu mirada.
El viento que levanta remolinos en los linderos
Del bosque me lleva hacia ti: apenas
Una señal ininteligible en el camino de los perros.

Ela reina sobre as destruições

O que me leva a você.
O sonho que vira pesadelo.
O rumor do mar e dos ratos
Na fábrica abandonada.
Saber que no fim das contas você está ali,
No escuro. Sozinha e com os olhos abertos.
Como o pássaro leproso, o pássaro cagado
Das histórias de terror de nossa infância.
Firme. Não: ondulante, como as luzes
Além do bosque, além das dunas.
As luzes dos carros
Que fazem a curva e depois desaparecem.
Mas seus olhos não são como os olhos
Dos motoristas. Eles
Deslizam placidamente para casa
Ou para a morte. Você está fixa no escuro:
Sem luzes nem promessas. Os ratos velam seu olhar.
As ondas velam seu olhar.
O vento que levanta redemoinhos nos limites
Do bosque me leva até você: apenas
Um sinal ininteligível no caminho dos cães.

Lluvia

Llueve y tú dices "es como si las nubes
lloraran". Luego te cubres la boca y apresuras
el paso. ¿Como si esas nubes escuálidas lloraran?
Imposible. Pero entonces, ¿de dónde esa rabia,
esa desesperación que nos ha de llevar a todos al diablo?
La Naturaleza oculta algunos de sus procedimientos
en el Misterio, su hermanastro. Así esta tarde
que consideras similar a una tarde del fin del mundo
más pronto de lo que crees te parecerá tan sólo
una tarde melancólica, una tarde de soledad perdida
en la memoria: el espejo de la Naturaleza. O bien
la olvidarás. Ni la lluvia, ni el llanto, ni tus pasos
que resuenan en el camino del acantilado importan.
Ahora puedes llorar y dejar que tu imagen se diluya
en los parabrisas de los coches estacionados a lo largo
del Paseo Marítimo. Pero no puedes perderte.

Chuva

Chove e você diz "é como se as nuvens
chorassem". Depois tapa a boca e aperta
o passo. Como se essas nuvens esquálidas chorassem?
Impossível. Mas então, de onde essa raiva,
esse desespero que há de levar todos nós para o inferno?
A Natureza oculta alguns de seus procedimentos
no Mistério, seu meio-irmão. Então esta tarde
que você considera similar a uma tarde do fim do mundo
mais cedo do que pensa vai lhe parecer apenas
uma tarde melancólica, uma tarde de solidão perdida
na memória: o espelho da Natureza. Ou então
a esquecerá. Nem a chuva, nem o pranto, nem seus passos
que ressoam no caminho do alcantilado importam.
Agora você pode chorar e deixar que sua imagem se dilua
nos para-brisas dos carros estacionados ao longo
do Paseo Marítimo. Mas você não pode se perder.

El Gusano

Demos gracias por nuestra pobreza, dijo el tipo vestido con harapos.
Lo vi con este ojo: vagaba por un pueblo de casas chatas,
hechas de cemento y ladrillos, entre México y Estados Unidos.
Demos gracias por nuestra violencia, dijo, aunque sea estéril
como un fantasma, aunque a nada nos conduzca,
tampoco estos caminos conducen a ninguna parte.
Lo vi con este ojo: gesticulaba sobre un fondo rosado
que se resistía al negro, ah, los atardeceres de la frontera,
leídos y perdidos para siempre.
Los atardeceres que envolvieron al padre de Lisa
a principios de los cincuenta.
Los atardeceres que vieron pasar a Mario Santiago,
arriba y abajo, aterido de frío, en el asiento trasero
del coche de un contrabandista. Los atardeceres
del infinito blanco y del infinito negro.

Lo vi con este ojo: parecía un gusano con sombrero de paja
y mirada de asesino
y viajaba por los pueblos del norte de México
como si anduviera perdido, desalojado de la mente,
desalojado del sueño grande, el de todos,
y sus palabras eran, madre mía, terroríficas.

Parecía un gusano con sombrero de paja,
ropas blancas
y mirada de asesino.
Y viajaba como un trompo
por los pueblos del norte de México
sin atreverse a dar el paso

O verme

Agradecemos por nossa pobreza, disse o sujeito vestido com trapos.
Eu o vi com este olho: vagava por uma cidade de casas chatas,
feitas de cimento e tijolos, entre o México e os Estados Unidos.
Agradecemos por nossa violência, disse, embora seja estéril
como um fantasma, embora isso não leve a nada,
esses caminhos também não levam a lugar nenhum.
Eu o vi com este olho: gesticulava sobre um fundo rosado
que se opunha ao negro, ah, os entardeceres da fronteira,
lidos e perdidos para sempre.
Os entardeceres que envolveram o pai de Lisa
no início dos anos cinquenta.
Os entardeceres que viram Mario Santiago passar,
para cima e para baixo, enregelado, no assento traseiro
do carro de um contrabandista. Os entardeceres
do infinito branco e do infinito negro.

Eu o vi com este olho: parecia um verme com chapéu de palha
e olhar de assassino
e viajava pelas cidades do norte do México
como se andasse perdido, desalojado da mente,
desalojado do sonho grande, o de todos,
e suas palavras eram, madre mía, aterrorizantes.

Parecia um verme com chapéu de palha,
roupas brancas
e olhar de assassino.
E viajava como um pião
pelas cidades do norte do México
sem se atrever a dar o passo

sin decidirse
a bajar al DF.
Lo vi con este ojo
ir y venir
entre vendedores ambulantes y borrachos
temido
con el verbo desbocado por calles
de casas de adobe
Parecía un gusano blanco
con un Bali entre los labios
o un Delicados sin filtro
Y viajaba de un lado a otro
de los sueños
tal que un gusano de tierra
arrastrando su desesperación
comiéndosela

Un gusano blanco con sombrero de paja
bajo el sol del norte de México
en las tierras regadas con sangre y palabras mendaces
de la frontera, la puerta del Cuerpo que vio Sam Peckinpah
la puerta de la Mente desalojada, el puritito
azote, y el maldito gusano blanco allí estaba
con su sombrero de paja y su pitillo colgando
del labio inferior, y tenía la misma mirada
de asesino de siempre.

Lo vi y le dije tengo tres bultos en la cabeza
y la ciencia ya no puede hacer nada conmigo.
Lo vi y le dije sáquese de mi huella so mamón
la poesía es más valiente que nadie
las tierras regadas con sangre me la pelan, la Mente desalojada
apenas si estremece mis sentidos.
De estas pesadillas sólo conservaré
estas pobres casas

sem se decidir
a descer até a Cidade do México
Eu o vi com este olho
ir e vir
entre vendedores ambulantes e bêbados
temido
com o verbo desenfreado por ruas
de casas de adobe
Parecia um verme branco
com um Bali entre os lábios
ou um Delicados sem filtro
E viajava de um lado para outro
dos sonhos
como uma minhoca na terra
arrastando sua desesperança
comendo-a

Um verme branco com chapéu de palha
sob o sol do norte do México
nas terras regadas com sangue e palavras enganosas
da fronteira, a porta do Corpo que Sam Peckinpah viu
a porta da Mente desalojada, apenas o
chicote, e o maldito verme branco estava lá
com seu chapéu de palha e seu pito pendendo
do lábio inferior, e tinha o mesmo olhar
assassino de sempre.

Eu o vi e falei tenho três caroços da cabeça
e a ciência já não pode fazer nada por mim.
Eu o vi e falei sai da minha cola, babaca
a poesia é mais valente do que todos
as terras regadas com sangue chupam meu pau, a Mente desalojada
mal estremece meus sentidos.
Destes pesadelos só conservarei
estas pobres casas

estas calles barridas por el viento
y no su mirada de asesino

Parecía un gusano blanco con su sombrero de paja
y su pistola automática debajo de la camisa
y no paraba de hablar solo o con cualquiera
acerca de un poblado que tenía
por lo menos dos mil o tres mil años
allá por el norte cerca de la frontera
con los Estados Unidos
un lugar que todavía existía
digamos cuarenta casas
dos cantinas
una tienda de comestibles
un pueblo de vigilantes y asesinos
como él mismo,
casas de adobe y patios encementados
donde los ojos no se despegaban
del horizonte
(de ese horizonte color carne
como la espalda de un moribundo)
¿Y qué esperaban que apareciera por allí?, pregunté
El viento y el polvo, tal vez
Un sueño mínimo
pero en el que empeñaban
toda su obstinación, toda su voluntad

Parecía un gusano blanco con sombrero de paja y un Delicados
colgando del labio inferior
Parecía un chileno de veintidós años entrando en el Café La Habana
y observando a una muchacha rubia
sentada en el fondo,
en la Mente desalojada
Parecían las caminatas a altas horas de la noche
de Mario Santiago

estas ruas varridas pelo vento
e não seu olhar de assassino

Parecia um verme branco com seu chapéu de palha
e sua pistola automática sob a camisa
e não parava de falar sozinho ou com qualquer um
acerca de um povoado que tinha
pelo menos dois mil ou três mil anos
nas bandas do norte perto da fronteira
com os Estados Unidos
um lugar que ainda existia
digamos quarenta casas
duas cantinas
uma mercearia
uma cidade de vigilantes e assassinos
como ele mesmo,
casas de adobe e pátios cimentados
onde os olhos não desgrudavam
do horizonte
(desse horizonte cor de carne
como as costas de um moribundo)
E o que esperavam que aparecesse por ali?, perguntei
O vento e a poeira, talvez
Um sonho mínimo
mas no qual empenhavam
toda a sua obstinação, toda a sua vontade

Parecia um verme branco com chapéu de palha e um Delicados
pendendo do lábio inferior
Parecia um chileno de vinte e dois anos entrando no Café La Habana
e observando uma moça loira
sentada no fundo,
na Mente desalojada
Pareciam as caminhadas a altas horas da noite
de Mario Santiago

En la Mente desalojada
En los espejos encantados
En el huracán del DF.
Los dedos cortados renacían
con velocidad sorprendente
Dedos cortados, quebrados, esparcidos
en el aire del DF.

Na Mente desalojada
Nos espelhos encantados
No furacão da Cidade do México.
Os dedos cortados renasciam
com uma velocidade surpreendente
Dedos cortados, quebrados, espalhados
no ar da Cidade do México.

Atole

Vi a Mario Santiago y Orlando Guillén
los poetas perdidos de México
tomando atole con el dedo

En los murales de una nueva universidad
llamada Infierno o algo que podría ser
una especie de infierno pedagógico

Pero os aseguro que la música de fondo
era una huasteca veracruzana o tamaulipeca
no soy capaz de precisarlo

Amigos míos era el día en que se estrenaba
"Los poetas perdidos de México"
así que ya se lo pueden imaginar

Y Mario y Orlando reían pero como en cámara lenta
como si en el mural en el que vivían
no existiera la prisa o la velocidad

No sé si me explico
como si sus risas se desplegaran minuciosamente
sobre un horizonte infinito

Esos cielos pintados por el Dr. Atl, ¿los recuerdas?
sí, los recuerdo, y también recuerdo las risas
de mis amigos

Atole

Vi Mario Santiago e Orlando Guillén
os poetas perdidos do México
enrolados pelo atole

Nos murais de uma nova universidade
chamada Inferno ou algo que poderia ser
uma espécie de inferno pedagógico

Mas garanto a vocês que a música de fundo
era uma *huasteca* de Veracruz ou Tamaulipas
não sou capaz de precisar

Meus amigos, era o dia da estreia de
Los poetas perdidos de México
então vocês podem imaginar

E Mario e Orlando riam mas meio em câmara lenta
como se no mural em que viviam
não existisse a pressa nem a velocidade

Não sei se estou sendo claro
como se suas risadas se desdobrassem minuciosamente
sobre um horizonte infinito

Aqueles céus pintados pelo dr. Atl, lembra?
sim, lembro, e também lembro das risadas
dos meus amigos

Cuando aún no vivían dentro del mural laberíntico
apareciendo y desapareciendo como la poesía verdadera
esa que ahora visitan los turistas

Borrachos y drogados como escritos con sangre
ahora desaparecen por el esplendor geométrico
que es el México que les pertenece

El México de las soledades y los recuerdos
el del metro nocturno y los cafés chinos
el del amanecer y el del atole

Quando eles ainda não viviam dentro do mural labiríntico
aparecendo e desaparecendo como a poesia verdadeira
essa que agora os turistas visitam

Bêbados e drogados como se escritos com sangue
agora desaparecem pelo esplendor geométrico
que é o México que lhes pertence

O México das solidões e das lembranças
o do metrô noturno e dos cafés chineses
o do amanhecer e o do atole

La luz

Luz que vi en los amaneceres de México DF,
En la Avenida Revolución o en Niño Perdido,
Jodida luz que dañaba los párpados y te hacía
Llorar y esconderte en alguno de aquellos buses
Enloquecidos, aquellos peseros que te hacían viajar
En círculos por los suburbios de la ciudad oscura.
Luz que vi como una sola daga levitando en
El altar de los sacrificios del DF, el aire
Cantado por el Dr. Atl, el aire inmundo que
Intentó atrapar a Mario Santiago. Ah, la jodida
Luz. Como si follara consigo misma. Como si
Se mamase su propia vulva. Y yo, el espectador
Insólito, no sabía hacer otra cosa que reír
Como un detective adolescente perdido en las calles
De México. Luz que avanzaba de la noche al día
Igual que una jirafa. Luz de la orfandad encontrada
En la vacía e improbable inmensidad de las cosas.

A luz

Luz que vi nos amanheceres da Cidade do México,
Na avenida Revolución ou na rua do Niño Perdido,
Maldita luz que machucava as pálpebras e fazia você
Chorar e se esconder num daqueles ônibus
Enlouquecidos, aqueles micro-ônibus que faziam você rodar
Em círculos pelos subúrbios da cidade escura.
Luz que vi como uma só adaga levitando
No altar dos sacrifícios da Cidade do México, o ar
Cantado pelo dr. Atl, o ar imundo que
Tentou capturar Mario Santiago. Ah, a maldita
Luz. Como se transasse consigo mesma. Como se
Chupasse sua própria vulva. E eu, espectador
Insólito, não sabia fazer nada além de rir
Como um detetive adolescente perdido nas ruas
Do México. Luz que avançava da noite para o dia
Como uma girafa. Luz da orfandade encontrada
Na vazia e improvável imensidão das coisas.

Nopal

Vio el nopal, pero allí, tan lejos,
no debía ser sino un sueño.
De entre la neblina surgían: formas
redondas y blandas, repetidas,
en una larga marcha de un sueño
a otro sueño,
conteniendo, en sus formas de espejo y uña,
la imagen fulgurante
de un adolescente solo,
de pie, con los brazos extendidos,
mientras en el horizonte interminable de México
aparecían las tormentas.
Pero sobreviviría.
Y al igual que los nopales de los precipicios
su vida se suspendería en el sueño
y la monotonía
a intervalos irregulares y durante mucho tiempo.
Pero eso no era lo importante.
Importaban los nopales
y allí estaban otra vez:
de entre sus lágrimas surgían.

Nopal

Viu o nopal, mas lá, tão longe,
não devia passar de um sonho.
Surgiam em meio à neblina: formas
redondas e macias, repetidas,
numa longa marcha de um sonho
a outro sonho,
contendo, em suas formas de espelho e unha,
a imagem fulgurante
de um adolescente sozinho,
de pé, com os braços estendidos,
enquanto no horizonte interminável do México
apareciam as tormentas.
Mas ele sobreviveria.
E como os nopales dos precipícios
sua vida seria suspensa no sonho
e na monotonia
a intervalos regulares e por muito tempo.
Mas o importante não era isso.
O que importava eram os nopales
e lá estavam eles outra vez:
surgiam em meio a suas lágrimas.

El último canto de amor de Pedro J. Lastarria, alias "El Chorito"

Sudamericano en tierra de godos,
Éste es mi canto de despedida
Ahora que los hospitales sobrevuelan
Los desayunos y las horas del té
Con una insistencia que no puedo
Sino remitir a la muerte.
Se acabaron los crepúsculos
Largamente estudiados, se acabaron
Los juegos graciosos que no conducen
A ninguna parte. Sudamericano
En tierra más hostil
Que hospitalaria, me preparo
Para entrar en el largo
Pasillo incógnito
Donde dicen que florecen
Las oportunidades perdidas.
Mi vida fue una sucesión
De oportunidades perdidas,
Lector de Catulo en latín
Apenas tuve valor para pronunciar
Sine qua non o Ad hoc
En la hora más amarga
De mi vida. Sudamericano
En hospitales de godos, ¿qué hacer
Sino recordar las cosas amables
Que una vez me acaecieron?
Viajes infantiles, la elegancia
De padres y abuelos, la generosidad
De mi juventud perdida y con ella

O último canto de amor de Pedro J. Lastarria, vulgo "El Chorito"

Sul-americano em terra de godos,
Este é meu canto de despedida
Agora que os hospitais sobrevoam
Os cafés da manhã e as horas do chá
Com uma insistência que não consigo
Remeter senão à morte.
Acabaram-se os crepúsculos
Longamente estudados, acabaram-se
Os jogos divertidos que não levam
A nenhum lugar. Sul-americano
Em terra mais hostil
Que hospitaleira, me preparo
Para entrar no longo
Corredor incógnito
Onde dizem que florescem
As oportunidades perdidas,
Minha vida foi uma sucessão
De oportunidades perdidas,
Leitor de Catulo em latim
Mal tive coragem de pronunciar
Sine qua non ou *Ad hoc*
Na hora mais amarga
De minha vida. Sul-americano
Em hospitais de godos, que fazer
Senão recordar as coisas amáveis
Que uma vez me aconteceram?
Viagens infantis, a elegância
De pais e avós, a generosidade
De minha juventude perdida e com ela

La juventud perdida de tantos
Compatriotas
Son ahora el bálsamo de mi dolor,
Son ahora el chiste incruento
Desencadenado en estas soledades
Que los godos no entienden
O que entienden de otra manera.
También yo fui elegante y generoso:
Supe apreciar las tempestades,
Los gemidos del amor en las barracas
Y el llanto de las viudas,
Pero la experiencia es una estafa.
En el hospital sólo me acompañan
Mi inmadurez premeditada
Y los resplandores vistos en otro planeta
O en otra vida.
La cabalgata de los monstruos
En donde "El Chorito"
Tiene un papel destacado.
Sudamericano en tierra de
Nadie, me preparo
Para entrar en el lago
Inmóvil, como mi ojo
Donde se refractan las aventuras
De Pedro Javier Lastarria
Desde el rayo incidente
Hasta el ángulo de incidencia,
Desde el seno del ángulo
De refracción
Hasta la constante llamada
Índice de refracción.
En plata: las malas cosas
Convertidas en buenas,
En apariciones gloriosas
Las metidas de pata,

A juventude perdida de tantos
Compatriotas
São agora o bálsamo de minha dor,
São agora a piada incruenta
Desencadeada nestas solidões
Que os godos não entendem
Ou que entendem de outra maneira.
Eu também fui elegante e generoso:
Soube apreciar as tempestades,
Os gemidos de amor nas barracas
E o pranto das viúvas,
Mas a experiência é um engano.
No hospital só me acompanham
Minha imaturidade premeditada
E os resplendores vistos em outro planeta
Ou em outra vida.
A cavalgada dos monstros
Onde "El Chorito"
Tem um papel destacado.
Sul-americano em terra de
Ninguém, me preparo
Para entrar no lago
Imóvel, com meu olho
Onde se refratam as aventuras
De Pedro Javier Lastarria
Do raio incidente
Até o ângulo de incidência,
Do seio do ângulo
De refração
Até a constante chamada
Índice de refração.
Em suma: as coisas ruins
Transformadas em boas,
Em aparições gloriosas
As mancadas,

La memoria del fracaso
Convertida en la memoria
Del valor. Un sueño,
Tal vez, pero
Un sueño que he ganado
A pulso.
Que nadie siga mi ejemplo
Pero que sepan
Que son los músculos de Lastarria
Los que abren este camino.
Es el córtex de Lastarria,
El entrechocar de dientes
De Lastarria, los que iluminan
Esta noche negra del alma,
Reducida, para mi disfrute
Y reflexión, a este rincón
De habitación en sombras,
Como piedra afiebrada,
Como desierto detenido
En mi palabra.
Sudamericano en tierra
De sombras,
Yo que siempre fui
Un caballero,
Me preparo para asistir
A mi propio vuelo de despedida.

A memória do fracasso
Transformada na memória
Da coragem. Um sonho,
Talvez, mas
Um sonho que ganhei
Por mérito meu.
Que ninguém siga meu exemplo
Mas que saibam
Que são os músculos de Lastarria
Que abrem este caminho.
O córtex de Lastarria,
O entrechocar de dentes
De Lastarria, iluminam
Esta noite negra da alma,
Reduzida, para meu desfrute
E reflexão, a este canto
De quarto em sombras,
Como pedra febril,
Como deserto detido
Em minha palavra.
Sul-americano em terra
De sombras,
Eu que sempre fui
Um cavalheiro,
Me preparo para comparecer
A meu próprio voo de despedida.

Ernesto Cardenal y yo

Iba caminando, sudado y con el pelo pegado
en la cara
y entonces vi a Ernesto Cardenal que venía
en dirección contraria
y a modo de saludo le dije:
Padre, en el Reino de los Cielos
que es el comunismo
¿tienen un sitio los homosexuales?
Sí, dijo él.
¿Y los masturbadores impenitentes?
¿Los esclavos del sexo?
¿Los bromistas del sexo?
¿Los sadomasoquistas, las putas, los fanáticos
de los edemas,
los que ya no pueden más, los que de verdad
ya no pueden más?
Y Cardenal dijo sí.
Y yo levanté la vista
y las nubes parecían
sonrisas de gatos levemente rosadas
y los árboles que pespunteaban la colina
(la colina que hemos de subir)
agitaban las ramas.
Los árboles salvajes, como diciendo
algún día, más temprano que tarde, has de venir
a mis brazos gomosos, a mis brazos sarmentosos,
a mis brazos fríos. Una frialdad vegetal
que te erizará los pelos.

Ernesto Cardenal e eu

Eu estava caminhando, suado e com o cabelo grudado
na cara
e então vi Ernesto Cardenal vindo
na direção contrária
e à guisa de cumprimento eu lhe disse:
Padre, no Reino dos Céus
que é o comunismo
os homossexuais têm lugar?
Sim, disse ele.
E os masturbadores impenitentes?
Os escravos do sexo?
Os que troçam do sexo?
Os sadomasoquistas, as putas, os fanáticos
por edemas,
os que não aguentam mais, os que realmente
não aguentam mais?
E Cardenal disse que sim.
E eu levantei a vista
e as nuvens pareciam
sorrisos de gatos levemente rosados
e as árvores que pespontavam a colina
(a colina que iremos subir)
agitavam os galhos.
As árvores selvagens, como que dizendo
algum dia, mais cedo do que tarde, você há de vir
a meus braços pegajosos, a meus braços sarmentosos,
a meus braços frios. Uma frieza vegetal
que irá deixá-lo de cabelo em pé.

Los perros románticos

En aquel tiempo yo tenía 20 años
y estaba loco.
Había perdido un país
pero había ganado un sueño.
Y si tenía ese sueño
lo demás no importaba.
Ni trabajar, ni rezar,
ni estudiar en la madrugada
junto a los perros románticos.
Y el sueño vivía en el vacío de mi espíritu.
Una habitación de madera,
en penumbras,
en uno de los pulmones del trópico.
Y a veces me volvía dentro de mí
y visitaba el sueño: estatua eternizada
en pensamientos líquidos,
un gusano blanco retorciéndose
en el amor.
Un amor desbocado.
Un sueño dentro de otro sueño.
Y la pesadilla me decía: crecerás.
Dejarás atrás las imágenes del dolor y del laberinto
y olvidarás.
Pero en aquel tiempo crecer hubiera sido un crimen.
Estoy aquí, dije, con los perros románticos
y aquí me voy a quedar.

Os cães românticos

Naquela época eu tinha 20 anos
e estava louco.
Tinha perdido um país
mas ganhara um sonho.
E se eu tinha esse sonho
o resto não importava.
Nem trabalhar, nem rezar,
nem estudar de madrugada
ao lado dos cães românticos.
E o sonho vivia no vazio de meu espírito.
Um quarto de madeira,
na penumbra,
num dos pulmões do trópico.
E às vezes eu me voltava para dentro de mim mesmo
e visitava o sonho: estátua eternizada
em pensamentos líquidos,
um verme branco se retorcendo
no amor.
Um amor desenfreado.
Um sonho dentro de outro sonho.
E o pesadelo me dizia: você vai crescer.
Vai deixar para trás as imagens da dor e do labirinto
e vai esquecer.
Mas naquela época crescer teria sido um crime.
Estou aqui, disse, com os cães românticos
e aqui vou ficar.

La Gran Fosa

Pasamos a las tres de la mañana
por la Gran Fosa
y nuestro barco que antaño siempre crujía
se replegó instantáneamente
en un silencio oscuro
medroso
mientras flotábamos sobre miles y miles de metros o espantos
Eso fue todo, tal como lo viví lo cuento
la Gran Fosa
la oscuridad de las tres de la mañana
envolviendo el barco profusamente engalanado
con guirnaldas de luz y reflectores
los marinos y los pasajeros
unidos
por la juventud y por el miedo
por el frío
todos en la misma carraca que flotaba
arriba o abajo de la realidad
una realidad, ¿cómo te diría?
ajena a nuestros conocimientos, a nuestros libros
a nuestra historia
una realidad que me hizo recordar
la pasión final, el misterio de un poeta surrealista
un poeta menor
en la antología de Aldo Pellegrini, ¿sabes
a quién me refiero?
No importa
Aunque he olvidado su nombre jamás olvidaré
su última aventura

A Grande Fossa

Passamos às três da manhã
pela Grande Fossa
e nosso barco que antes sempre rangia
se recolheu instantaneamente
num silêncio obscuro
medroso
enquanto flutuávamos sobre milhares e milhares de metros ou espantos
Isso foi tudo, conto tal como o vivi
a Grande Fossa
a escuridão das três da manhã
envolvendo o barco profusamente enfeitado
com grinaldas de luz e refletores
os marinheiros e os passageiros
unidos
pela juventude e pelo medo
pelo frio
todos na mesma carraca que flutuava
acima ou abaixo da realidade
uma realidade, como eu diria?
alheia a nossos conhecimentos, a nossos livros
a nossa história
uma realidade que me fez lembrar
da paixão final, do mistério de um poeta surrealista
um poeta menor
na antologia de Aldo Pellegrini, sabe
a que estou me referindo?
Não importa
Embora eu tenha esquecido seu nome nunca esquecerei
sua última aventura

Breton y sus amigos llegaron a Marsella o a Tolón
en el 40 o en el 41
buscando una manera de escapar hacia los Estados Unidos
Entre ellos, con sus maletas, él, Pellegrini publica su foto
una cara vulgar
un tipo más bien gordo
con ojos de funcionario y no de surrealista
aunque ahora todos los surrealistas, todos los poetas
tienen ojos de funcionarios
en el 41 no era así
aún vivían Desnos, Artaud, Char
Tzara, Péret, Éluard
pero nuestro poeta era un poeta menor
y los poetas menores sufren como animales de laboratorio
y tienen los ojos secos y malignos
de los funcionarios
Abreviando: algunos, como Breton, consiguieron el visado
y un pasaje en barco y pudieron dejar atrás
la Francia de Vichy, otros
como Tzara, no pudieron salir
En medio de ellos, como una alfombra
el poeta innombrado
Preparados sus bártulos para entrar en el destino oscuro
tangencialmente distinto
al destino de Tzara y de Breton: simplemente
se perdió
salió de su hotel, vagabundeó por las calles del puerto
bebió y observó el fluir de la gente
y después se esfumó
¿se lo tragó la noche?
¿se suicidó?, ¿lo mataron?
lo único cierto es que su cadáver jamás apareció
Supongamos que una corriente submarina lo fue a buscar
al club de yates de Marsella
y lo arrastró lejos de sus maletas, de sus libros surrealistas

Breton e seus amigos chegaram a Marselha ou a Toulon
em 40 ou 41
procurando uma forma de fugir para os Estados Unidos
Entre eles, com suas malas, ele, Pellegrini publica sua foto
uma cara vulgar
um sujeito meio gordo
com olhos de funcionário e não de surrealista
ainda que agora todos os surrealistas, todos os poetas
tenham olhos de funcionários
em 41 não era assim
ainda estavam vivos Desnos, Artaud, Char
Tzara, Péret, Éluard
mas nosso poeta era um poeta menor
e os poetas menores sofrem como animais de laboratório
e têm os olhos secos e malignos
dos funcionários
Para resumir: alguns, como Breton, conseguiram o visto
e uma passagem de barco e puderam deixar para trás
a França de Vichy, outros
como Tzara, não puderam sair
No meio deles, como um tapete
o poeta inominado
Com toda a tralha pronta para entrar no destino obscuro
tangencialmente diferente
do destino de Tzara e de Breton: simplesmente
se perdeu
saiu de seu hotel, vagabundeou pelas ruas do porto
bebeu e observou o fluir das pessoas
e depois se esfumou
a noite o engoliu?
se suicidou? foi morto?
a única certeza é que seu cadáver jamais apareceu
Vamos supor que uma corrente submarina foi buscá-lo
no iate clube de Marselha
e o arrastou para longe de suas malas, de seus livros surrealistas

a las profundidades verdaderas
fuera del Mediterráneo
más allá de las luces de Tánger
en medio del Atlántico
bajo toneladas y toneladas de agua
allí donde sólo viven los peces ciegos
los peces sin colores
en una región donde no existen los colores
sólo oscuridad
y vida extraña y densa
como su desaparición sin una carta de despedida
sin un cuerpo
hechos que despiertan la curiosidad de Pellegrini
lector de novelas policiacas y surrealista latinoamericano
mas no la de Breton
ocupado en el apocalipsis
literario
Un poeta menor cuya muerte es similar a la muerte
de Empédocles
o a un rapto llevado a cabo por extraterrestres
Supongamos que precisamente fue aquello lo que él
quiso fingir o representar
Pero las aguas malolientes del puerto de Marsella
no son un volcán
y tarde o temprano su cuerpo
aunque bien atado a una piedra de 20 kilos
hubiera sido hallado
En el 40 o 41, pese a las apariencias
no existía aún el crimen perfecto
Y ésa es la historia, la misteriosa desaparición
de un poeta menor
(¿se llamaba Gui?, ¿Gui Rosey?)
del parnaso surrealista
Un poeta arrastrado por las corrientes desconocidas del mar
hacia la Gran Fosa

para as verdadeiras profundezas
fora do Mediterrâneo
além das luzes de Tânger
no meio do Atlântico
sob toneladas e toneladas de água
lá onde só vivem os peixes cegos
os peixes sem cores
numa região onde não existem cores
só escuridão
e vida estranha e densa
como seu desaparecimento sem uma carta de despedida
sem um corpo
fatos que despertam a curiosidade de Pellegrini
leitor de romances policiais e surrealista latino-americano
mas não a de Breton
ocupado com o apocalipse
literário
Um poeta menor cuja morte é similar à morte
de Empédocles
ou a um rapto levado a cabo por extraterrestres
Vamos supor que foi justamente aquilo que ele
quis fingir ou representar
Mas as águas fedorentas do porto de Marselha
não são um vulcão
e mais cedo ou mais tarde seu corpo
embora bem amarrado a uma pedra de 20 quilos
teria sido encontrado
Em 40 ou 41, apesar das aparências
ainda não existia o crime perfeito
E essa é a história, o misterioso desaparecimento
de um poeta menor
(chamava-se Gui?, Gui Rosey?)
do parnaso surrealista
Um poeta arrastado pelas correntes desconhecidas do mar
para a Grande Fossa

la misma que detuvo nuestra carraca y nuestros
jóvenes corazones, el hoyo
que se alimenta de pobres poetas en retirada
y de pensamientos puros, el hoyo
que devora surrealistas belgas y checos
ingleses, daneses, holandeses
españoles y franceses, sin tomarse
una pausa, inocentemente

Posdata: *Finalmente pudimos alejarnos de aquellas aguas, mas no de aquella noche al parecer interminable. Días más tarde, un amanecer, tuve la revelación: el barco y la Fosa estaban unidos por una línea perpendicular y jamás se separarían.*

a mesma que deteve nossa carraca e nossos
jovens corações, a cova
que se alimenta de pobres poetas em retirada
e de pensamentos puros, a cova
que devora surrealistas belgas e tchecos
ingleses, dinamarqueses, holandeses
espanhóis e franceses, sem fazer
uma pausa, inocentemente

P.S.: Finalmente conseguimos nos afastar daquelas águas, mas não daquela noite, ao que parece interminável. Dias mais tarde, num amanhecer, tive a revelação: o barco e a Fossa estavam unidos por uma linha perpendicular e jamais se separariam.

Mi vida en los tubos de supervivencia

Como era pigmeo y amarillo y de facciones agradables
Y como era listo y no estaba dispuesto a ser torturado
En un campo de trabajo o en una celda acolchada
Me metieron en el interior de este platillo volante
Y me dijeron vuela y encuentra tu destino, ¿pero qué
Destino iba a encontrar? La maldita nave parecía
El holandés errante por los cielos del mundo, como si
Huir quisiera de mi minusvalía, de mi singular
Esqueleto: un escupitajo en la cara de la Religión,
Un hachazo de seda en la espalda de la Felicidad,
Sustento de la Moral y de la Ética, la escapada hacia
Adelante de mis hermanos verdugos y de mis hermanos desconocidos.
Todos finalmente humanos y curiosos, todos huérfanos y
Jugadores ciegos en el borde del abismo. Pero todo eso
En el platillo volador no podía sino serme indiferente.
O lejano. O secundario. La mayor virtud de mi traidora especie
Es el valor, tal vez la única real, palpable hasta las lágrimas
Y los adioses. Y valor era lo que yo demandaba encerrado en
El platillo, asombrando a los labradores y a los borrachos
Tirados en las acequias. Valor invocaba mientras la maldita nave
Rielaba por guetos y parques que para un paseante
Serían enormes, pero que para mí sólo eran tatuajes sin sentido,
Palabras magnéticas e indescifrables, apenas un gesto
Insinuado bajo el manto de nutrias del planeta.
¿Es que me había convertido en Stefan Zweig y veía avanzar
A mi suicida? Respecto a esto la frialdad de la nave
Era incontrovertible, sin embargo a veces soñaba
Con un país cálido, una terraza y un amor fiel y desesperado.
Las lágrimas que luego derramaba permanecían en la superficie

Minha vida nos tubos de sobrevivência

Como eu era pigmeu e amarelo e de feições agradáveis
E como era esperto e não estava a fim de ser torturado
Num campo de trabalho ou numa cela acolchoada
Eles me enfiaram nesse disco voador
E me disseram voe e encontre seu destino, mas que
Destino eu ia encontrar? A maldita nave parecia
O holandês voador pelos céus do mundo, como se
Quisesse fugir de minha deficiência, de meu singular
Esqueleto: uma cuspida na cara da Religião,
Uma machadada de seda nas costas da Felicidade,
Sustento da Moral e da Ética, a fuga para
A frente de meus irmãos verdugos e de meus irmãos desconhecidos.
Todos finalmente humanos e curiosos, todos órfãos e
Jogadores cegos à beira do abismo. Mas tudo isso
No disco voador só podia me ser indiferente.
Ou distante. Ou secundário. A maior virtude de minha espécie traidora
É a coragem, talvez a única real, palpável até as lágrimas
E os adeuses. E coragem era o que eu pedia fechado no
Disco voador, assustando os lavradores e os bêbados
Jogados nas sarjetas. Invocava coragem enquanto a maldita nave
Cintilava por guetos e parques que para um passeante
Deviam ser enormes, mas que para mim eram apenas tatuagens sem sentido,
Palavras magnéticas e indecifráveis, apenas um gesto
Insinuado sob o manto de lontras do planeta.
Será que eu tinha virado Stefan Zweig e via avançar
Meu suicida? Em relação a isso a frieza da nave
Era incontroversa, mas eu às vezes sonhava
Com um país quente, um terraço e um amor fiel e desesperado.
As lágrimas que depois derramava permaneciam na superfície

Del platillo durante días, testimonio no de mi dolor, sino de
Una suerte de poesía exaltada que cada vez más a menudo
Apretaba mi pecho, mis sienes y caderas. Una terraza,
Un país cálido y un amor de grandes ojos fieles
Avanzando lentamente a través del sueño, mientras la nave
Dejaba estelas de fuego en la ignorancia de mis hermanos
Y en su inocencia. Y una bola de luz éramos el platillo y yo
En las retinas de los pobres campesinos, una imagen perecedera
Que no diría jamás lo suficiente acerca de mi anhelo
Ni del misterio que era el principio y el final
De aquel incomprensible artefacto. Así hasta la
Conclusión de mis días, sometido al arbitrio de los vientos,
Soñando a veces que el platillo se estrellaba en una serranía
De América y mi cadáver casi sin mácula surgía
Para ofrecerse al ojo de viejos montañeses e historiadores:
Un huevo en un nido de hierros retorcidos. Soñando
Que el platillo y yo habíamos concluido la danza peripatética,
Nuestra pobre crítica de la Realidad, en una colisión indolora
Y anónima en alguno de los desiertos del planeta. Muerte
Que no me traía el descanso, pues tras corromperse mi carne
Aún seguía soñando.

Do disco durante dias, testemunho não de minha dor, mas de
Uma espécie de poesia exaltada que cada vez com mais frequência
Apertava meu peito, minhas têmporas e quadris. Um terraço,
Um país quente e um amor de grandes olhos fiéis
Avançando lentamente através do sonho, enquanto a nave
Deixava esteiras de fogo na ignorância de meus irmãos
E em sua inocência. E uma bola de luz éramos o disco e eu
Nas retinas dos pobres camponeses, uma imagem perecível
Que jamais diria o suficiente acerca de meu anseio
Nem do mistério que era o princípio e o fim
Daquele incompreensível artefato. Assim até a
Conclusão de meus dias, submetido ao arbítrio dos ventos,
Às vezes sonhando que o disco se espatifava numa cordilheira
Da América e meu cadáver surgia quase sem mácula
Para se oferecer ao olhar de velhos montanheses e historiadores:
Um ovo num ninho de ferros retorcidos. Sonhando
Que o disco e eu tínhamos concluído a dança peripatética,
Nossa pobre crítica da Realidade, numa colisão indolor
E anônima num dos desertos do planeta. Morte
Que não me trazia o descanso, pois depois de minha carne apodrecer
Eu continuava sonhando.

F. B. — He dead

Francis Bacon
Aprendió a vivir
Solo
Aprendió a soportar
La lentitud
De los atardeceres humanos
Su insoportable hedor
Aprendió
El arte de la paciencia
Similar en tantas cosas
Al arte de la indiferencia
Francis Bacon aprendió
A convivir con las horas
A convivir con las sombras
Máscaras
De la misma libertad
Ilegible

F. B. — He dead

Francis Bacon
Aprendeu a viver
Sozinho
Aprendeu a suportar
A lentidão
Dos entardeceres humanos
Seu fedor insuportável
Aprendeu
A arte da paciência
Similar em tantas coisas
À arte da indiferença
Francis Bacon aprendeu
A conviver com as horas
A conviver com as sombras
Máscaras
Da mesma liberdade
Ilegível

Sophie Podolski

Aterido: hastiado,
Me voy
Al país de Sophie:
Allí donde
La nada: el círculo
Cantan
La gesta
De tu duro
Corazón: la metamorfosis
Lunar; el reptil
Entre los matorrales,
Una forma
De olvido: luna
Que recogí
En la oscuridad
De tus ojos.

Sophie Podolski

Enregelado: entediado,
Vou
Ao país de Sophie:
Lá onde
O nada: o círculo
Cantam
A gesta
De seu duro
Coração: a metamorfose
Lunar; o réptil
Entre as moitas,
Uma forma
De esquecimento: lua
Que apanhei
Na escuridão
De seus olhos.

Homenaje a Resortes

Rostro doloroso, escéptico, apaleado, trasnochado, rostro
sumergido en el bote de orines de las pesadillas, amargo e imbécil,
duro como el pellejo de las ratas de Chapultepec, vanidoso
y triste, rostro en las lindes del cero, metálico por dentro,
lleno de ecos propicios a la risa, a su risa, a sus muecas
gratuitas y secretas, rostro de los barrios aéreos de México,
el rostro de Resortes

¿Te acuerdas de Resortes?
El perfecto ciudadano
Del Distrito Federal
Sus muecas atroces
Su risa atroz
Iluminan el camino de mis sueños
Cuando regreso a México
Paso a paso
Siguiendo las huellas torcidas
De las estrellas

Homenagem a Resortes

Rosto doloroso, cético, espancado, tresnoitado, rosto
submerso no bote de urina dos pesadelos, amargo e imbecil,
duro como o couro dos ratos de Chapultepec, vaidoso
e triste, rosto nos limites do zero, metálico por dentro,
cheio de ecos propícios ao riso, a seu riso, a suas caretas
gratuitas e secretas, rosto dos bairros aéreos do México,
o rosto de Resortes

Lembra do Resortes?
O perfeito cidadão
Da Cidade do México
Suas caretas atrozes
Sua risada atroz
Iluminam o caminho de meus sonhos
Quando volto ao México
Passo a passo
Seguindo os rastros tortos
Das estrelas

Homenaje a Tin Tan

Cuando hayamos muerto y nuestros gusanos sean como Tin Tan,
Resortes y Calambres en la película extendida como una manta
sobre la Ciudad de México y las lavanderas cuneiformes y los
gángsters cuneiformes se persignen en el altar de nuestra
cinematografía, ¡Tin Tan, Resortes y Calambres en el Estudio
Churubusco de nuestros corazones rotos! ¿lo recuerdas?
¿puedes recordarlo todavía?

Tin Tan, Resortes y Calambres
En el final feliz
Buscándose la vida
Y no olvidemos
Ingratos
A Mantequilla
O al amigo de Tin Tan
Marcelo creo que se llamaba
Ni a doña Sara García

Homenagem a Tin Tan

Quando estivermos mortos e nossos vermes forem como Tin Tan,
Resortes e Calambres no filme estendido como um manto
sobre a Cidade do México e as lavadeiras cuneiformes e os
gângsteres cuneiformes se persignarem no altar de nossa
cinematografia, Tin Tan, Resortes e Calambres no Estúdio
Churubusco de nossos corações partidos! Lembra?
ainda consegue lembrar?

Tin Tan, Resortes e Calambres
No final feliz
Procurando a vida
E não vamos esquecer
Ingratos
Do Mantequilla
Ou do amigo do Tin Tan
Acho que se chamava Marcelo
Nem da dona Sara García

El burro

A veces sueño que Mario Santiago
Viene a buscarme con su moto negra.
Y dejamos atrás la ciudad y a medida
Que las luces van desapareciendo
Mario Santiago me dice que se trata
De una moto robada, la última moto
Robada para viajar por las pobres tierras
Del norte, en dirección a Texas,
Persiguiendo un sueño innombrable,
Inclasificable, el sueño de nuestra juventud,
Es decir el sueño más valiente de todos
Nuestros sueños. Y de tal manera
Cómo negarme a montar la veloz moto negra
Del norte y salir rajados por aquellos caminos
Que antaño recorrieran los santos de México,
Los poetas mendicantes de México,
Las sanguijuelas taciturnas de Tepito
O la Colonia Guerrero, todos en la misma senda,
Donde se confunden y mezclan los tiempos:
Verbales y físicos, el ayer y la afasia.

Y a veces sueño que Mario Santiago
Viene a buscarme, o es un poeta sin rostro,
Una cabeza sin ojos, ni boca, ni nariz,
Sólo piel y voluntad, y yo sin preguntar nada
Me subo a la moto y partimos
Por los caminos del norte, la cabeza y yo,
Extraños tripulantes embarcados en una ruta
Miserable, caminos borrados por el polvo y la lluvia,

O burro

Às vezes sonho que Mario Santiago
Vem me buscar com sua moto preta.
E deixamos a cidade para trás e à medida
Que as luzes vão desaparecendo
Mario Santiago me diz que se trata
De uma moto roubada, a última moto
Roubada para viajar pelas pobres terras
Do norte, em direção ao Texas,
Perseguindo um sonho inominável,
Inclassificável, o sonho de nossa juventude,
Ou seja, o sonho mais corajoso de todos
Os nossos sonhos. E assim
Como me negar a montar na veloz moto preta
Do norte para sairmos voando por aqueles caminhos
Que antes percorreram os santos do México,
Os poetas mendicantes do México,
As sanguessugas taciturnas de Tepito
Ou da Colônia Guerrero, todos na mesma senda,
Onde se confundem e se mesclam os tempos:
Verbais e físicos, o ontem e a afasia.

E às vezes sonho que Mario Santiago
Vem me buscar, ou é um poeta sem rosto,
Uma cabeça sem olhos, sem boca, sem nariz,
Só pele e vontade, e eu sem perguntar nada
Subo na moto e partimos
Pelos caminhos do norte, a cabeça e eu,
Estranhos tripulantes embarcados numa estrada
Miserável, caminhos apagados pelo pó e pela chuva,

Tierra de moscas y lagartijas, matorrales resecos
Y ventiscas de arena, el único teatro concebible
Para nuestra poesía.

Y a veces sueño que el camino
Que nuestra moto o nuestro anhelo recorre
No empieza en mi sueño sino en el sueño
De otros: los inocentes, los bienaventurados,
Los mansos, los que para nuestra desgracia
Ya no están aquí. Y así Mario Santiago y yo
Salimos de Ciudad de México que es la prolongación
De tantos sueños, la materialización de tantas
Pesadillas, y remontamos los estados
Siempre hacia el norte, siempre por el camino
De los coyotes, y nuestra moto entonces
Es del color de la noche. Nuestra moto
Es un burro negro que viaja sin prisa
Por las tierras de la Curiosidad. Un burro negro
Que se desplaza por la humanidad y la geometría
De estos pobres paisajes desolados.
Y la risa de Mario o de la cabeza
Saluda a los fantasmas de nuestra juventud,
El sueño innombrable e inútil
De la valentía.

Y a veces creo ver una moto negra
Como un burro negro alejándose por los caminos
De tierra de Zacatecas y Coahuila, en los límites
Del sueño, y sin alcanzar a comprender
Su sentido, su significado último,
Comprendo no obstante su música:
Una alegre canción de despedida.

Y acaso son los gestos de valor los que
Nos dicen adiós, sin resentimiento, ni amargura,

Terra de moscas e lagartixas, matagais ressecados
E tempestades de areia, o único teatro concebível
Para nossa poesia.

E às vezes sonho que o caminho
Que nossa moto ou nosso anseio percorre
Não começa em meu sonho, mas no sonho
De outros: dos inocentes, dos bem-aventurados,
Dos mansos, dos que para nossa infelicidade
Não estão mais aqui. E assim Mario Santiago e eu
Saímos da Cidade do México, que é o prolongamento
De tantos sonhos, a materialização de tantos
Pesadelos, e remontamos os estados
Sempre em direção ao norte, sempre pelo caminho
Dos coiotes, e então nossa moto
É da cor da noite. Nossa moto
É um burro preto que viaja sem pressa
Pelas terras da Curiosidade. Um burro preto
Que se desloca pela humanidade e pela geometria
Dessas pobres paisagens desoladas.
E a risada de Mario ou da cabeça
Cumprimenta os fantasmas de nossa juventude,
O sonho inominável e inútil
Da coragem.

E às vezes penso ver uma moto preta
Como um burro preto se afastando pelos caminhos
De terra de Zacatecas e Coahuila, nos limites
Do sonho, e mesmo sem conseguir entender
Seu sentido, seu significado último,
Entendo sua música:
Uma alegre canção de despedida.

E talvez sejam os gestos de coragem os que
Nos dizem adeus, sem ressentimento nem amargura,

En paz con su gratuidad absoluta y con nosotros mismos.
Son los pequeños desafíos inútiles —o que
Los años y la costumbre consintieron
Que creyéramos inútiles— los que nos saludan,
Los que nos hacen señales enigmáticas con las manos,
En medio de la noche, a un lado de la carretera,
Como nuestros hijos queridos y abandonados,
Criados solos en estos desiertos calcáreos,
Como el resplandor que un día nos atravesó
Y que habíamos olvidado.

Y a veces sueño que Mario llega
Con su moto negra en medio de la pesadilla
Y partimos rumbo al norte,
Rumbo a los pueblos fantasmas donde moran
Las lagartijas y las moscas.
Y mientras el sueño me transporta
De un continente a otro
A través de una ducha de estrellas frías e indoloras,
Veo a la moto negra, como un burro de otro planeta,
Partir en dos las tierras de Coahuila.
Un burro de otro planeta
Que es el anhelo desbocado de nuestra ignorancia,
Pero que también es nuestra esperanza
Y nuestro valor.

Un valor innombrable e inútil, bien cierto,
Pero reencontrado en los márgenes
Del sueño más remoto,
En las particiones del sueño final,
En la senda confusa y magnética
De los burros y de los poetas.

Em paz com sua gratuidade absoluta e com nós mesmos.
São os pequenos desafios inúteis — ou que
Os anos e o hábito consentiram
Que considerássemos inúteis — os que nos cumprimentam,
Os que nos fazem sinais enigmáticos com as mãos,
No meio da noite, ao lado da estrada,
Como nossos filhos queridos e abandonados,
Criados sozinhos nestes desertos calcários,
Como o resplendor que um dia nos atravessou
E que tínhamos esquecido.

E às vezes sonho que Mario chega
Com sua moto preta no meio do pesadelo
E partimos em direção ao norte,
Em direção às cidades fantasmas onde moram
As lagartixas e as moscas.
E enquanto o sonho me transporta
De um continente a outro
Através de uma ducha de estrelas frias e indolores,
Vejo a moto preta, como um burro de outro planeta,
Partir em dois as terras de Coahuila.
Um burro de outro planeta
Que é o anseio desenfreado de nossa ignorância,
Mas que também é nossa esperança
E nossa coragem.

Uma coragem inominável e inútil, por certo,
Mas reencontrada nas margens
Do sonho mais remoto,
Nas partições do sonho final,
Na senda confusa e magnética
Dos burros e dos poetas.

He vuelto a ver a mi padre

Para León Bolaño

La historia comienza con la llegada del sexto enfermo,
un tipo de más de sesenta, solo, de enormes patillas,
con una radio portátil y una o dos novelas de aquellas
que escribía Lafuente Estefanía.
Los cinco que ya estábamos en la habitación éramos amigos,
es decir nos hacíamos bromas y conocíamos
los síntomas verdaderos de la muerte,
aunque ahora ya no estoy tan seguro.
El sexto, mi padre, llegó silenciosamente
y durante todo el tiempo que estuvo en nuestra habitación
casi no habló con nadie.
Sin embargo una noche, cuando uno de los enfermos se moría
(Rafael, el de la cama nº 4)
fue él quien se levantó y llamó a las enfermeras.
Nosotros estábamos paralizados de miedo.
Y mi padre obligó a las enfermeras a venir y salvó al enfermo
de la cama nº 4
y luego volvió a quedarse dormido
sin darle ninguna importancia.
Después, no sé por qué, lo cambiaron de habitación.
A Rafael lo mandaron a morir a su casa y a otros dos
los dieron de alta.
Y a mi padre hoy lo volví a ver.
Como yo, sigue en el hospital.
Lee su novela de vaqueros y cojea de la pierna izquierda.
Su rostro está terriblemente arrugado.

Vi meu pai novamente

Para León Bolaño

A história começa com a chegada do sexto doente,
um sujeito de mais de sessenta, sozinho, de costeletas enormes,
com um rádio portátil e um ou dois romances daqueles
escritos por Lafuente Estefanía.
Os cinco que já estávamos no quarto éramos amigos,
ou seja, contávamos piadas e conhecíamos
os sintomas verdadeiros da morte,
mesmo que agora eu já não tenha tanta certeza.
O sexto, meu pai, chegou silenciosamente
e durante todo o tempo que ficou em nosso quarto
quase não falou com ninguém.
No entanto, uma noite, quando um dos doentes estava morrendo
(Rafael, o do leito nº 4)
foi ele quem se levantou e chamou as enfermeiras.
Nós estávamos paralisados de medo.
E meu pai obrigou as enfermeiras a vir e salvou o doente
do leito nº 4
e depois adormeceu de novo
sem dar a isso nenhuma importância.
Depois, não sei por quê, mudaram-no de quarto.
Mandaram Rafael para morrer em casa e deram alta
para outros dois.
E hoje eu vi meu pai novamente.
Como eu, ele continua no hospital.
Lê seu romance de vaqueiros e manca da perna esquerda.
Seu rosto está terrivelmente enrugado.

Aún lo acompaña la radio portátil de color rojo.
Tose un poco más que antes y no le da mucha importancia a las cosas.
Hoy hemos estado juntos en la salita, él con su novela
y yo con un libro de William Blake.
Afuera atardecía lentamente y los coches fluían como pesadillas.
Yo pensaba y pensaba en mi padre, una y otra vez,
hasta que éste se levantó, dijo algo
con su voz aguardentosa
que no entendí
y encendió la luz.
Eso fue todo. Él encendió la luz y volvió a la lectura.
Praderas interminables y vaqueros de corazones fieles.
Afuera, sobre el Monte Carmelo, pendía la luna llena.

O rádio portátil vermelho ainda o acompanha.
Tosse um pouco mais do que antes e não liga muito para as coisas.
Hoje estivemos juntos na salinha, ele com seu romance
e eu com um livro de William Blake.
Lá fora entardecia lentamente e os carros fluíam como pesadelos.
Eu pensava e pensava em meu pai, várias vezes,
até que ele se levantou, falou alguma coisa
com sua voz áspera
que não entendi
e acendeu a luz.
Isso foi tudo. Ele acendeu a luz e voltou à leitura.
Pradarias intermináveis e vaqueiros de corações fiéis.
Lá fora, sobre o monte Carmelo, pendia a lua cheia.

Los blues taoístas del Hospital Valle Hebrón

1

Crecí junto a jóvenes duros.
Duros y sensibles a los grandes espacios desolados.
Amaneceres de cristal en América, lejos. ¿Sabes
Lo que quiero decir? Esos amaneceres sin hospitales, a vida o muerte,
En casuchas de adobe azotadas por el viento,
Cuando la muerte abrió la puerta de lata y asomó su sonrisa:
Una sonrisa de pobre
Que jamás —lo supimos de golpe— comprenderíamos.
Una sonrisa atroz en donde de alguna manera se resumían
Nuestros esfuerzos y nuestros desafíos tal vez inútiles.
Y vimos nuestras muertes reflejadas
En la sonrisa de aquella muerte
Que abrió la puerta de lata de la casucha de adobes
E intentó fundirse con nosotros.

2

Estabas tú junto a nosotros.
Y tú no te moviste
Cuando emprendimos la marcha.
Te quedaste en la casucha de adobe
Y no vimos tus lágrimas, oh hermana.
Meruit habere redemptorem.
Meruit tam sacra membra tangere.
Digna tam sacra membra tangere.

Os blues taoistas do Hospital Valle Hebrón

1

Cresci ao lado de jovens duros.
Duros e sensíveis aos grandes espaços desolados.
Amanheceres de cristal na América, longe. Sabe
O que quero dizer? Aqueles amanheceres sem hospitais, de vida ou morte,
Em casebres de adobe açoitados pelo vento,
Quando a morte abriu a porta de lata e mostrou seu sorriso:
Um sorriso de pobre
Que jamais — soubemos de repente — compreenderíamos.
Um sorriso atroz em que de alguma forma se resumiam
Nossos esforços e nossos desafios, talvez inúteis.
E vimos nossas mortes refletidas
No sorriso daquela morte
Que abriu a porta de lata do casebre de adobe
E tentou se fundir conosco.

2

Você estava do nosso lado.
E não se moveu
Quando empreendemos a marcha.
Permaneceu no casebre de adobe
E não vimos suas lágrimas, ó irmã.
Meruit habere redemptorem.
Meruit tam sacra membra tangere.
Digna tam sacra membra tangere.

3

Y resueltos salimos de nuestros agujeros.
De nuestros cálidos nidos.
Y habitamos el huracán.
Ahora todos muertos.
También los que recordaron
Un amanecer de cristal
En el territorio de la Quimera y del Mito.

4

Así, tú y yo nos convertimos
En sabuesos de nuestra propia memoria.
Y recorrimos, como detectives latinoamericanos,
Las calles polvorientas del continente
Buscando al asesino.
Pero sólo encontramos
vitrinas vacías, manifestaciones equívocas
De la verdad.

5

En los territorios de la Quimera
Volveré a encontrarte.
Y te daré diez besos
Y luego
Diez más.

3

E saímos decididos de nossos buracos.
De nossos ninhos cálidos.
E habitamos o furacão.
Agora todos mortos.
Também os que recordaram
Um amanhecer de cristal
No território da Quimera e do Mito.

4

Assim, você e eu nos transformamos
Em sabujos de nossa própria memória.
E percorremos, como detetives latino-americanos,
As ruas empoeiradas do continente
Procurando o assassino.
Mas só encontramos
Vitrines vazias, manifestações equívocas
Da verdade.

5

Nos territórios da Quimera
Encontrarei você de novo.
E lhe darei dez beijos
E depois
Mais dez.

Las enfermeras

Una estela de enfermeras emprenden el regreso a casa. Protegido
por mis polaroid las observo ir y volver.
Ellas están protegidas por el crepúsculo.
Una estela de enfermeras y una estela de alacranes.
Van y vienen.
¿A las siete de la tarde? ¿A las ocho
de la tarde?
A veces alguna levanta la mano y me saluda. Luego alcanza
su coche, sin volverse, y desaparece
protegida por el crepúsculo como yo por mis polaroid.
Entre ambas indefensiones está el jarrón de Poe.
El florero sin fondo que contiene todos los crepúsculos,
todos los lentes negros, todos
los hospitales.

As enfermeiras

Uma esteira de enfermeiras começa a voltar para casa. Protegido
por minhas polaroides eu as observo ir e vir.
Elas estão protegidas pelo crepúsculo.
Uma esteira de enfermeiras e uma esteira de escorpiões.
Vão e vêm.
Às sete da noite? Às oito
da noite?
Às vezes uma delas levanta a mão e me cumprimenta. Depois chega
a seu carro, sem se virar, e desaparece
protegida pelo crepúsculo como eu por minhas polaroides.
Entre ambos os desamparos está o jarro de Poe.
O vaso de flores sem fundo que contém todos os crepúsculos,
todas as lentes escuras, todos
os hospitais.

El fantasma de Edna Lieberman

Te visitan en la hora más oscura
todos tus amores perdidos.
El camino de tierra que conducía al manicomio
se despliega otra vez como los ojos
de Edna Lieberman,
como sólo podían sus ojos
elevarse por encima de las ciudades,
y brillar.
Y brillan nuevamente para ti
los ojos de Edna
detrás del aro de fuego
que antes era el camino de tierra,
la senda que recorriste de noche,
ida y vuelta,
una y otra vez,
buscándola o acaso
buscando tu sombra.
Y despiertas silenciosamente
y los ojos de Edna
están allí.
Entre la luna y el aro de fuego,
leyendo a sus poetas mexicanos
favoritos.
¿Y a Gilberto Owen,
lo has leído?,
dicen tus labios sin sonido,
dice tu respiración
y tu sangre que circula
como la luz de un faro.

O fantasma de Edna Lieberman

Visitam você na hora mais escura
todos os seus amores perdidos.
O caminho de terra que levava ao manicômio
se desdobra outra vez como os olhos
de Edna Lieberman,
como só seus olhos podiam
se elevar por cima das cidades,
e brilhar.
E brilham novamente para você
os olhos de Edna
por trás do aro de fogo
que antes era o caminho de terra,
a senda que você percorreu de noite,
ida e volta,
várias vezes,
procurando-a ou talvez
procurando sua própria sombra.
E desperta silenciosamente
e os olhos de Edna
estão ali.
Entre a lua e o aro de fogo,
lendo seus poetas mexicanos
favoritos.
E Gilberto Owen,
já o leu?,
dizem seus lábios sem som,
diz sua respiração
e seu sangue que circula
como a luz de um farol.

Pero son sus ojos el faro
que atraviesa tu silencio.
Sus ojos que son como el libro
de geografía ideal:
los mapas de la pesadilla pura.
Y tu sangre ilumina
los estantes con libros, las sillas
con libros, el suelo
lleno de libros apilados.
Pero los ojos de Edna
sólo te buscan a ti.
Sus ojos son el libro
más buscado.
Demasiado tarde
lo has entendido, pero
no importa.
En el sueño vuelves
a estrechar sus manos,
y ya no pides nada.

Mas são os olhos dela o farol
que atravessa seu silêncio.
Os olhos dela são como o livro
de geografia ideal:
os mapas do pesadelo puro.
E seu sangue ilumina
as estantes de livros, as cadeiras
com livros, o chão
cheio de livros empilhados.
Mas os olhos de Edna
só procuram você.
Os olhos dela são o livro
mais procurado.
Você entendeu isso
tarde demais, mas
não importa.
No sonho volta
a estreitar suas mãos,
e não pede mais nada.

El rey de los parques

¿Qué hace un tipo como tú en este lugar?
¿Planeas un crimen?
¿Pasó por tu cabeza la idea de entrar en aquella casa
silenciosamente, forzando una ventana
o por la puerta de la cocina?
Ya no eres el rey de los parques y jardines,
tu rostro está en los archivos de la policía
y con sólo apretar un botón la computadora escupe
una fotografía tuya de frente
y de perfil.
Ya no eres el rey de los parques, escúchame, un botón
y caes entre los dientes de la máquina, tu jeta
en la retina de todos, sargentos de la brigada criminal
y forenses, enfermeros y fotógrafos, peritos de la
policía científica y espaldas cuadradas que vigilan
las puertas del paraíso:
sombras crepusculares
que intentarán evitar una nueva caída. Sombras que dicen:
no te metas en líos, sonofabich, sigue recto bajo los reflectores
y no mires atrás.

O rei dos parques

O que um sujeito como você faz neste lugar?
Planeja um crime?
Passou por sua cabeça a ideia de entrar naquela casa
silenciosamente, forçando uma janela
ou pela porta da cozinha?
Você não é mais o rei dos parques e jardins,
seu rosto está nos arquivos da polícia
e é só apertar um botão que o computador cospe
uma fotografia sua de frente
e de perfil.
Você não é mais o rei dos parques, me escute, um botão
e você cai entre os dentes da máquina, sua fuça
na retina de todos, sargentos da divisão de crimes
e legistas, enfermeiros e fotógrafos, peritos da
polícia científica e seguranças que vigiam
as portas do paraíso:
sombras crepusculares
que tentarão evitar uma nova queda. Sombras que dizem:
não se meta em encrenca, sonofabich, siga em frente sob os refletores
e não olhe para trás.

Los crepúsculos de Barcelona

*Qué decir sobre los crepúsculos ahogados de Barcelona. ¿Recordáis
El cuadro de Rusiñol Erik Satie en el seu estudi? Así
Son los crepúsculos magnéticos de Barcelona, como los ojos y la
Cabellera de Satie, como las manos de Satie y como la simpatía
De Rusiñol. Crepúsculos habitados por siluetas soberanas, magnificencia
Del sol y del mar sobre estas viviendas colgantes o subterráneas
Para el amor construidas. La ciudad de Sara Gibert y de Lola Paniagua,
La ciudad de las estelas y de las confidencias absolutamente gratuitas.
La ciudad de las genuflexiones y de los cordeles.*

Os crepúsculos de Barcelona

Que dizer sobre os crepúsculos abafados de Barcelona. Lembra
Do quadro de Rusiñol *Erik Satie en el seu estudi?* Assim
São os crepúsculos magnéticos de Barcelona, como os olhos e a
Cabeleira de Satie, como as mãos de Satie e como a simpatia
De Rusiñol. Crepúsculos habitados por silhuetas soberanas, magnificência
Do sol e do mar sobre estas moradas suspensas ou subterrâneas
Construídas para o amor. A cidade de Sara Gilbert e de Lola Paniagua,
A cidade das esteiras e das confidências absolutamente gratuitas.
A cidade das genuflexões e dos cordéis.

Palingenesia

Estaba conversando con Archibald MacLeish en el bar Los Marinos
De la Barceloneta cuando la vi aparecer, una estatua de yeso
Caminando penosamente sobre los adoquines. Mi interlocutor
También la vio y envió a un mozo a buscarla. Durante los primeros
Minutos ella no dijo una palabra. MacLeish pidió consomé y tapas
De mariscos, pan de payés con tomate y aceite, y cerveza San Miguel.
Yo me conformé con una infusión de manzanilla y rodajas de pan
Integral. Debía cuidarme, dije. Entonces ella se decidió a hablar:
Los bárbaros avanzan, susurró melodiosamente, una masa disforme,
Grávida de aullidos y juramentos, una larga noche manteada
Para iluminar el matrimonio de los músculos y la grasa. Luego
Su voz se apagó y dedicose a ingerir las viandas. Una mujer
Hambrienta y hermosa, dijo MacLeish, una tentación irresistible
Para dos poetas, si bien de diferentes lenguas, del mismo indómito
Nuevo mundo. Le di la razón sin entender del todo sus palabras
Y cerré los ojos. Cuando desperté MacLeish se había ido. La estatua
Estaba allí, en la calle, sus restos esparcidos entre la irregular
Acera y los viejos adoquines. El cielo, horas antes azul, se había vuelto
Negro como un rencor insuperable. Va a llover, dijo un niño
Descalzo, temblando sin motivo aparente. Nos miramos un rato:
Con el dedo indicó los trozos de yeso en el suelo. Nieve, dijo.
No tiembles, respondí, no ocurrirá nada, la pesadilla, aunque cercana,
Ha pasado sin apenas tocarnos.

Palingenesia

Estava conversando com Archibald MacLeish no bar Los Marinos
Da Barceloneta quando a vi aparecer, uma estátua de gesso
Caminhando penosamente sobre os paralelepípedos. Meu interlocutor
Também a viu e mandou um garçom chamá-la. Durante os primeiros
Minutos ela não disse uma palavra. MacLeish pediu consomé e tapas
De mariscos, pão de payés com tomate e azeite de oliva, e cerveja San Miguel.
Eu me contentei com uma infusão de camomila e rodelas de pão
Integral. Devia me cuidar, falei. Então ela resolveu falar:
Os bárbaros avançam, sussurrou melodiosamente, uma massa disforme,
Grávida de uivos e juramentos, uma longa noite manteada
Para iluminar o casamento dos músculos e da gordura. Depois
Sua voz se apagou e dedicou-se a ingerir os acepipes. Uma mulher
Faminta e bela, disse MacLeish, uma tentação irresistível
Para dois poetas, ainda que de diferentes línguas, do mesmo indômito
Novo Mundo. Dei-lhe razão sem entender direito suas palavras
E fechei os olhos. Quando acordei, MacLeish tinha ido embora. A estátua
Estava lá, na rua, seus restos espalhados entre a calçada
Irregular e os velhos paralelepípedos. O céu, horas antes azul, tinha ficado
Negro como um rancor insuperável. Vai chover, disse um menino
Descalço, tremendo sem motivo aparente. Nos olhamos por um instante:
Com o dedo ele indicou os pedaços de gesso no chão. Neve, disse.
Não trema, respondi, não vai acontecer nada, o pesadelo, embora próximo,
Passou quase sem nos tocar.

Devoción de Roberto Bolaño

A finales de 1992 él estaba muy enfermo
y se había separado de su mujer.
Ésa era la puta verdad:
estaba solo y jodido
y solía pensar que le quedaba poco tiempo.
Pero los sueños, ajenos a la enfermedad,
acudían cada noche
con una fidelidad que conseguía asombrarlo.
Los sueños que lo trasladaban a ese país mágico
que él y nadie más llamaba México DF
y Lisa y la voz de Mario Santiago
leyendo un poema
y tantas otras cosas buenas y dignas
de los más encendidos elogios.
Enfermo y solo, él soñaba
y afrontaba los días que marchaban inexorables
hacia el fin de otro año.
Y de ello extraía un poco de fuerza y de valor.
México, los pasos fosforescentes de la noche,
la música que sonaba en las esquinas
donde antaño se helaban las putas
(en el corazón de hielo de la Colonia Guerrero)
le proporcionaban el alimento que necesitaba
para apretar los dientes
y no llorar de miedo.

Devoção de Roberto Bolaño

No final de 1992 ele estava muito doente
e tinha se separado da mulher.
Esta era a maldita verdade:
estava sozinho e fodido
e costumava pensar que lhe restava pouco tempo.
Mas os sonhos, alheios à doença,
apareciam toda noite
com uma fidelidade que conseguia espantá-lo.
Os sonhos que o transportavam a esse país mágico
que ele e mais ninguém chamava de Cidade do México
e Lisa e a voz de Mario Santiago
lendo um poema
e tantas outras coisas boas e dignas
dos mais ardorosos elogios.
Doente e sozinho, ele sonhava
e enfrentava os dias que marchavam inexoráveis
rumo ao final de outro ano.
E extraía disso um pouco de força e de coragem.
O México, os passos fosforescentes da noite,
a música que soava nas esquinas
onde outrora as putas congelavam
(no coração de gelo da Colônia Guerrero)
lhe proporcionavam o alimento de que necessitava
para apertar os dentes
e não chorar de medo.

El regreso de Roberto Bolaño

1

Volví con las putas de Chile y no hubo burdel
donde no fuera recibido como un hijo
como el hermano que regresa entre brumas
y escuché una música deliciosa
una música de guitarra y piano y tumbadoras
buena para bailar
buena para dejarse ir
y rebotar de mesa en mesa
de pareja en pareja
saludando a los presentes
para todos una sonrisa
para todos una palabra
de reconocimiento

2

Volví pálido como la luna
y sin demasiado entusiasmo
a los burdeles de mi patria
y las putas me sonrieron
con una calidez inesperada
y una que probablemente no tenía
30 años
aunque aparentaba 50
me sacó a bailar
una samba o un tango
juro que no lo recuerdo

O regresso de Roberto Bolaño

1

Voltei para as putas do Chile e não houve bordel
em que não fosse recebido como um filho
ou um irmão que regressa entre brumas
e escutei uma música deliciosa
uma música de violão e piano e bongôs
boa para dançar
boa para se deixar levar
e saltar de mesa em mesa
de casal em casal
cumprimentando os presentes
para todos um sorriso
para todos uma palavra
de reconhecimento

2

Voltei pálido como a lua
e sem muito entusiasmo
aos bordéis de minha pátria
e as putas sorriram para mim
com uma calidez inesperada
e uma que provavelmente não tinha
nem 30 anos
embora aparentasse 50
me tirou para dançar
um samba ou um tango
juro que não lembro

en medio de la pista iluminada
por la luna y las estrellas

3

Volví ya pacificado
más bien enfermo
flaco y sin dinero
y sin planes para conseguirlo
sin amigos
sin una triste pistola
que me ayudara a abrir
algunas puertas
y cuando todo parecía llevarme
al lógico desastre final
aparecieron las putas y los burdeles
las canciones que bailaban
los viejos macrós
y todo volvió a brillar

no meio da pista iluminada
pela lua e pelas estrelas

3

Voltei já pacificado
meio doente ainda
magro e sem dinheiro
e sem planos para consegui-lo
sem amigos
sem uma triste pistola
que me ajudasse a abrir
algumas portas
e quando tudo parecia me levar
ao lógico desastre final
apareceram as putas e os bordéis
as canções que dançavam
os velhos cafetões
e tudo voltou a brilhar

La griega

Vimos a una mujer morena construir el acantilado.
No más de un segundo, como alanceada por el sol. Como
Los párpados heridos del dios, el niño premeditado
De nuestra playa infinita. La griega, la griega,
Repetían las putas del Mediterráneo, la brisa
Magistral: la que se autodirige, como una falange
De estatuas de mármol, veteadas de sangre y voluntad,
Como un plan diabólico y risueño sostenido por el cielo
Y por tus ojos. Renegada de las ciudades y de la República,
Cuando crea que todo está perdido a tus ojos me fiaré.
Cuando la derrota compasiva nos convenza de lo inútil
Que es seguir luchando, a tus ojos me fiaré.

A grega

Vimos uma mulher morena construir o alcantilado.
Não mais de um segundo, como se alanceada pelo sol. Como
As pálpebras feridas do deus, o menino premeditado
De nossa praia infinita. A grega, a grega,
Repetiam as putas do Mediterrâneo, a brisa
Magistral: a que se autodirige, como uma falange
De estátuas de mármore, estriadas de sangue e de vontade,
Como um plano diabólico e risonho sustentado pelo céu
E por seus olhos. Renegada das cidades e da República,
Quando eu achar que tudo está perdido em seus olhos confiarei.
Quando a derrota compassiva nos convencer da inutilidade
De seguir lutando, em seus olhos confiarei.

Los años

Me parece verlo todavía, su rostro marcado a fuego
en el horizonte
Un muchacho hermoso y valiente
Un poeta latinoamericano
Un perdedor nada preocupado por el dinero
Un hijo de las clases medias
Un lector de Rimbaud y de Oquendo de Amat
Un lector de Cardenal y de Nicanor Parra
Un lector de Enrique Lihn
Un tipo que se enamora locamente
y que al cabo de dos años está solo
pero piensa que no puede ser
que es imposible no acabar reuniéndose
otra vez con ella
Un vagabundo
Un pasaporte arrugado y manoseado y un sueño
que atraviesa puestos fronterizos
hundido en el légamo de su propia pesadilla
Un trabajador de temporada
Un santo selvático
Un poeta latinoamericano lejos de los poetas
latinoamericanos
Un tipo que folla y ama y vive aventuras agradables
y desagradables cada vez más lejos
del punto de partida
Un cuerpo azotado por el viento
Un cuento o una historia que casi todos han olvidado
Un tipo obstinado probablemente de sangre india
criolla y gallega

Os anos

Tenho a impressão de vê-lo, ainda, seu rosto marcado a fogo
no horizonte
Um rapaz bonito e corajoso
Um poeta latino-americano
Um perdedor nem um pouco preocupado com dinheiro
Um filho da classe média
Um leitor de Rimbaud e de Oquendo de Amat
Um leitor de Cardenal e de Nicanor Parra
Um leitor de Enrique Lihn
Um sujeito que se apaixona loucamente
e que ao fim de dois anos está sozinho
mas pensa que não pode ser
que é impossível não acabar se reunindo
outra vez com ela
Um vagabundo
Um passaporte amassado e manuseado e um sonho
que atravessa postos de fronteira
afundado no pântano de seu próprio pesadelo
Um trabalhador temporário
Um santo selvagem
Um poeta latino-americano distante dos poetas
latino-americanos
Um sujeito que transa e ama e vive aventuras agradáveis
e desagradáveis cada vez mais longe
do ponto de partida
Um corpo fustigado pelo vento
Um conto ou uma história que quase todos esqueceram
Um sujeito obstinado provavelmente de sangue índio
crioulo e galego

Una estatua que a veces sueña con volver a encontrar
el amor en una hora inesperada y terrible
Un lector de poesía
Un extranjero en Europa
Un hombre que pierde el pelo y los dientes
pero no el valor
Como si el valor valiera algo
Como si el valor fuera a devolverle
aquellos lejanos días de México
la juventud perdida y el amor
(Bueno, dijo, pongamos que acepto perder México y la juventud
pero jamás el amor)
Un tipo con una extraña predisposición
a sobrevivir
Un poeta latinoamericano que al llegar la noche
se echa en su jergón y sueña
Un sueño maravilloso
que atraviesa países y años
Un sueño maravilloso
que atraviesa enfermedades y ausencias

Uma estátua que às vezes sonha em voltar a encontrar
o amor numa hora inesperada e terrível
Um leitor de poesia
Um estrangeiro na Europa
Um homem que perde o cabelo e os dentes   ·
mas não a coragem
Como se a coragem valesse alguma coisa
Como se a coragem fosse lhe devolver
aqueles distantes dias do México
a juventude perdida e o amor
(Bem, disse ele, digamos que eu aceito perder o México e a juventude
mas jamais o amor)
Um sujeito com uma estranha predisposição
para sobreviver
Um poeta latino-americano que quando vem a noite
se joga em seu colchão de palha e sonha
Um sonho maravilhoso
que atravessa países e anos
Um sonho maravilhoso
que atravessa doenças e ausências

Reencuentro

> Esta noche se parece
> a un enano que crece.
> *De Ory*

Dos poetas de 20 y 23 años,
Desnudos en la cama con las persianas cerradas
Se entrelazan, se chupan las tetillas y las vergas
Enhiestas, entre gemidos
Vagamente literarios
Mientras la hermana mayor de uno de ellos encogida en el sillón del televisor,
Los ojos enormes y asustados,
Observa la gran ola metálica del Pacífico,
Aquella que se escande en fragmentos caprichosos y en estelas discontinuas,
Y grita: el fascismo, el fascismo, pero sólo yo
La escucho, yo
El escritor encerrado en el cuarto de huéspedes
Tratando de soñar inútilmente
Una carta ideal
Llena de aventuras y de escenas sin sentido
Que encubran la carta verdadera,
La carta terrorífica del adiós
Y de cierto tipo de amnesia
Infrecuente,
Mientras la hermana del poeta golpea las puertas de las habitaciones vacías
Como quien golpea las puertas sucesivas del Pensamiento
Y grita o susurra el fascismo,
Al tiempo que el poeta de 20 encula con dos golpes secos
Al poeta de 23 y éste hace ug ug,

Reencontro

Esta noite se parece
com um anão que cresce.
De Ory

Dois poetas de 20 e 23 anos,
Nus na cama com as persianas fechadas
Se entrelaçam, chupam os mamilos e os paus
Eretos, entre gemidos
Vagamente literários
Enquanto a irmã mais velha de um deles encolhida na poltrona da tevê,
Os olhos enormes e assustados,
Observa a grande onda metálica do Pacífico,
Aquela que se escande em fragmentos caprichosos e em esteiras descontínuas,
E grita: o fascismo, o fascismo, mas só eu
A escuto, eu
O escritor encerrado no quarto de hóspedes
Tentando sonhar inutilmente
Uma carta ideal
Cheia de aventuras e de cenas sem sentido
Que encubram a carta verdadeira,
A carta aterrorizante do adeus
E de certo tipo de amnésia
Infrequente,
Enquanto a irmã do poeta bate nas portas dos quartos vazios
Como quem bate nas portas sucessivas do Pensamento
E grita ou sussurra o fascismo,
Ao mesmo tempo que o poeta de 20 enraba com dois golpes secos
O poeta de 23 e este faz ugh ugh,

Una verga de 23 centímetros como un gusano de acero
En el recto del poeta de 23,
Y la boca del poeta de 20 se pega como un hisopo
En el cuello
Del poeta de 23
Y los pequeños dientes de nácar del poeta de 20
Buscan los músculos, las articulaciones, el hueso en el cuello,
En la nuca, huelen los cerebelos
Del poeta de 23.
Y la hermana grita
El fascismo, el fascismo, un fascismo extraño, ciertamente, un fascismo casi
[translúcido
Como la mariposa de los bosques profundos,
Aunque en las retinas de ella lo que prevalece es la Gran Ola Metálica
Del Pacífico
Y los poetas gritan
Hartos de tanto histerismo:
¡Acaba de una puta vez tu putañera lectura
De Raúl Zurita!
Y justo en el momento de decir Zurita
Se corren,
De suerte que el apellido de nuestro poeta nacional
Es proferido casi agónicamente
Como una caída libre en la sopa de letras hirviente
De la poesía
Y luego el silencio se instaura en los juguetes
Y el viento, un viento venido de otro continente e incluso puede
Que de otro tiempo, recorre
La casa de madera, se mete
Por debajo de las puertas, por debajo de las
Camas, por debajo de los sillones,
Y los jóvenes poetas se visten y salen a cenar
Al restaurante Los Meandros, también llamado
La Sevillana Ilustrada
En homenaje a la patrona,

Um pau de 23 centímetros como um verme de aço
No reto no poeta de 23,
E a boca do poeta de 20 gruda como um hissopo
No pescoço
Do poeta de 23
E os pequenos dentes de nácar do poeta de 20
Procuram os músculos, as articulações, o osso no pescoço,
Na nuca, cheiram os cerebelos
Do poeta de 23.
E a irmã grita
O fascismo, o fascismo, um fascismo estranho, certamente, um fascismo
[quase translúcido
Como a borboleta dos bosques profundos,
Ainda que nas retinas dela prevaleça a Grande Onda Metálica
Do Pacífico
E os poetas gritam
Fartos de tanta histeria:
Acaba de uma maldita vez tua leitura putanheira
Do Raúl Zurita!
E justo no momento de dizer Zurita
Eles gozam,
De modo que o sobrenome de nosso poeta nacional
É proferido quase agonicamente
Como uma queda livre na sopa de letras fervente
Da poesia
E depois o silêncio se instaura nos brinquedos
E o vento, um vento vindo de outro continente e pode ser que até
De outro tempo, percorre
A casa de madeira, se mete
Por debaixo das portas, por debaixo das
Camas, por debaixo das poltronas,
E os jovens poetas se vestem e saem para jantar
No restaurante Los Meandros, também chamado de
La Sevillana Ilustrada
Em homenagem à dona,

Una especialista o tal vez sólo una redicha
En Bocángel y Juan del Encina
Y la hermana mayor llora
Ovillada en el sillón tocado por la luna
Y sus hipos recorren la casa de madera
Como un pelotón de fantasmas,
Como un pelotón de soldados de plomo,
Hasta arrancarme de mi sueño lleno de candidez y mutaciones,
Mi sueño de vapor
Del que emerjo de un salto
Avisado por un ángel del peligro
Y entonces me aliso el pelo y la camisa floreada
Antes de salir al pasillo a investigar qué sucede,
Pero sólo la brisa nocturna y el sonido del mar
Contestan mis preguntas.
¿Y qué es eso que crece como el pelo en las cabezas muertas?
¿Y qué es eso que crece como las uñas en las garras que el Destino
Se encargó —porque sí— de velar y enterrar
En las faldas de una montaña de ceniza?
La vida, supongo, o esta inercia regida por las estrellas,
La epifanía en la doble boca del degollado.
Y yo vi a los jóvenes poetas caminando de la mano
Por el Paseo Marítimo, alejándose como juncos mágicos del Club de Yates
Rumbo a la Roca de las Palomas,
La que corta en dos la bahía.
Y vi a la hermana mayor escondida
Debajo de la cama
Y dije sal de ahí, no llores más, nadie le hará daño a nadie, soy yo,
El que os alquila la habitación de arriba.
Y en sus ojos, en la condensación que eran sus ojos,
Vi a la noche navegar a 30 nudos por hora
Por el mar de los sobresaltos, y vi al amanecer,
Allí, en la vesícula de la luna, emprender la persecución
A 35 nudos por hora.
Y vi salir a las mujeres del "Trianón", del "Eva", del "Ulises"

Com especialização ou talvez só pedantice
Em Bocángel e Juan Del Encina
E a irmã mais velha chora
Enovelada na poltrona tocada pela lua
E seus soluços percorrem a casa de madeira
Como um pelotão de fantasmas,
Como um pelotão de soldados de chumbo,
Até me arrancar de meu sonho cheio de inocência e de mutações,
Meu sonho de vapor
Do qual emerjo de um salto
Avisado por um anjo do perigo
E então aliso o cabelo e a camisa florida
Antes de ir até o corredor investigar o que está acontecendo,
Mas só a brisa noturna e o som do mar
Respondem a minhas perguntas.
E o que é isso que cresce como o cabelo nas cabeças mortas?
E o que é isso que cresce como as unhas nas garras que o Destino
Se encarregou — porque sim — de velar e de enterrar
No sopé de uma montanha de cinza?
A vida, suponho, ou esta inércia regida pelas estrelas,
A epifania na dupla boca do degolado.
E eu vi os jovens poetas caminhando de mãos dadas
No Paseo Marítimo, afastando-se como juncos mágicos do Iate Clube
Rumo à Roca de las Palomas,
A que corta a baía em dois.
E eu vi a irmã mais velha escondida
Debaixo da cama
E disse saia daí, não chore mais, ninguém vai machucar ninguém, sou eu,
O que aluga o quarto de cima.
E em seus olhos, na condensação que eram seus olhos,
Vi a noite navegar a 30 nós por hora
Pelo mar dos sobressaltos, e vi o amanhecer,
Ali, na vesícula da lua, começar a perseguição
A 35 nós por hora.
E vi as mulheres saindo do "Trianón", do "Eva", do "Ulises"

Con las faldas arrugadas y los escotes inseguros: un café con leche
Y dos donuts en el "Pitu Colomer" para después volver
A la gran corriente.
Y dije: salgamos, está amaneciendo, que la mañana deshaga los restos de la
[pesadilla.
Y los poetas ascendieron hasta el mirador de la Roca de las Palomas
Y después volvieron a bajar, pero por la pared del mar,
Hasta el acomodo de un saliente
Como un nido de Pájaro Roc
En donde a merced de los vientos, pero protegidos por la piedra,
Se besaron, se acariciaron las revueltas cabelleras,
Hundieron sus rostros en el cuello del otro
Riendo y acezando.
Y la hermana mayor salió conmigo: seguimos
La ruta de los camiones cisterna hasta el deslinde geométrico del pueblo,
hasta el lugar donde explotaban
Las casas, las flores, los hoyos ayer abiertos por trabajadores olvidados
Y hoy convertidos en marmitas de un caldo
Más duradero que nosotros.
Y en un bar junto a los riscos pronunciamos
Nuestros nombres
Y comprendí que el vacío podía ser
Del tamaño de una nuez.
Ella acababa de llegar de Madrid y en su cansancio
Crecían pesadillas y fantasmas. ¿Qué
Edad tienes?, dijo riendo. 39, respondí.
¡Qué viejo! Yo tengo 25, dijo.
Y tu nombre empieza por L, pensé,
Una L como un bumerang que vuelve una y otra vez
Aunque sea arrojado al Infierno.

Com as saias amarrotadas e os decotes inseguros: um café com leite
E dois donuts no "Pitu Colomer" para depois voltar
À grande corrente.
E falei: vamos sair, está amanhecendo, que a manhã desfaça os restos do
[pesadelo.
E os poetas subiram até o mirante da Roca de las Palomas
E depois desceram novamente, mas pela parede do mar,
Até se acomodar numa saliência
Como um ninho de um Pássaro Roca
Onde à mercê dos ventos, mas protegidos pela pedra,
Se beijaram, acariciaram suas cabeleiras revoltas,
Afundaram o rosto no pescoço do outro
Rindo e ofegando.
E a irmã mais velha saiu comigo: seguimos
A rota dos caminhões pipa até o limite geométrico da cidade,
até o lugar onde exploravam
As casas, as flores, os buracos abertos ontem por trabalhadores esquecidos
E hoje transformados em panelas de uma sopa
Mais duradoura que nós.
E num bar junto aos penhascos pronunciamos
Nossos nomes
E compreendi que o vazio podia ser
Do tamanho de uma noz.
Ela tinha acabado de chegar de Madri e em seu cansaço
Cresciam pesadelos e fantasmas. Quantos
Anos você tem?, disse rindo. 39, respondi.
Que velho! Eu tenho 25, disse.
E seu nome começa com L, pensei,
Um L como um bumerangue que volta várias vezes
Mesmo que seja lançado ao Inferno.

El señor Wiltshire

Todo ha terminado, dice la voz del sueño, y ahora eres el reflejo
de aquel señor Wiltshire, comerciante de copra en los mares del sur,
el blanco que desposó a Uma, que tuvo muchos hijos,
el que mató a Case y el que jamás volvió a Inglaterra,
eres como el cojo a quien el amor convirtió en héroe:
nunca regresarás a tu tierra (¿pero cuál es tu tierra?),
nunca serás un hombre sabio, vaya, ni siquiera un hombre
razonablemente inteligente, pero el amor y tu sangre
te hicieron dar un paso, incierto pero necesario, en medio
de la noche, y el amor que guio ese paso te salva.

O senhor Wiltshire

Está tudo terminado, diz a voz do sonho, e agora você é o reflexo
daquele senhor Wiltshire, comerciante de copra nos mares do sul,
o branco que se casou com Uma, que teve muitos filhos,
o que matou Case e jamais voltou à Inglaterra,
você é como o manco que o amor transformou em herói:
nunca voltará para sua terra (mas qual é sua terra?),
nunca será um homem sábio, vamos, nem sequer um homem
razoavelmente inteligente, mas o amor e seu sangue
o fizeram dar um passo, incerto mas necessário, no meio
da noite, e você é salvo pelo amor que guiou esse passo.

Versos de Juan Ramón*

Malherido en un bar que podía ser o podía no ser mi victoria,
Como un charro mexicano de finos bigotes negros
Y traje de paño con recamados de plata, sentencié
Sin mayores reflexiones la pena de la lengua española. No hay
Poeta mayor que Juan Ramón Jiménez, dije, ni versos más altos
En la lírica goda del siglo XX que estos que a continuación
recito:

> Mare, me jeché arena zobre la quemaúra.
> Te yamé, te yamé dejde er camino… ¡Nunca
> ejtubo ejto tan zolo! Laj yama me comían,
> mare, y yo te yamaba, y tú nunca benía!

Después permanecí en silencio, hundido de quijada en mis fantasmas,
Pensando en Juan Ramón y pensando en las islas que se hinchan,
Que se juntan, que se separan.
Como un charro mexicano del Infierno, dijo horas o días más tarde
La mujer con la que vivía. Es posible.
Como un charro mexicano de carbón
Entre la legión de inocentes.

---

* Los versos de J. R. J. pertenecen al poema "La carbonerilla quemada", de *Historias para niños sin corazón. Antolojía poética*, Editorial Losada, Buenos Aires, 1944.

Versos de Juan Ramón*

Gravemente ferido num bar que podia ser ou não minha vitória,
Como um cavaleiro mexicano de finos bigodes negros
E roupa de pano com enfeites de prata, sentenciei
Sem maiores reflexões a pena da língua espanhola. Não há
Poeta maior que Juan Ramón Jiménez, falei, nem versos mais altos
Na lírica goda do século xx que estes que a seguir
recito:

> *Mare, me jeché arena sobre la quemaúra.*
> *Te yamé, te yamé dejde er camino… ¡Nunca*
> *ejtubo ejto tan zolo! Laj yama me comían,*
> *mare, y yo te yamaba, y tú nunca benía!***

Depois permaneci em silêncio, mergulhado até o pescoço em meus fantasmas,
Pensando em Juan Ramón e pensando nas ilhas que incham,
Que se juntam, que se separam.
Como um cavaleiro mexicano do Inferno, disse horas ou dias mais tarde
A mulher com quem vivia. É possível.
Como um cavaleiro mexicano de carvão
Entre a legião de inocentes.

---

* Os versos de J. R. J. pertencem ao poema "La carbonerilla quemada", de *Historias para niños sin corazón. Antolojía poética.* Buenos Aires: Editorial Losada, 1944.
** "Mãe, joguei areia sobre a queimadura./ Te chamei, te chamei lá do caminho… Nunca/ Isto esteve tão sozinho! As chamas me comiam,/ mãe, e eu te chamava, e você nunca vinha!"

Los Neochilenos

A Rodrigo Lira

El viaje comenzó un feliz día de noviembre
Pero de alguna manera el viaje ya había terminado
Cuando lo empezamos.
Todos los tiempos conviven, dijo Pancho Ferri,
El vocalista. O confluyen,
Vaya uno a saber.
Los prolegómenos, no obstante,
Fueron sencillos:
Abordamos con gesto resignado
La camioneta
Que nuestro mánager en un rapto
De locura
Nos había obsequiado
Y enfilamos hacia el norte,
El norte que imanta los sueños
Y las canciones sin sentido
Aparente
De los Neochilenos,
Un norte, ¿cómo te diría?,
Presentido en el pañuelo blanco
Que a veces cubría
Como un sudario
Mi rostro.
Un pañuelo blanco impoluto
O no
En donde se proyectaban

Os Neochilenos

A Rodrigo Lira

A viagem começou num dia feliz de novembro
Mas de algum modo a viagem já havia terminado
Quando a iniciamos.
Todos os tempos convivem, disse Pancho Ferri,
O vocalista. Ou confluem,
Vá saber.
Os prolegômenos, não obstante,
Foram simples:
Abordamos com gesto resignado
A caminhonete
Que nosso agente num rapto
De loucura
Tinha dado para nós
E rumamos para o norte,
O norte que imanta os sonhos
E as canções sem sentido
Aparente
Dos Neochilenos,
Um norte, como eu diria?,
Pressentido no lenço branco
Que às vezes cobria
Como um sudário
Meu rosto.
Um lenço branco impoluto
Ou não
Onde se projetavam

Mis pesadillas nómadas
Y mis pesadillas sedentarias.
Y Pancho Ferri
Preguntó
Si sabíamos la historia
Del Caraculo
Y el Jetachancho
Asiendo con ambas manos
El volante
Y haciendo vibrar la camioneta
Mientras buscábamos la salida
De Santiago,
Haciéndola vibrar como si fuera
El pecho
Del Caraculo
Que soportaba un peso terrible
Para cualquier humano.
Y recordé entonces que el día
Anterior a nuestra partida
Habíamos estado
En el Parque Forestal
De visita en el monumento
A Rubén Darío.
Adiós, Rubén, dijimos borrachos
Y drogados.
Ahora los hechos banales
Se confunden
Con los gritos anunciadores
De sueños verdaderos.
Pero así éramos los Neochilenos,
Pura inspiración
Y nada de método.
Y al día siguiente rodamos
Hasta Pilpico y Llay Llay
Y pasamos sin detenernos

Meus pesadelos nômades
E meus pesadelos sedentários.
E Pancho Ferri
Perguntou
Se conhecíamos a história
Do Caraculo
E do Jetachancho
Segurando com as duas mãos
O volante
E fazendo a caminhonete vibrar
Enquanto procurávamos a saída
De Santiago,
Fazendo-a vibrar como se fosse
O peito
Do Caraculo
Que suportava um peso terrível
Para qualquer humano.
E então me lembrei que um dia
Antes de nossa partida
Tínhamos estado
No Parque Florestal
Visitando o monumento
A Rubén Darío.
Adeus, Rubén, dissemos bêbados
E drogados.
Agora os fatos banais
Se confundem
Com os gritos anunciadores
De sonhos verdadeiros.
Mas nós, os Neochilenos, éramos assim,
Pura inspiração
E nenhum método.
No dia seguinte rodamos
Até Pilpico e Llay Llay
E passamos sem nos deter

Por La Ligua y Los Vilos
Y cruzamos el río Petorca
Y el río
Quilimari
Y el Choapa hasta llegar
A La Serena
Y el río Elqui
Y finalmente Copiapó
Y el río Copiapó
En donde nos detuvimos
Para comer empanadas
Frías.
Y Pancho Ferri
Volvió con las aventuras
Intercontinentales
Del Caraculo y del Jetachancho,
Dos músicos de Valparaíso
Perdidos
En el barrio chino de Barcelona.
Y el pobre Caraculo, dijo
El vocalista,
Estaba casado y tenía que
Conseguir plata
Para su mujer y sus hijos
De la estirpe Caraculo,
De tal forma que se puso a traficar
Con heroína
Y un poco de cocaína
Y los viernes algo de éxtasis
Para los súbditos de Venus.
Y poco a poco, obstinadamente,
Empezó a progresar.
Y mientras el Jetachancho
Acompañaba a Aldo Di Pietro,
¿Lo recuerdan?,

Por La Ligua e Los Vilos
E atravessamos o rio Petorca
E o rio
Quilimari
E o Choapa até chegar
A La Serena
E ao rio Elqui
E finalmente Copiapó
E o rio Copiapó
Onde paramos
Para comer empanadas
Frias.
E Pancho Ferri
Voltou com as aventuras
Intercontinentais
Do Caraculo e do Jetachancho,
Dois músicos de Valparaíso
Perdidos
No bairro chinês de Barcelona.
E o pobre Caraculo, disse
O vocalista,
Estava casado e tinha que
Conseguir dinheiro
Para sua mulher e seus filhos
Da estirpe Caraculo,
De modo que começou a traficar
Heroína
E um pouco de cocaína
E às sextas-feiras um pouco de ecstasy
Para os súditos de Vênus.
E pouco a pouco, obstinadamente,
Começou a progredir.
E enquanto o Jetachancho
Acompanhava Aldo Di Pietro,
Lembram dele?,

En el Café Puerto Rico,
El Caraculo veía crecer
Su cuenta corriente
Y su autoestima.
¿Y qué lección podíamos
Sacar los Neochilenos
De la vida criminal
De aquellos dos sudamericanos
Peregrinos?
Ninguna, salvo que los límites
Son tenues, los límites
Son relativos: gráfilas
De una realidad acuñada
En el vacío.
El horror de Pascal
Mismamente.
Ese horror geométrico
Y oscuro
Y frío
Dijo Pancho Ferri
Al volante de nuestro bólido,
Siempre hacia el
Norte, hasta
Toco
En donde descargamos
La megafonía
Y dos horas después
Estábamos listos para actuar:
Pancho Relámpago
Y los Neochilenos.
Un fracaso pequeño
Como una nuez,
Aunque algunos adolescentes
Nos ayudaron
A volver a meter en la camioneta

No Café Puerto Rico,
O Caraculo via crescer
Sua conta-corrente
E sua autoestima.
E que lição nós, os Neochilenos,
Podíamos tirar
Da vida criminosa
Daqueles dois sul-americanos
Peregrinos?
Nenhuma, a não ser que os limites
São tênues, os limites
São relativos: grafilas
De uma realidade cunhada
No vazio.
O horror de Pascal
Precisamente.
Esse horror geométrico
E escuro
E frio
Disse Pancho Ferri
Ao volante de nosso bólido,
Sempre em direção ao
Norte, até
Toco
Onde descarregamos
O alto-falante
E duas horas depois
Estávamos prontos para agir:
Pancho Relâmpago
E os Neochilenos.
Um fracasso pequeno
Como uma noz,
Embora alguns adolescentes
Tenham nos ajudado
A meter novamente na caminhonete

Los instrumentos: niños
De Toco
Transparentes como
Las figuras geométricas
De Blaise Pascal.
Y después de Toco, Quillagua,
Hilaticos, Soledad, Ramaditas,
Pintados y Humberstone,
Actuando en salas de fiestas vacías
Y burdeles reconvertidos
En hospitales de Liliput,
Algo muy raro, muy raro que tuvieran
Electricidad, muy
Raro que las paredes
Fueran semisólidas, en fin,
Locales que nos daban
Un poco de miedo
Y en donde los clientes
Estaban encaprichados con
El fist-fucking y el
Feet-fucking,
Y los gritos que salían
De las ventanas y
Recorrían el patio encementado
Y las letrinas al aire libre,
Entre almacenes llenos
De herramientas oxidadas
Y galpones que parecían
Recoger toda la luz lunar,
Nos ponían los pelos
De punta.
¿Cómo puede existir
Tanta maldad
En un país tan nuevo,
Tan poquita cosa?

Os instrumentos: crianças
De Toco
Transparentes como
As figuras geométricas
De Blaise Pascal.
E depois de Toco, Quillagua,
Hilaticos, Soledad, Ramaditas,
Pintados e Humberstone,
Atuando em salões de festa vazios
E em bordéis transformados
Em hospitais de Liliput,
Uma coisa muito estranha, muito estranho que tivessem
Eletricidade, muito
Estranho que as paredes
Fossem semissólidas, enfim,
Locais que nos davam
Um pouco de medo
E onde os clientes
Estavam vidrados
No *fist-fucking* e no
Feet-fucking,
E os gritos que saíam
Das janelas e
Percorriam o pátio cimentado
E as latrinas ao ar livre,
Entre armazéns cheios
De ferramentas enferrujadas
E galpões que pareciam
Recolher toda a luz lunar,
Nos deixavam de cabelo
Em pé.
Como pode existir
Tanta maldade
Num país tão novo,
Tão pouca coisa?

¿Acaso es éste
El Infierno de las Putas?
Se preguntaba en voz alta
Pancho Ferri.
Y los Neochilenos no sabíamos
Qué responder.
Yo más bien reflexionaba
Cómo podían progresar
Esas variantes neoyorkinas del sexo
En aquellos andurriales
Provincianos.
Y con los bolsillos pelados
Seguimos subiendo:
Mapocho, Negreiros, Santa
Catalina, Tana,
Cuya y
Arica,
En donde tuvimos
Algo de reposo —e indignidades.
Y tres noches de trabajo
En el Camafeo de
Don Luis Sánchez Morales, oficial
Retirado.
Un lugar lleno de mesitas redondas
Y lamparitas barrigonas
Pintadas a mano
Por la mamá de don Luis,
Supongo.
Y la única cosa
Verdaderamente divertida
Que vimos en Arica
Fue el sol de Arica:
Un sol como una estela de
Polvo.
Un sol como arena

766

Por acaso este
É o Inferno das Putas?
Perguntava-se em voz alta
Pancho Ferri.
E nós os Neochilenos não sabíamos
O que responder.
Eu ficava era pensando em
Como podiam progredir
Essas variantes nova-iorquinas do sexo
Naqueles ermos
Provincianos.
E com os bolsos vazios
Continuamos subindo:
Mapocho, Negreiros, Santa
Catalina, Tana,
Cuya e
Arica,
Onde tivemos
Um pouco de descanso — e indignidades.
E três noites de trabalho
No *Camafeo* de
Don Luis Sánchez Morales, oficial
Da reserva.
Um lugar cheio de mesinhas redondas
E luminárias barrigudas
Pintadas à mão
Pela mãe de don Luis,
Imagino.
E a única coisa
Realmente divertida
Que vimos em Arica
Foi o sol de Arica:
Um sol como uma esteira de
Pó.
Um sol como areia

O como cal
Arrojada ladinamente
Al aire inmóvil.
El resto: rutina.
Asesinos y conversos
Mezclados en la misma discusión
De sordos y de mudos,
De imbéciles sueltos
Por el Purgatorio.
Y el abogado Vivanco,
Un amigo de don Luis Sánchez,
Preguntó qué mierdas queríamos decir
Con esa huevada de los Neochilenos.
Nuevos patriotas, dijo Pancho,
Mientras se levantaba
De la reunión
Y se encerraba en el baño.
Y el abogado Vivanco
Volvió a enfundar la pistola
En una sobaquera
De cuero italiano,
Un fino detalle de los chicos
De Ordine Nuovo,
Repujada con primor y pericia.
Blanco como la luna
Esa noche tuvimos que meter
Entre todos
A Pancho Ferri en la cama.
Con cuarenta de fiebre
Empezó a delirar:
Ya no quería que nuestro grupo
Se llamara Pancho Relámpago
Y los Neochilenos,
Sino Pancho Misterio
Y los Neochilenos:

Ou como cal
Atirada ladinamente
No ar imóvel.
O resto: rotina.
Assassinos e convertidos
Misturados na mesma discussão
De surdos e de mudos,
De imbecis soltos
Pelo Purgatório.
E o advogado Vivanco,
Um amigo de don Luis Sánchez,
Perguntou que merda queríamos dizer
Com essa bobagem de Neochilenos.
Novos patriotas, disse Pancho,
Enquanto se levantava
Da reunião
E se trancava no banheiro.
E o advogado Vivanco
Voltou a meter a pistola
Num coldre
De couro italiano,
Um fino detalhe dos meninos
De Ordine Nuovo,
Lavrado com primor e perícia.
Branco como a lua
Naquela noite tivemos que meter
Entre todos
Pancho Ferri na cama.
Com uma febre de quarenta graus
Ele começou a delirar:
Não queria mais que nosso grupo
Se chamasse *Pancho Relâmpago*
E os Neochilenos,
E sim *Pancho Mistério*
E os Neochilenos:

El terror de Pascal.
El terror de los vocalistas,
El terror de los viajeros,
Pero jamás el terror
De los niños.
Y un amanecer,
Como una banda de ladrones,
Salimos de Arica
Y cruzamos la frontera
De la República.
Por nuestros semblantes
Hubiérase dicho que cruzábamos
La frontera de la Razón.
Y el Perú legendario
Se abrió ante nuestra camioneta
Cubierta de polvo
E inmundicias,
Como una fruta sin cáscara,
Como una fruta quimérica
Expuesta a las inclemencias
Y a las afrentas.
Una fruta sin piel
Como una adolescente desollada.
Y Pancho Ferri, desde
Entonces llamado Pancho
Misterio, no salía
De la fiebre,
Musitando como un cura
En la parte de atrás
De la camioneta
Los avatares —palabra india—
Del Caraculo y del Jetachancho.
Una vida delgada y dura
Como soga y sopa de ahorcado,
La del Jetachancho y su

O terror de Pascal.
O terror dos vocalistas,
O terror dos viajantes,
Mas jamais o terror
Das crianças.
E num amanhecer,
Como um bando de ladrões,
Saímos de Arica
E cruzamos a fronteira
Da República.
Por nossos semblantes
Daria para dizer que cruzávamos
A fronteira da Razão.
E o Peru lendário
Se abriu diante de nossa caminhonete
Coberta de pó
E porcarias,
Como uma fruta sem casca,
Como uma fruta quimérica
Exposta às inclemências
E às afrontas.
Uma fruta sem pele
Como uma adolescente esfolada.
E Pancho Ferri, desde
Então chamado Pancho
Mistério, não saía
Da febre,
Mussitando como um padre
Na parte de trás
Da caminhonete
Os avatares — palavra indiana —
Do Caraculo e do Jetachancho.
Uma vida delgada e dura
Como corda e sopa de enforcado,
A do Jetachancho e de seu

Afortunado hermano siamés:
Una vida o un estudio
De los caprichos del viento.
Y los Neochilenos
Actuaron en Tacna,
En Mollendo y Arequipa,
Bajo el patrocinio de la Sociedad
Para el Fomento del Arte
Y la Juventud.
Sin vocalista, tarareando
Nosotros mismos las canciones
O haciendo mmm, mmm, mmmm,
Mientras Pancho se fundía
En el fondo de la camioneta,
Devorado por las quimeras
Y por las adolescentes desolladas.
Nadir y cenit de un anhelo
Que el Caraculo supo intuir
A través de las lunas
De los narcotraficantes
De Barcelona: un fulgor
Engañoso,
Un espacio diminuto y vacío
Que nada significa,
Que nada vale, y que
Sin embargo se te ofrece
Gratis.
¿Y si no estuviéramos
En el Perú?, nos
Preguntamos una noche
Los Neochilenos.
¿Y si este espacio
Inmenso
Que nos instruye
Y limita

Afortunado irmão siamês:
Uma vida ou um estudo
Dos caprichos do vento.
E os Neochilenos
Atuaram em Tacna,
Em Mollendo e Arequipa,
Sob o patrocínio da Sociedade
Para o Fomento da Arte
E da Juventude.
Sem vocalista, trauteando
Nós mesmos as canções
Ou fazendo mmm, mmm, mmmmh,
Enquanto Pancho se fundia
No fundo da caminhonete,
Devorado pelas quimeras
E pelas adolescentes esfoladas.
Nadir e zênite de um anseio
Que o Caraculo soube intuir
Através das luas
Dos narcotraficantes
De Barcelona: um fulgor
Enganoso,
Um espaço diminuto e vazio
Que não significa nada,
Que não vale nada, e que
No entanto, lhe é oferecido
De graça.
E se não estivéssemos
No Peru?, nos
Perguntamos, certa noite
Os Neochilenos.
E se este espaço
Imenso
Que nos instrui
E limita

fuera una nave intergaláctica,
Un objeto volador
No identificado?
¿Y si la fiebre
De Pancho Misterio
Fuera nuestro combustible
O nuestro aparato de navegación?
Y después de trabajar
Salíamos a caminar por
Las calles del Perú:
Entre patrullas militares, vendedores
Ambulantes y desocupados,
Oteando
En las colinas
Las hogueras de Sendero Luminoso,
Pero nada vimos.
La oscuridad que rodeaba los
Núcleos urbanos
Era total.
Esto es como una estela
Escapada de la Segunda
Guerra Mundial
Dijo Pancho acostado
En el fondo de la camioneta.
Dijo; filamentos
De generales nazis como
Reichenau o Model
Evadidos en espíritu
Y de forma involuntaria
Hacia las Tierras Vírgenes
De Latinoamérica:
Un hinterland de espectros
Y fantasmas.
Nuestra casa
Instalada en la geometría

fosse uma nave intergaláctica,
Um objeto voador
Não identificado?
E se a febre
De Pancho Mistério
Fosse nosso combustível
Ou nosso aparelho de navegação?
E depois de trabalhar
Saíamos para caminhar pelas
Ruas do Peru:
Entre patrulhas militares, vendedores
Ambulantes e desocupados,
Espreitando
Nas colinas
As fogueiras do Sendero Luminoso,
Mas não vimos nada.
A escuridão que rodeava os
Núcleos urbanos
Era total.
Isto é como um rastro de fumaça
Que escapou da Segunda
Guerra Mundial
Disse Pancho deitado
No fundo da caminhonete.
Disse; filamentos
De generais nazistas como
Reichenau ou Model
Evadidos em espírito
E de forma involuntária
Para as Terras Virgens
Da América Latina:
Uma hinterland de espectros
E fantasmas.
Nossa casa
Instalada na geometria

De los crímenes imposibles.
Y por las noches solíamos
Recorrer algunos cabaretuchos:
Las putas quinceañeras
Descendientes de aquellos bravos
De la Guerra del Pacífico
Gustaban escucharnos hablar
Como ametralladoras.
Pero sobre todo
Les gustaba ver a Pancho
Envuelto en varias y coloridas mantas
Y con un gorro de lana
Del altiplano
Encasquetado hasta las cejas
Aparecer y desaparecer
Como el caballero
Que siempre fue,
Un tipo con suerte,
El gran amante enfermo del sur de Chile,
El padre de los Neochilenos
Y la madre del Caraculo y el Jetachancho,
Dos pobres músicos de Valparaíso,
Como todo el mundo sabe.
Y el amanecer solía encontrarnos
En una mesa del fondo
Hablando del kilo y medio de materia gris
Del cerebro de una persona
Adulta.
Mensajes químicos, decía
Pancho Misterio ardiendo de fiebre,
Neuronas que se activan
Y neuronas que se inhiben
En las vastedades de un anhelo.
Y las putitas decían
Que un kilo y medio de materia

Dos crimes impossíveis.
E de noite costumávamos
Percorrer alguns cabarezinhos:
As putas adolescentes
Descendentes daqueles bravos
Da Guerra do Pacífico
Gostavam de nos ouvir falar
Como metralhadoras.
Mas sobretudo
Gostavam de ver Pancho
Envolto em várias e coloridas mantas
E com um gorro de lã
Do altiplano
Encasquetado até as sobrancelhas
Aparecer e desaparecer
Como o cavalheiro
Que sempre foi,
Um sujeito de sorte,
O grande amante doente do sul do Chile,
O pai dos Neochilenos
E a mãe do Caraculo e do Jetachancho,
Dos pobres músicos de Valparaíso,
Como todo mundo sabe.
E o amanhecer costumava nos encontrar
Numa mesa dos fundos
Falando do quilo e meio de massa cinzenta
Do cérebro de uma pessoa
Adulta.
Mensagens químicas, dizia
Pancho Mistério ardendo em febre,
Neurônios que se ativam
E neurônios que se inibem
Nas vastidões de um desejo.
E as putinhas diziam
Que um quilo e meio de massa

Gris
Era bastante, era suficiente, para qué
Pedir más.
Y a Pancho se le caían
Las lágrimas cuando las escuchaba.
Y luego llegó el diluvio
Y la lluvia trajo el silencio
Sobre las calles de Mollendo,
Y sobre las colinas,
Y sobre las calles del barrio
De las putas,
Y la lluvia era el único
Interlocutor.
Extraño fenómeno: los Neochilenos
Dejamos de hablarnos
Y cada uno por su lado
Visitamos los basurales de
La Filosofía, las arcas, los
Colores americanos, el estilo inconfundible
De Nacer y Renacer.
Y una noche nuestra camioneta
Enfiló hacia Lima, con Pancho
Ferri al volante, como en
Los viejos tiempos,
Salvo que ahora una puta
Lo acompañaba
Una puta delgada y joven,
De nombre Margarita,
Una adolescente sin par,
Habitante de la tormenta
Permanente.
Sombra delgada y ágil
La ramada oscura
Donde curar sus heridas
Pancho pudiera.

Cinzenta
Era bastante, era suficiente, pra que
Pedir mais.
E Pancho deixava lágrimas
Caírem quando as escutava.
E depois chegou o dilúvio
E a chuva trouxe o silêncio
Sobre as ruas de Mollendo,
E sobre as colinas,
E sobre as ruas do bairro
Das putas,
E a chuva era o único
Interlocutor.
Fenômeno estranho: nós, os Neochilenos,
Paramos de conversar
E cada um foi por conta própria
Visitar os lixões da
Filosofia, as arcas, as
Cores Americanas, o estilo inconfundível
De Nascer e Renascer.
E uma noite nossa caminhonete
Tomou o rumo de Lima, com Pancho
Ferri ao volante, como nos
Velhos tempos,
Só que agora uma puta
O acompanhava
Uma puta magra e jovem,
Chamada Margarita,
Uma adolescente sem par,
Habitante da tormenta
Permanente.
Sombra magra e ágil
A ramada escura
Onde Pancho poderia
curar suas feridas.

Y en Lima leímos a los poetas
Peruanos:
Vallejo, Martín Adán y Jorge Pimentel.
Y Pancho Misterio salió
al escenario y fue convincente
Y versátil.
Y luego, aún temblorosos
Y sudorosos
Nos contó una novela
llamada Kundalini
De un viejo escritor chileno.
Un tragado por el olvido.
Un nec spes nec metus
Dijimos los Neochilenos.
Y Margarita.
Y el fantasma,
El hoyo doliente
En que todo esfuerzo
Se convierte,
Escribió —parece ser—
Una novela llamada Kundalini,
Y Pancho apenas la recordaba,
Hacía esfuerzos, sus palabras
Hurgaban en una infancia atroz
Llena de amnesia, de pruebas
Gimnásticas y mentiras,
Y así nos la fue contando,
Fragmentada,
El grito Kundalini.
El nombre de una yegua turfista
Y la muerte colectiva en el hipódromo.
Un hipódromo que ya no existe.
Un hueco anclado
En un Chile inexistente
Y feliz.

E em Lima líamos os poetas
Peruanos:
Vallejo, Martín Adán e Jorge Pimentel.
E Pancho Mistério surgiu
No palco e foi convincente
E versátil.
E depois, ainda trêmulos
E suados
Nos contou um romance
Chamado Kundalini
De um velho escritor chileno.
Um engolido pelo esquecimento.
Um nec spes nec metus
Dizemos os Neochilenos.
E Margarita.
E o fantasma,
O buraco dolente
Em que todo esforço
Se transforma,
Escreveu — parece —
Um romance chamado Kundalini,
E Pancho mal se lembrava dele,
Se esforçava, suas palavras
Vasculhavam uma infância atroz
Cheia de amnésias, de provas
Ginásticas e mentiras,
E assim ele o contou para nós,
Fragmentado,
O grito Kundalini.
O nome de uma égua turfista
E a morte coletiva no hipódromo.
Um hipódromo que não existe mais.
Um buraco ancorado
Num Chile inexistente
E feliz.

Y aquella historia tuvo
La virtud de iluminar
Como un paisajista inglés
Nuestro miedo y nuestros sueños
Que marchaban de Este a Oeste
Y de Oeste a Este,
Mientras nosotros, los Neochilenos
Reales
Viajábamos de Sur
A Norte.
Y tan lentos
Que parecía que no nos movíamos.
Y Lima fue un instante
De felicidad,
Breve pero eficaz.
¿Y cuál es la relación, dijo Pancho,
Entre Morfeo, dios
Del sueño
Y morfar, vulgo
Comer?
Sí, eso dijo,
Abrazado por la cintura
De la bella Margarita,
Flaca y casi desnuda
En un bar de Lince, una noche
Leída y partida y
Poseída
Por los relámpagos
De la quimera.
Nuestra necesidad.
Nuestra boca abierta
Por la que entra
La papa
Y por la que salen
Los sueños: estelas

E aquela história teve
A virtude de iluminar
Como um paisagista inglês
Nosso medo e nossos sonhos
Que marchavam do Leste para o Oeste
E do Oeste para o Leste,
Enquanto nós, os Neochilenos
Reais
Viajávamos do Sul
Para o Norte.
E tão lentos
Que parecíamos não nos mover.
E Lima foi um instante
De felicidade,
Breve mas eficaz.
E qual é a relação, disse Pancho,
Entre Morfeu, deus
Do sono,
E morfar, vulgo
Comer?
Sim, ele disse isso,
Abraçado pela cintura
Da bela Margarita,
Magra e quase nua
Num bar de Lince, numa noite
Lida e partida e
Possuída
Pelos relâmpagos
Da quimera.
Nossa necessidade.
Nossa boca aberta
Pela qual entra
A batata
E pela qual saem
Os sonhos: rastros

Fósiles
Coloreadas con la paleta
Del apocalipsis.
Sobrevivientes, dijo Pancho
Ferri.
Latinoamericanos con suerte.
Eso es todo.
Y una noche antes de partir
Vimos a Pancho
Y a Margarita
De pie en medio de un lodazal
Infinito.
Y entonces supimos
Que los Neochilenos
Estarían para siempre
Gobernados
Por el azar.
La moneda
Saltó como un insecto
Metálico
De entre sus dedos:
Cara, al sur,
Cruz, al norte,
Y luego nos subimos todos
A la camioneta
Y la ciudad
De las leyendas
Y del miedo
Quedó atrás.
Un feliz día de enero
Cruzamos
Como hijos del Frío,
Del Frío Inestable
O del Ecce Homo,
La frontera con Ecuador.

Fósseis
Coloridos com a paleta
Do Apocalipse.
Sobreviventes, disse Pancho
Ferri.
Latino-americanos de sorte.
Isso é tudo.
E uma noite antes de partir
Vimos Pancho
E Margarita
De pé no meio de um lodaçal
Infinito.
E então soubemos
Que os Neochilenos
Sempre seriam
Governados
Pelo acaso.
A moeda
Saltou como um inseto
Metálico
Dentre seus dedos:
Cara, para o sul,
Coroa, para o norte,
E depois todos nós subimos
Na caminhonete
E a cidade
Das lendas
E do medo
Ficou para trás.
Num dia feliz de janeiro
Cruzamos
Como filhos do Frio,
Do Frio Instável
Ou do Ecce Homo,
A fronteira com o Equador.

Por entonces Pancho tenía
28 o 29 años
Y pronto moriría.
Y 17 Margarita.
Y ninguno de los Neochilenos
Pasaba de los 22.

Na época Pancho tinha
28 ou 29 anos
E logo morreria.
E Margarita 17.
E nenhum dos Neochilenos
Tinha mais de 22.

Mejor aprender a leer que aprender a morir

Mucho mejor
Y más importante
La alfabetización
Que el arduo aprendizaje
De la Muerte
Aquélla te acompañará toda la vida
E incluso te proporcionará
Alegrías
Y una o dos desgracias ciertas
Aprender a morir
En cambio
Aprender a mirar cara a cara
A la Pelona
Sólo te servirá durante un rato
El breve instante
De verdad y asco
Y después nunca más

Epílogo y moraleja: Morir es más importante que leer, pero dura mucho menos. Podríase objetar que vivir es morir cada día. O que leer es aprender a morir, oblicuamente. Para finalizar, y como en tantas cosas, el ejemplo sigue siendo Stevenson. Leer es aprender a morir, pero también es aprender a ser feliz, a ser valiente.

Melhor aprender a ler que aprender a morrer

Muito melhor
E mais importante
A alfabetização
Que a árdua aprendizagem
Da Morte
Aquela que irá acompanhá-lo a vida toda
E até mesmo lhe proporcionar
Alegrias
E uma ou duas desgraças certas
Aprender a morrer
Em vez de
Aprender a olhar cara a cara
Para a Ceifadeira
Só vai lhe servir por um momento
O breve instante
De verdade e asco
E depois nunca mais

Epílogo e moral da história: Morrer é mais importante que ler, mas dura muito menos. Pode-se objetar que viver é morrer todo dia. Ou que ler é aprender a morrer, obliquamente. Para finalizar, e como em tantas coisas, o exemplo continua sendo Stevenson. Ler é aprender a morrer, mas também é aprender a ser feliz, a ser corajoso.

Resurrección

La poesía entra en el sueño
como un buzo en un lago.
La poesía, más valiente que nadie,
entra y cae
a plomo
en un lago infinito como Loch Ness
o turbio e infausto como el lago Balatón.
Contempladla desde el fondo:
un buzo
inocente
envuelto en las plumas
de la voluntad.
La poesía entra en el sueño
como un buzo muerto
en el ojo de Dios.

Ressurreição

A poesia entra no sonho
como um mergulhador num lago.
A poesia, mais corajosa que ninguém,
entra e cai
a prumo
num lago infinito como o Loch Ness
ou turvo e infausto como o lago Balatón.
Contemple-a do fundo:
um mergulhador
inocente
envolto nas penas
da vontade.
A poesia entra no sonho
como um mergulhador morto
no olho de Deus.

Un final feliz
Um final feliz

Finalmente el poeta como niño y el niño del poeta.
Finalmente o poeta como criança e a criança do poeta.

Un final feliz
En México
Una habitación blanca
El atardecer
Rojo
Y las figuras
Posadas vueltos a encarnar
Animando la velada
Nosotros
Los de antes
Sin fotografías
De las aventuras
Pasadas
Sin recuerdos
Humildes y dichosos
En México
En el atardecer
Sin mácula
De México

Um final feliz
No México
Um quarto branco
O entardecer
Vermelho
E as figuras
Posadas novamente encarnadas
Animando a noitada
Nós
Os de antes
Sem fotografias
Das aventuras
Passadas
Sem lembranças
Humildes e felizes
No México
No entardecer
Sem mácula
Do México

Autorretrato

Nací en Chile en 1953 y viví en varias y
distintas casas.
Después llegaron los amigos pintados por Posadas
y la región más transparente del mundo
pintada por un viejo y clásico pintor mexicano
del siglo 19 cuyo nombre he conseguido
olvidar por completo.
Entre una punta y otra sólo veo
mi propio rostro
que sale y entra del espejo
repetidas veces.
Como en una película de terror.
¿Sabes a lo que me refiero?
Aquellas que llamábamos de terror psicológico.

Autorretrato

Nasci no Chile em 1953 e morei em várias
casas diferentes.
Depois chegaram os amigos pintados por Posadas
e a região mais transparente do mundo
pintada por um velho e clássico pintor mexicano
do século XIX cujo nome consegui
esquecer completamente.
Entre uma ponta e outra só vejo
meu próprio rosto
que sai e entra do espelho
repetidas vezes.
Como num filme de terror.
Sabe a que me refiro?
Àqueles que chamávamos de terror psicológico.

Autorretrato

Jefe de banda a los 8 años, nadie sospechó
que el que tenía más miedo era yo.
El pelirrojo Barrientos y el loco Herrera
fueron mis más fieles capitanes
en aquellas mañanas rosadas de Quilpué
cuando todo a mi alrededor se desmoronaba,
pero Bernardo Ugalde fue mi más sabio amigo.
Vísperas del Mundial del 62
Raúl Sánchez y Eladio Rojas nos amparaban
en la defensa y el medio campo: los delanteros
éramos nosotros.
Valientes y audaces, como para no morir nunca,
mi pandilla siguió peleando
mientras los autobuses mataban a los niños solitarios.
Así, sin darnos cuenta,
lo fuimos perdiendo todo.

(La verdad es que ya no recuerdo si Bernardo se apellidaba Ugalde, Ugarte
o Urrutia; ahora me parece que el nombre era Urrutia, pero quién sabe.)

Autorretrato

Chefe de bando aos 8 anos, ninguém desconfiou
que quem tinha mais medo era eu.
O ruivo Barrientos e o louco Herrera
foram meus capitães mais fiéis
naquelas manhãs rosadas de Quilpué
quando tudo ao meu redor desmoronava,
mas Bernardo Ugalde foi meu amigo mais sábio.
Véspera do Mundial de 62
Raúl Sánchez e Eladio Rojas nos apoiavam
na defesa e no meio de campo: os atacantes
éramos nós.
Corajosos e audazes, como se fosse para nunca morrer,
minha gangue continuou lutando
enquanto os ônibus matavam os meninos solitários.
Assim, sem perceber,
fomos perdendo tudo.

(*A verdade é que já não lembro se o sobrenome de Bernardo era Ugalde, Ugarte
ou Urrutia; agora me parece que seu nome era Urrutia, mas quem sabe.*)

Cuatro poemas para Lautaro Bolaño

LAUTARO, NUESTRA FAMILIARIDAD

Llegará el día en que no hagamos
tantas cosas como ahora hacemos juntos
Dormir abrazados
Cagar el uno al lado del otro sin vergüenza alguna
Jugar con la comida a lo largo del pasillo
de nuestra casa en la calle Aurora
Este pasillo débilmente iluminado
que sin duda conduce al infinito

LAUTARO, NUESTRAS PESADILLAS

A veces te despiertas gritando y te abrazas
a tu madre o a mí con la fuerza y la lucidez
que sólo un niño menor de dos años puede tener
A veces mis sueños están llenos de gritos en la ciudad fantasma
y los rostros perdidos me hacen preguntas
que jamás sabré contestar
Tú te despiertas y sales corriendo de tu habitación
y tus pies descalzos resuenan
en la larga noche de invierno de Europa
Yo regreso a los lugares del crimen
sitios duros y brillantes
tanto que al despertar me parece mentira que aún esté vivo

Quatro poemas para Lautaro Bolaño

LAUTARO, NOSSA FAMILIARIDADE

Vai chegar o dia em que não faremos
tantas coisas como agora fazemos juntos
Dormir abraçados
Cagar um ao lado do outro sem vergonha nenhuma
Brincar com a comida ao longo do corredor
da nossa casa na rua Aurora
Esse corredor fracamente iluminado
que sem dúvida leva ao infinito

LAUTARO, NOSSOS PESADELOS

Às vezes você acorda gritando e abraça
sua mãe ou me abraça com a força e a lucidez
que só um menino com menos de dois anos pode ter
Às vezes meus sonhos estão cheios de gritos na cidade fantasma
e os rostos perdidos me fazem perguntas
que jamais saberei responder
Você acorda e sai correndo do seu quarto
e seus pés descalços ressoam
na longa noite de inverno da Europa
Eu volto aos locais do crime
lugares duros e brilhantes
tanto que ao acordar me parece mentira que ainda esteja vivo

LAUTARO, NUESTRAS SOMBRAS

Hay días en que todo lo imitas y así puedo verte
repitiendo mis gestos
mis palabras
(tú, que no sabes decir más que mamá y
papá, sí y no)
en una jerga extraña
el lenguaje de los seres pequeños
del otro lado de la cortina
y a veces olvido
cuál es mi sombra y cuál es
tu sombra
quién contempla el retrato de los Arnolfini
quién enciende la televisión

LAUTARO, LAS FACCIONES DE LEÓN

Hay días en que veo en tu rostro
el rostro de mi padre, el cual, según dicen,
se parecía a su padre
La mirada de León Bolaño aparece en tus
ojos entrecerrados
sobre todo cuando salimos a pasear
y la gente te saluda con ademanes cordiales
Otras veces pienso que no es así: esa quijada
de luchador, ese pelo rubio cenizo,
la disposición para la fiesta y el caos sólo remiten
a rescoldos de mi propia nostalgia
No obstante te pareces a él: sobre todo
estos días de enero
cuando salimos a pasear tomados de la mano
en medio de una luz frágil y persistente

LAUTARO, NOSSAS SOMBRAS

Tem dias em que você imita tudo e assim posso vê-lo
repetindo meus gestos
minhas palavras
(você, que só sabe dizer mamãe e
papai, sim e não)
numa gíria estranha
a linguagem dos seres pequenos
do outro lado da cortina
e às vezes esqueço
qual é minha sombra e qual é
sua sombra
quem contempla o retrato dos Arnolfini
quem liga a tevê

LAUTARO, AS FEIÇÕES DE LEÓN

Tem dias em que vejo em seu rosto
o rosto de meu pai, que, segundo dizem,
era parecido com seu pai
O olhar de León Bolaño aparece em seus
olhos entrecerrados
principalmente quando saímos para um passeio
e as pessoas o cumprimentam com gestos cordiais
Outras vezes penso que não é assim: essa mandíbula
de lutador, esse cabelo loiro-acinzentado,
a disposição para a festa e o caos remetem apenas
a rescaldos de minha própria nostalgia
Não obstante, você se parece com ele: principalmente
nesses dias de janeiro
quando saímos para passear de mãos dadas
em meio a uma luz frágil e persistente

Dos poemas para Lautaro Bolaño

LEE A LOS VIEJOS POETAS

Lee a los viejos poetas, hijo mío
y no te arrepentirás
Entre las telarañas y las maderas podridas
de barcos varados en el Purgatorio
allí están ellos
¡cantando!
¡ridículos y heroicos!
Los viejos poetas
Palpitantes en sus ofrendas
Nómades abiertos en canal y ofrecidos
a la Nada
(pero ellos no viven en la Nada
sino en los Sueños)
Lee a los viejos poetas
y cuida sus libros
Es uno de los pocos consejos
que te puede dar tu padre

BIBLIOTECA

Libros que compro
Entre las extrañas lluvias
Y el calor
De 1992
Y que ya he leído
O que nunca leeré

Dois poemas para Lautaro Bolaño

LEIA OS VELHOS POETAS

Leia os velhos poetas, meu filho
e não se arrependerá
Entre as teias de aranha e as madeiras podres
de barcos encalhados no Purgatório
lá estão eles
cantando!
ridículos e heroicos!
Os velhos poetas
Palpitantes em suas oferendas
Nômades abertos de cima a baixo e oferecidos
ao Nada
(mas eles não vivem no Nada
e sim nos Sonhos)
Leia os velhos poetas
e cuide de seus livros
É um dos poucos conselhos
que seu pai pode lhe dar

BIBLIOTECA

Livros que compro
Entre as chuvas estranhas
E o calor
De 1992
E que já li
Ou que nunca lerei

Libros para que lea mi hijo
La biblioteca de Lautaro
Que deberá resistir
Otras lluvias
Y otros calores infernales
—Así pues, la consigna es ésta:
Resistid queridos libritos
Atravesad los días como caballeros medievales
Y cuidad de mi hijo
En los años venideros

Livros para meu filho ler
A biblioteca de Lautaro
Que deverá suportar
Outras chuvas
E outros calores infernais
— Dessa forma, a ordem é esta:
Resistam, queridos livrinhos
Atravessem os dias como cavaleiros medievais
E cuidem de meu filho
Nos anos vindouros

Retrato en mayo, 1994

Mi hijo, el representante de los niños
en esta costa abandonada por la Musa,
hoy cumple entusiasta y tenaz cuatro años.
Los autorretratos de Roberto Bolaño
vuelan fantasmales como las gaviotas en la noche
y caen a sus pies como el rocío cae
en las hojas de un árbol, el representante
de todo lo que pudimos haber sido,
fuertes y con raíces en lo que no cambia.
Pero no tuvimos fe o la tuvimos en tantas cosas
finalmente destruidas por la realidad
(la Revolución, por ejemplo, esa pradera
de banderas rojas, campos de feraz pastura)
que nuestras raíces fueron como las nubes
de Baudelaire. Y ahora son los autorretratos
de Lautaro Bolaño los que danzan en una luz
cegadora. Luz de sueño y maravilla, luz
de detectives errantes y de boxeadores cuyo valor
iluminó nuestras soledades. Aquella que dice:
soy la que no evita la soledad, pero también soy
la cantante de la caverna, la que arrastra
a los padres y a los hijos hacia la belleza.
Y en eso confío.

Retrato em maio, 1994

Meu filho, o representante das crianças
nesta costa abandonada pela Musa,
hoje completa entusiasta e tenaz quatro anos.
Os autorretratos de Roberto Bolaño
voam fantasmagóricos como as gaivotas na noite
e caem a seus pés como o orvalho cai
nas folhas de uma árvore, o representante
de tudo o que poderíamos ter sido,
fortes e com raízes no que não muda.
Mas não tivemos fé ou a tivemos em tantas coisas
finalmente destruídas pela realidade
(a Revolução, por exemplo, essa pradaria
de bandeiras vermelhas, campos de pastagem fértil)
que nossas raízes foram como as nuvens
de Baudelaire. E agora são os autorretratos
de Lautaro Bolaño que dançam numa luz
ofuscante. Luz de sonho e maravilha, luz
de detetives errantes e de boxeadores cujo valor
iluminou nossas solidões. Aquela que diz:
sou a que não evita a solidão, mas também sou
a cantora da caverna, a que arrasta
os pais e os filhos para a beleza.
E nisso eu confio.

Un final feliz

Qué tiempos aquéllos, cuando vivía con mi padre y no veía la televisión. Las tardes eran interminables en la Colonia Tepeyac, cerca de la Villa, exactamente a dos cuadras de la Calzada de la Villa. Tardes dedicadas a traducir a los poetas franceses de la Generación Eléctrica, sentado en la cama, junto a la ventana del patio de cemento. Las palomas que mi padre se comía los domingos cantaban, es un decir, los jueves y los viernes, y ensanchaban la zanja. ¡Las palomas en el palomar de cemento! ¡Y sin el zumbido de la televisión!

Un final feliz
En México
En casa de mi padre
O en casa de mi madre
Un minuto de soledad
La frente apoyada
En el hielo de la ventana
Y los tranvías
En los alrededores
De Bucareli
Con muchachas fantasmales
Que se despiden
Al otro lado de la ventana
Y el ruido de los automóviles
A las 3 a. m.
Y los timbres
Y los paisajes de azotea
En México
Con 21 años
Y el alma aterida
Helada

Um final feliz

Que tempos aqueles, quando eu morava com meu pai e não via tevê. As tardes eram intermináveis na Colônia Tepeyac, perto da Villa, exatamente a duas quadras da Calzada de la Villa. Tardes dedicadas a traduzir os poetas franceses da Geração Elétrica, sentado na cama, junto à janela do pátio de cimento. As pombas que meu pai comia aos domingos, cantavam, por assim dizer, às quintas e sextas-feiras, e cavavam sua cova. As pombas no pombal de cimento! E sem o zumbido da televisão!

Um final feliz
No México
Na casa de meu pai
Ou na casa de minha mãe
Um minuto de solidão
A testa apoiada
No gelo da janela
E os bondes
Nos arredores
De Bucareli
Com garotas fantasmais
Que se despedem
Do outro lado da janela
E o barulho dos carros
Às 3 a.m.
E as campainhas
E as paisagens de terraços
No México
Com 21 anos
E a alma enregelada
Gelada

Musa

Era más hermosa que el sol
y yo aún no tenía 16 años.
24 han pasado
y sigue a mi lado.

A veces la veo caminar
sobre las montañas: es el ángel guardián
de nuestras plegarias.
Es el sueño que regresa

con la promesa y el silbido.
El silbido que nos llama
y que nos pierde.
En sus ojos veo los rostros

de todos mis amores perdidos.
Ah, Musa, protégeme, le digo,
en los días terribles
de la aventura incesante.

Nunca te separes de mí.
Cuida mis pasos y los pasos
de mi hijo Lautaro.
Déjame sentir la punta de tus dedos

otra vez sobre mi espalda,
empujándome, cuando todo esté oscuro,
cuando todo esté perdido.
Déjame oír nuevamente el silbido.

Musa

Era mais bonita que o sol
e eu ainda não tinha 16 anos.
24 se passaram
e continua a meu lado.

Às vezes a vejo caminhar
sobre as montanhas: é o anjo da guarda
de nossas preces.
É o sonho que retorna

com a promessa e o assovio.
O assovio que nos chama
e que nos perde.
Em seus olhos vejo os rostos

de todos os meus amores perdidos.
Ah, Musa, me protege, digo,
nos dias terríveis
da aventura incessante.

Nunca te afastes de mim.
Cuida de meus passos e dos passos
de meu filho Lautaro.
Deixa que eu sinta a ponta de teus dedos

outra vez sobre minhas costas,
empurrando-me, quando tudo estiver escuro,
quando tudo estiver perdido.
Deixa que eu ouça novamente o assovio.

Soy tu fiel amante
aunque a veces el sueño
me separe de ti.
También tú eres la reina de los sueños.

Mi amistad la tienes cada día
y algún día
tu amistad me recogerá
del erial del olvido.

Pues aunque tú vengas
cuando yo vaya
en el fondo somos amigos
inseparables.

Musa, adondequiera
que yo vaya
tú vas.
Te vi en los hospitales

y en la fila
de los presos políticos.
Te vi en los ojos terribles
de Edna Lieberman

y en los callejones
de los pistoleros.
¡Y siempre me protegiste!
En la derrota y en la rayadura.

En las relaciones enfermizas
y en la crueldad,
siempre estuviste conmigo.
Y aunque pasen los años

Sou teu fiel amante
embora às vezes o sonho
me separe de ti.
Tu também és a rainha dos sonhos.

Tens a minha amizade todo dia
e um dia
tua amizade me recolherá
do ermo do esquecimento.

Pois ainda que venhas
quando eu me for
no fundo somos amigos
inseparáveis.

Musa, onde quer
que eu vá
tu irás.
Te vi nos hospitais

e na fila
dos presos políticos.
Te vi nos olhos terríveis
de Edna Lieberman

e nos becos
dos pistoleiros.
E sempre me protegeste!
Na derrota e nas raias da loucura.

Nas relações doentias
e na crueldade,
sempre estiveste comigo.
E ainda que os anos passem

y el Roberto Bolaño de la Alameda
y la Librería de Cristal
se transforme,
se paralice,

se haga más tonto y más viejo
tú permanecerás igual de hermosa.
Más que el sol
y que las estrellas.

Musa, adondequiera
que tú vayas
yo voy.
Sigo tu estela radiante

a través de la larga noche.
Sin importarme los años
o la enfermedad.
Sin importarme el dolor

o el esfuerzo que he de hacer
para seguirte.
Porque contigo puedo atravesar
los grandes espacios desolados

y siempre encontraré la puerta
que me devuelva
a la Quimera,
porque tú estás conmigo,

Musa,
más hermosa que el sol
y más hermosa
que las estrellas.

e o Roberto Bolaño da Alameda
e da Librería de Cristal
se transforme,
se paralise,

se torne mais tonto e mais velho
tu permanecerás igualmente bela.
Mais que o sol
e as estrelas.

Musa, onde quer
que tu vás
eu vou.
Sigo teu rastro radiante

através da longa noite.
Sem me importar com os anos
nem com a doença.
Sem me importar com a dor

ou com o esforço que terei de fazer
para te seguir.
Porque contigo posso atravessar
os grandes espaços desolados

e sempre encontrarei a porta
que me devolva
à Quimera,
porque tu estás comigo,

Musa,
mais bela que o sol
e mais bela
que as estrelas.

[Notas do autor]

As sete primeiras seções de A *Universidade Desconhecida* são datadas entre 1978 e 1981. Uma Barcelona que me assombrava e me instruía aparece e desaparece em todos os poemas.

TRÊS TEXTOS são, de alguma forma, uma espécie de prólogo a GENTE QUE SE AFASTA. "Nel, majo" [Não, meu] queria ser o ponto de encontro de duas visões, a mexicana e a espanhola. *Nel*, em gíria mexicana, significa "não". Nel, "majo": Não, guapo: Não, poeta.

Escrevi GENTE QUE SE AFASTA em 1980 quando trabalhava como vigia noturno no camping Estrella de Mar, em Castelldefels. O poema, evidentemente, deve muito a minhas leituras entusiasmadas de William Burroughs.

ICEBERG: os três poemas correspondem a 1981 e 1982. "A ruiva" é uma tentativa de escrever no estilo de Raúl Zurita — que as musas me perdoem —, mas no território das fotografias pornográficas. O Chile de "A ruiva" é o país que nomeia, mas também é, no linguajar cigano da Cidade do México, o órgão sexual masculino.

PROSA DO OUTONO EM GIRONA foi escrito em 1981 durante meu primeiro ano de estadia na cidade três (ou duas?) vezes imortal.

MANIFESTOS E POSIÇÕES: "A poesia chilena é um gás" é de 1979 ou 1980. O "Manifesto mexicano", de 1984. "Horda", de 1991, e "A poesia latino-americana", de 1992.

Os POEMAS PERDIDOS, como seu nome indica, são poemas perdidos. "As batidas do seu coração" é datado em 1981. Encontrei o restante num caderno que me deram de presente em 1987.

Os NOVE POEMAS são de 1990, depois de muito tempo sem escrever poesia. Meu filho tinha poucos meses e a vida transcorria como em As *portas do paraíso*, de Jerzy Andrzejewski.

MINHA VIDA NOS TUBOS DE SOBREVIVÊNCIA é de 1992, com alguns poemas de 1991 e de 1993. "Os Neochilenos" é o último poema que escrevi para A *Universidade Desconhecida*.

UM FINAL FELIZ é de 1992. Como em alguns poemas da seção precedente é o México, a nostalgia do México e um Chile quimérico, o que agora aparece e desaparece em todos os poemas.

Blanes, julho de 1992 — maio de 1993

"Biblioteca" e "Leia os velhos poetas" foram escritos imediatamente depois que saí do Hospital Valle Hebrón, em Barcelona, no verão de 1992, ou talvez quando ainda estava lá, com os velhos de fígados destroçados, com os doentes de aids e com as garotas internadas por uma overdose de heroína, e a partir de então — a ala estava cheia de pregadores de toda espécie — reencontraram Deus.

São dois poemas muito simples, bastante toscos na execução e com vontade de clareza no significado. O destinatário original da mensagem é meu filho Lautaro — estas palavras, no fundo, também são para ele. Ambos os poemas recolhem não só bons desejos e bons conselhos. Desesperado com a perspectiva de não voltar a ver meu filho: quem, além dos livros, eu poderia encarregar de cuidar dele? É bem simples: um poeta pede, aos livros que amou e que o inquietaram, proteção para seu filho nos anos vindouros. No outro poema, ao contrário, o poeta pede a seu filho que cuide dos livros no futuro. Quer dizer, que os leia. *Proteção mútua*. Como o lema de um bando de gângsteres invicto.

Blanes, janeiro de 1993

Breve história do livro

Carolina López

Durante o ano de 1993, Roberto se dedicou a organizar e classificar sua poesia. Alguns meses antes ele recebera o diagnóstico de sua doença. Lautaro tinha apenas dois anos. Data desse período o manuscrito intitulado *La Universidad Desconocida*, que deu origem a este livro agora publicado.

Encontramos o embrião do livro entre seus arquivos. Trata-se de duas fotocópias de um manuscrito datilografado de 57 páginas com o título *La Universidad Desconocida, poemas 1978-1981*. Não está datado, mas pode-se considerá-lo anterior a 1984 pela anotação numa das fotocópias: "Concorrente ao prêmio Villa de Martorell 1984". Na segunda fotocópia, estão assinalados por Roberto os poemas que seriam transcritos no manuscrito do qual nasce a versão ora publicada.

Na mesma pasta onde encontramos o manuscrito anterior aparece outra versão, de 138 páginas. Também não está datada, mas a máquina de escrever que Roberto utilizou permite indicar que é posterior a 1985.

O manuscrito definitivo para a edição atual também se encontrava em seus arquivos, classificado em diferentes pastas. Está datilografado em máquina de escrever mecânica, com correções à mão de Roberto, um índice e uma nota para sua edição. A peculiar forma de trabalhar de Roberto deixou outra versão fotocopiada deste original numa pasta com o título escrito à mão: "*La Universidad Desconocida, versión definitiva (o casi) 1993*", também com correções à mão. Isso nos levou a cotejar os dois textos para averiguar qual era a versão posterior.

Por outro lado, encontramos no computador de Roberto uma transcrição de 1996 da primeira parte desta versão. O cotejo dessa transcrição com a primeira parte do manuscrito, que continha correções à mão e um índice ampliado, deram-nos as normas definitivas para determinar, sem a menor dúvida, que a versão na qual Roberto trabalhou por último é a publicada pela Anagrama.

Também encontramos uma pasta com o título "4N", que contém uma versão de A *Universidade Desconhecida* de 68 páginas. Não tem data, mas, por se tratar de uma versão contida num arquivo de seu computador, podemos situá-la em 1996.

Por último, encontramos em seu computador uma versão, com o nome "UD", criada em 26 de março de 1998. São 83 páginas com uma estrutura diferente, mas que incluem alguns poemas do presente livro.

Nos arquivos de Roberto foram encontradas outras pastas com diferentes títulos que incluem grande parte dos poemas de A *Universidade Desconhecida* junto a outros poemas inéditos:

— "Raios X e outros poemas", com a anotação à mão "Para o prêmio de poesia em Castelhano Vicente Gaos". Sem data.

— "Sem medo nem esperança e outros poemas", com a anotação à mão "Prêmio em castelhano". Sem data.

Roberto concorreu e ganhou, com alguns poemas contidos neste livro, os seguintes prêmios:

— Prêmio Rafael Morales, Talavera de la Reina, 1992, com "Fragmentos de la Universidad Desconocida".

— Prêmios Literários Cidade de Irún, 1994, com "Os cães românticos".

A seção de A *Universidade Desconhecida* intitulada GENTE QUE SE AFASTA já foi publicada por Roberto, com pequenas variações, como *Amberes* pela Anagrama, em 2002.

Roberto escrevia toda a sua poesia à mão, geralmente em cadernos e cadernetas. Nelas se encontram praticamente todos os poemas, alguns com diferentes títulos.

O original de *Amberes*, por exemplo, está incluído na caderneta "Narraciones 1980" como "El Jorobadito". Dessa produção, encontrou-se uma versão datilografada sem título e sem data, mas que pode ser datada nos anos de 1983 ou 1984, pela máquina de escrever utilizada.

O original da parte PROSA DO OUTONO EM GIRONA se encontra numa caderneta com poemas e escritos compreendidos entre 1981 e 1984. Desse material, também se encontrou outro original com o nome "Prosa del Otoño en Gerona o El hoyo Inmaculado, primera versión".

Com relação aos anos em que foram escritos os diferentes poemas, Roberto já nos indica em sua nota à edição os anos em que foram criados. Um minucioso estudo de seus cadernos nos fornece mais informação:

A primeira parte corresponde, em sua maioria, aos anos 1979 e 1980. São textos que se encontram nas cadernetas "Diario de vida I", "Diario de vida II" e "Diario de vida III", datadas nesses anos, e de outras três cadernetas sem título datadas em outubro e novembro de 1980.

A segunda parte está formada por poemas do caderno "Narraciones 1980", dos cadernos sem título que contêm poemas da primeira parte e de um caderno intitulado "Poesía octubre 1990", que contém poemas datados em 1993 e 1994. Porém, a grande maioria dos poemas corresponde aos anos compreendidos entre 1980 e 1984.

Por último, a terceira parte contém, em sua quase totalidade, poemas escritos em cadernetas e cadernos datados entre os anos 1987 e 1994.

A origem do título A *Universidade Desconhecida* é esclarecida pelo próprio Roberto no poema "Entre Friedrich von Hausen..." (p. 298): "Caro Alfred Bester [autor de ficção científica, Nova York, 1913, Pensilvânia, 1987], pelo menos encontrei uma das alas da Universidade Desconhecida!".

Muito obrigada.

Índice de títulos e primeiros versos

27 anos, 379
A curva, 257
"A desconhecida está jogada na cama", 465
A esperança, 193
A ética, 129
A francesa, 647
A Grande Fossa, 687
A grega, 739
A janela, 173
"A lembrança de Lisa desce outra vez", 643
A luz, 673
"A menina vermelha é na verdade um som", 189
"A morte é um automóvel", 287
"A morte é um automóvel com dois ou três amigos distantes", 587
"A morte também tem alguns sistemas de clareza", 495
"A navalha no pescoço e a voz", 49
"A neve cai sobre Girona", 157
A pistola na boca, 409
A planície, 141
A poesia chilena é um gás, 535
A poesia latino-americana, 539
A primavera, 121
"A realidade", 525
A rua Tallers [Gente que se afasta], 395
A rua Tallers [Nada de mau vai me acontecer], 235
A ruiva [Gente que se afasta], 397
A ruiva [Iceberg], 455
"A situação real: estava sozinho em minha casa", 483
A solidão, 113
A sorte, 581
"A tela atravessada por franjas se abre", 473

A testemunha, 313
A totalidade do vento, 323
A única imagem que guardo de T. C., 65
"A violência é como a poesia, não se corrige", 155
A vitória, 459
"Agora seu corpo é sacudido por", 163
"Agora você desliza para o plano", 519
"Agora você enche a tela", 523
"Agora você passeia solitário pelos molhes", 297
Água clara do caminho, 419
"Amanhece no camping   Os inocentes", 263
Amanhecer, 21
"Amanhecer nublado", 513
Amarelo, 389
Anjos, 133
Anotações sobre uma castração, 453
Antuérpia, 433
"Ao personagem resta a aventura", 477
Árvores, 51
"Às 4 da manhã velhas fotografias de Lisa", 31
As batidas do seu coração, 567
As enfermeiras, 721
"As floreiras dissimulam", 97
As instruções, 345
"As persianas deixam passar, apenas, dois raios de luar", 251
As perucas de Barcelona, 37
As sereias, 187
Às vezes tremia, 383
"Assim, não é de estranhar", 497
Atole, 669
"Através das janelas de um restaurante", 521
Automóveis vazios, 443

825

Autorretrato ("Nasci no Chile em 1953 e morei em várias"), 797

Autorretrato ("Chefe de bando aos 8 anos"), 799

Autorretrato aos vinte anos, 633

Azul, 331

Babaca Whistler, 45

Bar La Pava, rodovia de Castelldefels, 431

"Belos instantes sem memória", 211

Biblioteca de Poe, 143

Bisturi-hóstia, 249

"Boa noite córnea boa noite", 261

"Brinca com você, te acaricia", 467

Bruno Montané faz trinta anos, 577

"Cai febre como neve", 151

"Cais   Todo espírito maligno anima", 135

"Cheguei aos Estádios", 595

Chuva, 659

"Colinas sombreadas além de seus sonhos", 285

Como uma valsa, 421

Crianças de Dickens, 47

"De cadeiras, de entardeceres extraordinários", 177

"De fato, o desalento, a angústia etc.", 501

"Dentro de mil anos não restará nada", 33

"Depois de um sonho", 469

"Deste lado do rio", 479

Devoção de Roberto Bolaño, 733

"Dois corpos dentro de um saco de dormir", 223

Dois poemas para Lautaro Bolaño, 805

Dois poemas para Sara, 191

"Droga... Tracei com o máximo cuidado o 'G'", 167

"Duas da madrugada e a tela branca", 485

"Durma, meu abismo, os reflexos dirão", 99

"É noite e estou na zona alta", 259

El Greco, 111

"Ela diz que está bem", 475

Ela reina sobre as destruições, 657

"Ela tira as calças no escuro", 159

Em algum lugar seco e enorme, 1949, 579

"Em carros perdidos, com dois ou três amigos distantes", 591

Entre as moscas, 201

"Entre Friedrich von Hausen", 299

Entre os cavalos, 343

Ernesto Cardenal e eu, 683

"Escovo os dentes, lavo o rosto", 503

Escreva o que quiser, 125

"Escreve o sexo vermelho atravessado por palmeiras cinzentas", 123

"Escreve sobre as viúvas as abandonadas", 35

"Escuto Barney Kessel", 269

Esta é a pura verdade, 25

"Estes são os rostos romanos do Inferno", 105

"Estou num bar e alguém se chama Soni", 175

"Estranho ofício gratuito   Ir perdendo o cabelo", 27

"Eu a vi caminhar rua abaixo", 589

"Eu mereço tudo isso, patrão, não acenda a luz", 253

"Eu os vejo todo dia, junto de suas motos", 593

F. B. — He dead, 699

Fachada, 321

Falam, mas suas palavras não são registradas, 363

"Falei que nunca ia te esquecer", 295

Fragmentos, 247

"Fria realidade olho de mosca gelada", 279

Fritz Leiber relê alguns de seus contos, 103

Gente que se afasta, 405

Gente sensata e gente insensata, 333

Gitanos, 575

Grandes ondas prateadas, 411

"Guiraut   Sentado no pátio da taberna", 91

"Guiraut de Bornelh a chuva", 83

"Hoje todas as lojas estavam fechadas", 237

Homenagem a Resortes, 703

Homenagem a Tin Tan, 705

Horda, 537

"Idade Média das cabeleiras que o vento esquiva", 85

Intervalo de silêncio, 361
"'Isso poderia ser o inferno para mim.'", 471
"Já não há imagens, Gaspar, nem metáforas na zona", 147
Juan del Encina, 199
La Chelita, 213
"Ligue pro chefe e diga", 527
Lisa, 641
Literatura para apaixonados, 367
Lola Paniagua, 181
Lupe, 637
Macedonio Fernández, 205
"*Manhã de domingo*", 499
Manifesto mexicano, 543
Mario Santiago, 241
Melhor aprender a ler que aprender a morrer, 789
Mesa de ferro, 171
Meu único e verdadeiro amor, 357
Meus castelos, 39
Minha poesia, 43
Minha vida nos tubos de sobrevivência, 695
Molly, 275
Monty Alexander, 441
Musa, 813
"Na sala de leituras do Inferno   No clube", 149
"Na verdade quem tem mais medo sou eu", 225
Nada de mau vai me acontecer, 267
Nagas, 447
Não compor poemas mas orações, 53
"Não consigo caminhar, você diz", 117
"Não é de estranhar que o autor passeie", 511
"Não é de estranhar que o quarto do autor", 481
"Não escute as vozes dos amigos mortos, Gaspar", 283
"Não espere nada do combate", 89
Não há regras, 429
Não havia nada, 341
"Não importa para onde o vento irá levá-lo", 227

"Não procurei esta esperança", 531
Não, meu, 307
Napo, 573
"Ninguém manda cartas pra você agora Sob o farol", 291
"No Distrito 5 com os cucarachas", 289
"No filme da tevê o gângster pega um avião", 597
Noite silenciosa, 439
Nopal, 675
Novas urbanizações. Pesadelo, 255
"Nunca ficar doente   Perder todas as batalhas", 79
Nunca mais sozinho, 423
O aplauso, 425
"O autor fugiu '*não consigo manter*'", 179
"O autor interrompe seu trabalho", 493
O baile, 427
O balcão, 349
O brilho da navalha, 437
O burro, 707
"*O caleidoscópio observado*", 529
O dinheiro, 233
O enfermeiro, 391
O entardecer, 631
O fantasma de Edna Lieberman, 723
O inspetor, 309
O lençol, 355
O mar, 373
O monge, 69
O Nilo, 335
O nômade, 629
"O outono em Girona", 491
"O paraíso, às vezes", 509
"O pesadelo começa por aí", 95
O poeta não espera pela dama, 71
O policial se afastou, 351
"O que há por trás quando há algo por trás", 487
"O que você está fazendo nesta cidade, onde é pobre e desconhecido?", 57
O regresso de Roberto Bolaño, 735
O rei dos parques, 727

O robô, 277
O romance-neve, 23
"O sangue coagulado num vidro horizontal", 119
O senhor Wiltshire, 753
O sul-americano, 635
O trabalho, 29
"O último canto de amor de Pedro J. Lastarria, vulgo 'El Chorito'", 677
O Último Selvagem, 601
O vagabundo, 417
"O velho momento", 517
O verão, 435
O verme, 661
Olhos, 653
Os anos, 741
Os artilheiros, 217
Os blues taoistas do Hospital Valle Hebrón, 717
Os cães românticos, 685
Os crepúsculos de Barcelona, 729
Os detetives, 617
Os detetives gelados, 621
Os detetives perdidos, 619
Os elementos, 445
Os homens duros, 627
Os homens duros não dançam, 623
Os motociclistas, 415
Os Neochilenos, 757
Os utensílios de limpeza, 337
Outro amanhecer no camping Estrella de Mar, 265
Palingenesia, 731
Para Antoni García Porta, 273
Para Edna Lieberman, 165
Para Efraín Huerta, 63
Para Rosa Lentini, que quer ser adulta e responsável, 209
"Para se aproximar da desconhecida", 489
Para Victoria Ávalos, 195
"Paris rue des Eaux   Disse que gostava", 239
Passos na escada, 377
Patricia Pons, 145

Perfeição, 375
"Perguntei se ainda estava ali", 55
Poeta chinês em Barcelona, 41
Policiais, 613
Post Scriptum, 449
Praça da estação, 215
Primavera de 1980. Para Randy Weston, 271
Quadradros verdes, vermelhos e brancos, 325
Quando eu era menino, 371
"Quando eu pensar na gente que se fode diariamente", 127
Quatro poemas para Lautaro Bolaño, 801
"Quer dizer: lá está Giorgio Fox", 505
Rampas de lançamento, 401
"Recorrente, a desconhecida pende do caleidoscópio", 507
Reencontro, 745
Ressurreição, 791
"Ressurreição, disse o viajante na pousada, talvez um árabe", 611
Retrato em maio, 1994, 809
"Riem os trovadores no pátio da taberna", 87
Ruas de Barcelona, 137
São Roberto de Troia, 203
"Segundo Alain Resnais", 59
Seu distante coração, 293
"Seu texto… Sua forma de evitar o joelho", 67
Sinopse. O vento, 369
"Sonhei com detetives gelados no grande", 615
"Sonhei com lábios", 77
Sophie Podolski, 701
Sou meu próprio feitiço, 329
"Sou uma cama que não faz barulho uma cama à uma", 183
"Surgem a esta hora aqueles amanheceres da Cidade do México", 221
Tardes de Barcelona, 301
"Tem dias em que é dado a alguém ler poemas enormes", 207
"Tente não dormir, Roberto", 585

Térsites, 73
"*Textos de Joe Haldeman, J. G. Ballard, Rúben*",
  75
Tran-qui-lo, 153
Três anos, 407
Um fim de semana, 229
Um final feliz, 811
"Um final feliz", 795
Um hospital, 403
Um lenço branco, 393
Um lugar vazio perto daqui, 387
Um macaco, 339
Um silêncio extra, 381
Um soneto, 61
"Um Tao… Um Tao… Nosso pequeno Darío",
  219
Uma cena barcelonesa, 245
Uma estátua, 185
Uma leitura de Conrad Aiken, 107

Uma leitura de Howard Frankl, 109
Uma mosca embutida numa mosca…, 243
"Uma pessoa — deveria dizer uma desconhe-
  cida", 463
"Uma pessoa faz carinho, brinca", 515
"Uma voz de mulher diz que ama", 101
"Vá pro inferno, Roberto, e lembre que você
  nunca mais", 115
"Vai chegar o dia em que irão chamá-lo lá da
  rua", 131
Versos de Juan Ramón, 755
Vi meu pai novamente, 713
Victoria Ávalos e eu, 197
"Você espera que a angústia desapareça", 19
Você se afastará, 161
"Voltei em sonhos ao país da infância. No
  céu", 599
"Vou lhe dar um abismo de presente, disse
  ela", 645

ESTA OBRA FOI COMPOSTA POR ACOMTE EM ELECTRA E IMPRESSA
PELA GRÁFICA BARTIRA EM OFSETE SOBRE PAPEL PÓLEN SOFT
DA SUZANO S.A. PARA A EDITORA SCHWARCZ
EM JULHO DE 2021

A marca FSC® é a garantia de que a madeira utilizada na fabricação do papel deste livro provém de florestas que foram gerenciadas de maneira ambientalmente correta, socialmente justa e economicamente viável, além de outras fontes de origem controlada.